2021年北京农学院学位与研究生教育改革与发展项目资助

都市型农林高校
高水平应用型研究生
教育模式创新与实践

2021

段留生 何忠伟 董利民 主编

中国财经出版传媒集团
中国财政经济出版社

图书在版编目（CIP）数据

都市型农林高校高水平应用型研究生教育模式创新与实践.2021／段留生，何忠伟，董利民主编. --北京：中国财政经济出版社，2022.8

ISBN 978－7－5223－1436－5

Ⅰ.①都… Ⅱ.①段… ②何… ③董… Ⅲ.①农业院校－研究生教育－培养模式－教育改革－中国 Ⅳ.①G643

中国版本图书馆 CIP 数据核字（2022）第 079642 号

责任编辑：刘孺泾　　　　责任校对：徐艳丽
封面设计：陈宇琰　　　　责任印制：张　健

都市型农林高校高水平应用型研究生教育模式创新与实践（2021）
DUSHIXING NONGLIN GAOXIAO GAOSHUIPING YINGYONGXING YANJIUSHENG JIAOYU MOSHI CHUANGXIN YU SHIJIAN (2021)

中国财政经济出版社 出版

URL：http：//www.cfeph.cn
E－mail：cfeph@cfeph.cn

社址：北京市海淀区阜成路甲 28 号　邮政编码：100142
营销中心电话：010－88191522
天猫网店：中国财政经济出版社旗舰店
网址：https：//zgczjjcbs.tmall.com
北京富生印刷厂印刷　各地新华书店经销
成品尺寸：170mm×240mm　16 开　18 印张　353 000 字
2022 年 8 月第 1 版　2022 年 8 月北京第 1 次印刷
定价：75.00 元
ISBN 978－7－5223－1436－5
（图书出现印装问题，本社负责调换，电话：010－88190548）
本社质量投诉电话：010－88190744
打击盗版举报热线：010－88191661　QQ：2242791300

编 委 会

前　言

2021年是中国共产党成立100周年，中国共产党历经百年峥嵘岁月，百年砥砺奋进，百年矢志不渝，创造了人类历史上的发展奇迹。党带领全国各族人民持续奋斗，实现了第一个百年奋斗目标全面建成小康社会。2021年同样是“十四五”开局之年，站在新的历史起点上，北京农学院肩负着“为党育人，为国育才”的光荣使命，深入学习贯彻习近平新时代中国特色社会主义思想和党的十九大精神，紧紧围绕立德树人根本任务，起好步、开新局，持续推进研究生教育内涵式发展。

一年中，北京农学院积极开展周期性合格评估工作、紧抓高精尖学科建设、推进学科分类分层建设。面对新形势、新要求，北京农学院全面贯彻党的教育方针，以都市型现代农林为特色，培养复合型应用型现代农林人才。

本书内容以反映北京农学院2021年研究生教育内涵式发展与实践的教育教学成果为主，同时收录了学科建设与研究生教育的部分工作总结与工作报告。

岁聿云暮，一元复始。北京农学院研究生教育事业道阻且长，但未来可期！2022年，应着力推动研究生教育适应党和国家事业发展需要，深入推进学科内涵式发展，提升导师队伍水平，完善人才培养体系，攻坚克难，砥砺前行。

编委会

2022年3月

目 录

研究论文

工作报告

研究论文

北京农学院基质产业研究生专项班的培养模式*

石生伟　王顺利　李新毅　路平　刘克锋　何忠伟　马兰青　段留生

摘要： 基质产业研究生专项班是北京农学院第一批基质人才创新培养模式的改革试点，目的是培养多学科交叉和综合性基质产业应用型人才，解决现代都市农业发展中基质品质提升和制约产业发展的问题。本文分析了基质专项班专业学位研究生特色培养的模式，结合基质班指导老师的调查问卷，总结了基质专业学位研究生培养模式的特色，梳理了基质专项班的现存不足，提出了基质产业专业学位专项班发展的方向和定位。我们建议基质班应该结合京津冀现代都市农业特色，注重培养过程研究选题设计方式，优化导师指导模式，强化培养质量过程管控，提高研究生人才培养水平。

在设施园艺迅速发展进程中，基质栽培技术和穴盘育苗技术得到了大面积的推广应用[1]。基质在无土栽培中发挥着固定植株根系和提供水、气和营养来源的功能。相比传统的土壤栽培方式，基质栽培具有隔绝土传病害、有利于推广水肥一体化技术和易于管理的优势[2]-[4]。基质栽培可以提高土地、水分、养分和阳光利用率，在欧美国家的蔬菜、浆果和观赏花卉采用基质栽培比例已达90%[1]。采用基质栽培不仅提高了蔬菜、浆果和观赏花卉产量和质量，也改善了社会公众的生活品质[5]。

基质一直是工厂化农业中不可缺少的重要投入。过去的十年时间里，全球工厂化农业因生产技术先进，农产品质量优良，导致工厂化种植面积不断增加[3]。

---

* 资助项目：基质产业研究院多学科协同育人模式探索；北京农学院研究生改革与发展项目“研究生教育创新人才培养体系构建——以北京农学院为例”（项目编号：2021YJS079）。作者：石生伟，博士，副教授，从事生态环境过程观测与模拟研究，电子邮箱：weiweishi848@gmail.com，北京农学院生物与资源环境学院。通讯作者：段留生，教授，博士生导师，北京农学院副校长。电子邮箱：dls@bua.edu.cn。

基质产业的发展带动了现代园艺的技术进步[1]。欧洲基质的产量为3200万立方米，每年创造产值13亿欧元，基质从业人员11000人。欧洲园艺产业因为使用基质每年创产值高达600亿欧元，带动就业750000人[6]。随着我国无土栽培技术的发展和设施园艺的兴起，规范化和标准化的设施园艺需要高品质栽培基质作为物质支撑[3]。根据专家预测，到2050年，全球基质总需求从2017年的5900万立方米将增加到2亿44万立方米，增长415%。因为疫情影响，全球工厂化农业面积迅速增加，进一步加大了对基质的需求，基质产业已经进入快速发展阶段。2021年基质需求暴增，原料短缺，更加凸显出基质和基质原料的在全球工厂化农业中的重要地位。新冠肺炎疫情更进一步提升了工厂化农业在食物供给中优越地位和市场占有率，由此导致了基质行业出现了有史以来最大规模的全球性基质供需短缺[7]。中国设施园艺面积居世界首位[8]。设施园艺产业的稳定可持续发展对于农村产业振兴和保障城市居民生活具有不可替代的作用。基质产业的高速发展必然导致对高端基质产业专业人才的旺盛需求。

北京农学院是一所都市特色的农林高校，以服务首都城市战略定位和都市型现代农林业为己任，培养具有创新精神和创业能力的复合应用型农林人才。为了解决基质产业中存在的专业人才不足问题，在学校园艺基质产业团队多年研究与应用的基础上，2020年成立了全国第一个基质产业研究生专项班（基质班），探索和实践培养多学科交叉和综合性基质产业应用型人才，为基质人才创新培养模式提供的改革试点。本文通过分析基质专项班在专业学位研究生特色培养的模式，结合基质班指导老师的调查问卷，总结了基质班研究生培养模式的发展现状和现存不足，梳理了基质专项班改革发展的方向和定位。

一、基质产业研究生专项班的定位

基质产业研究院以基质产业为主线，聚焦“资源创新利用、生态环境建设”，建设从污染源到资源库、研发到生产、工厂到绿地和温室，各个环节紧密衔接的现代基质产业技术体系。基质产业研究生专项班具有多学科交叉和融合的特点。目前，基质产业研究生专项班招生分布在生物与资源环境学院（45%）、植物科学技术学院（45%）、经济管理学院（5%）和园林学院（5%）等4个二级学院，研究生分布在农艺与种业（45%）、生物与医药（25%）、资源利用与植物保护（20%）、农业管理（5%）和林学（5%）等5个学科领域（见图1）。目前整合二级学院数量比较合理，师资力量较强，专项班兼容性较强，多个专业参与到基质产业技术体系，有效整合了学校研究力量。根据调研，目前基质班导师对于对接企业、联合攻关和产业融合的意愿比较强烈（见图2），说明基质班导师事业心强，发展潜力巨大。

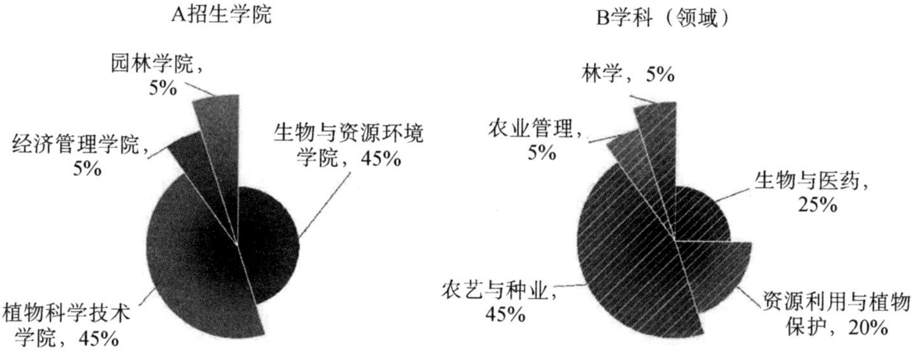

图 1　北京农学院基质产业研究院招生学院（A）和学科领域（B）的分布

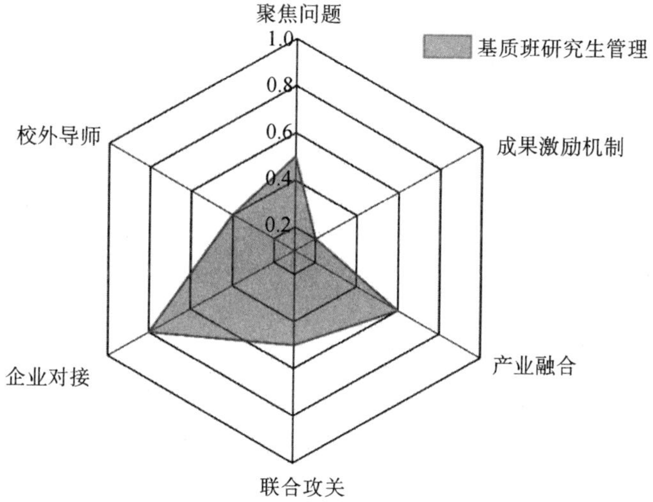

图 2　北京农学院基质班发展意愿的雷达图

注：数据按照归一化处理取值 0 ~ 1。

根据《北京农学院基质产业研究院五年发展规划（2022—2026）》，基质专项班的人才培养定位于培养行业应用型人才，即培养一批“资源创新利用、生态环境建设”领域的应用型高技术人才，为行业升级发展贡献优秀人才资源。学校领导多次强调要以产业和区域问题为导向，针对京津冀地区企业生产相关产业、技术和科学问题进一步凝练选题，探索开展产教融合、校产融合的新型人才培养模式。基质产业研究生专项班是全国第一个围绕基质产业发展定位而设置的研究生专项，有利于集中力量、整合资源，开展协同技术攻关和协同人才培育，预计未来在行业影响力方面形成北农特色，创建北农基质研究的品牌效应，同时为农业领域多学科协同育人模式提供了探索试点。

二、基质产业研究生专项班的管理模式

区别于学术研究生管理，基质研究院专业学位的培养目标有着明显的区别，培养过程也更加体现出基质产业“专业人士”的个性化特征，学生需要达到具备解决基质产业中实际问题的各项能力要求。因此，基质产业研究生专项班的管理具有五大特点。

（1）注重实践。学校高度重视基质班专业学位重视专业实践；每位研究生依附的学科不同，专业学位主要在非传统学科领域开设。目前，基质研究院的选题方向包括：育苗基质的研发、肥料、农药、活性物质等功能基质（“基质+”）的研发、设施生产类基质的研发、屋顶、立体绿化、荒山绿化、矿山修复等基质的研发。以上内容均来自目前行业发展生产实践遇到的实际问题。依托校内导师自身所承担的应用型科研课题，充分发挥校内导师与企业、行业的联系，可与专业学位研究生校外导师协商安排专业实践。按照规划，每年为2~5名教师提供2~4周进驻企业培训的机会，每年为企业员工提供短期理论培训机会。此外，基质班研究生要树立到生产一线开展工作的信心和勇气，抓紧时间了解产业各个环节，围绕基质产业发展，集中力量形成一批技术和产品，尽快支撑产业发展。例如，专项班研究生在顺义奥格尼克公司完成使用复配基质培育番茄的示范，受到企业的广泛好评。

（2）“双导师”制度。基质研究生专项班采用“双导师”制度，吸引企业高水平的理论和经验兼备的各行各业的人才作为导师，参与专业学位研究生教育，为学生提供实践引导专业人才参与实践教学，为教师提供更多的支持性政策和科研资助，调动教师的积极性。在组织形式上，为基质班配置了学术班主任和研究生班主任，随时解决研究生出现的各种心理和生活问题。

（3）培养综合素质。定期邀请国内外行业领域的专家作学术报告，定期开展导师组联合会议，定期开展学术沙龙、小组会等方式灵活的学术交流活动。自基质成立以来，先后邀请不同领域专家学者从现代化设施农业基本要求、现代化设施与装备、现代化基质等方面进行了解读，汇报基质筛选引进、基质理论基础、现代化基质配方等基质研究方向。例如，邀请刘克锋教授和陈青君教授分别向研究生作了题为“现代化基质产业发展与需求”和“利用杏鲍菇菇渣开发草菇、双孢菇基质技术研发”的专题讲座，邀请王顺利副教授和刘超杰副教授分别向研究生作了题为“利用工农业废弃物开发园艺基质关键技术研究”和“利用农业废弃物合成蔬菜种植基质关键技术研究”的学术报告。不同学院和行业背景的专家学者的学术报告受到研究生的一致好评。此外，注重基质研究院的研究生表达能力，基质班硕士学生除了提交毕业项目报告之外，还需要定期做研究进展

的交流汇报。学生将以研讨会的形式向所有研究生和部门成员公开实习成果，有利于培养研究生的综合素质。

（4）注重对外交流。基质班师生积极参加对外学术交流活动。2021 年度参加了由中国蔬菜协会基质分会、中国农业科学院蔬菜花卉研究所和天津市农业科学院组织的农业废弃物基质化综合利用的经验交流会，参与了中国农业大学高丽红教授“高产和高品质番茄基质栽培相关技术的探讨”以及北京农业技术推广站李新旭研究员“番茄高效基质栽培北京地区实践”等学术报告的讨论。通过扩大对外交流，开阔了研究生的视野。

（5）重视实践基地建设。目前，依托学校（或学院）与企业、行业和政府部门等联合建立的专业学位研究生实践基地，由学院统一组织和安排研究生去实践基地进行专业实践，在校内外双导师的共同指导下开展相关研究工作。基质产业研究院研究生专项班在北京市延庆区、河北省承德市和山东省莘县设置实践基地。目前，基质专项班在河北省承德市德宝通矿业有限公司和河北龙庆生物科技有限公司均开展了社会实践活动。基质班在河北龙庆生物科技有限公司建立了粉煤灰基质合作项目基地。基质创新团队在该公司进行科技成果落地与转化情况。北京农学院刘克锋教授团队为克服粉煤灰环境污染严重的难题，目前已成功研发出以粉煤灰为主要原料的屋顶绿化基质、园林园艺育苗基质、栽培基质等新型营养基质，实现了工业废弃物再利用。目前，多种新型营养基质已进行批量生产，为企业带来了可观的经济效益。在北京大地聚龙生物科技有限公司，基质研究院建立了蚯蚓养殖以及蚯蚓粪与农林废弃物堆肥发酵生产有机肥和园艺基质的基地，构建了循环农业产业链流程。目前，蚯蚓粪有机肥料和园艺基质产品已批量生产，实现了农林废弃物减量化和资源化利用，为京郊环境治理贡献了力量。基质班研究生在实践过程中亲眼见到基质产业的蓬勃发展，对他们毕业后投身基质产业产生了潜移默化的作用。

三、基质产业研究生专项班的不足与完善

目前，基质产业研究生专项班招生 2 年，在培养过程中面临诸多问题。主要表现在如下几个方面。

（1）专项班研究生招生计划缺乏竞争活力。目前，对于基质产业研究院研究生专项班招生名额主要依靠计划分配，在研究生资源选题分类培养方面的调控力度偏弱。由于现阶段研究生招生计划还不能满足培养单位的发展需求，尽管大部分导师对所指导的研究满意度比较高（见图 3），基质班学生一旦进入专项班就出现“躺平”现象，失去学术研究和服务基质产业活力。基质班特色培养项目招生计划的分配可采用“申请—审核”制方式，即首先由培养单位通过深挖

本单位专业学位特色办学潜力的教师，设计符合基质产业培养特点的培养项目及实施路径，其次组织领域内专家组负责审核培养单位所提交的方案，最后确定招生计划及是否立项。因此，亟须要利用招生计划所具有的稀缺性开展适度的竞争。在专项班资源有限甚至稀缺的前提下，资源配置方式理应遵循高效利用的原则，适当淘汰不符合基质班发展定位的导师和学生，把优质的研究生教育资源分配给那些最有可能在基质产业成才的“候选人”和“竞争者”，撬动培养单位投身基质产业积极性，进而推动特色专业学位研究生培养模式改革。

（2）对学生学业成果认定上采用多种形式。不同于学术型学位对毕业论文的要求，基质班专业学位项目为适应基质产业专业性和实践性的特点，不能简单地以 SCI 论文等评价学生学业成果或毕业论文。基质专项班毕业生可以根据专业、项目和导师要求确定合适的形式，激励研究生需要投入大量时间和精力到基质产业项目，在实践中锻炼自己的专业能力，积攒经验和人际关系。这对于学生毕业后真正参与行业工作中去有很大帮助。

（3）聚焦关键科学问题，服务京津冀基质产业发展。作为北京农学院研究生培养的第一批人才创新培养模式的改革试点，研究生培养单位要解放思想，以产业和区域问题为导向，针对京津冀地区企业生产相关产业、技术和科学问题进一步凝练选题，探索开展产教融合、校产融合的新型人才培养模式（见图 3）。目前，基质班研究生参与了京津冀协同创新推动专项课题《基于粉煤灰的城市立体绿化专用基质开发与应用》的科研项目。建议采用学分激励等方式，鼓励研究生要树立到生产一线开展工作的信心和勇气，服务京津冀地区基质产业的发展。

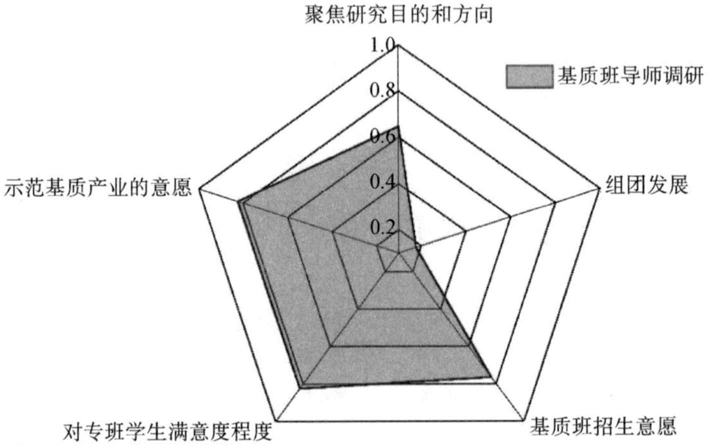

图 3　北京农学院基质班导师对研究生满意程度和招生意愿的雷达图

注：数据按照归一化处理取值 0 ~ 1。

（4）建议基质班应该结合特色培养项目的探索与实践，注重培养过程设计方式，优化导师指导模式，强化培养质量过程管控，提高研究生人才培养水平，增强领域竞争优势，力争在标志性成果培育、行业影响力方面形成北农特色。

由于基质产业多分布在京外地区，受新冠肺炎疫情的持续影响，基质班研究生培养进程受到严重的影响。在新冠肺炎疫情下，基质产业“危”与“机”并存。新冠肺炎疫情给农产品生产和供给带来很大的限制和风险，更加凸显出农业在全球危机下的重要地位。设施农业采用基质栽培克服了气候和管理的不足，可以提供大量优质的蔬菜和水果，改善了社会公众的生活品质。因此，工厂化农业在食物供给中优越地位和市场占有率会不断提升，导致了基质行业出现了有史以来最大规模的全球性基质供，带来了基质产业的发展机遇。

基于以上分析，本研究建议基质专项班师生应该抓紧时间了解产业各个环节，在前期工作基础上，尽快制定和完善后续试验方案和计划，在关键制约技术环节组团攻关，建立资源集约利用、循环利用和高效利用的绿色低碳基质种植技术，探索和示范京津冀地区绿色基质种植技术模式和效果，形成一套适用于京津冀地区现代都市农业特色基质生产体系。基质产业研究院师生要有高度的责任感和使命感，围绕基质产业发展，集中力量形成一批技术和产品，尽快支撑产业发展，解决现代都市农业发展中基质品质提升和制约产业发展的问题，为社会经济发展贡献出北农科技力量和人才力量。

参考文献：

[1] 孟宪民．欧美国家基质产业发展历程与我国创新发展对策．农业工程技术，2018，38（34）：12－16.

[2] 徐明喜，等．不同栽培基质对温室番茄产量和品质的影响．上海蔬菜，2022（01）：61－62，67.

[3] 李平兰，穆文强，尚庆茂．蔬菜功能性育苗基质生产技术规范．中国蔬菜，2021（10）：131－135.

[4] 石生伟，等．天津市设施菜地施肥现状及减施潜力和对策．植物营养与肥料学报，2020，26（06）：1091－1105.

[5] 李鹏，张俊飚．农林废弃物基质化产业联动模式：运行绩效、空间异质性及区域协同演化．中国农业资源与区划，2016，37（12）：155－162，178.

[6] 吴雪君．进口基质价格大涨，花价却不涨，盆花企业如何应对？中国花卉报，2021（003）.

[7] 孟宪民．我国基质产业面临的问题与对策．中国蔬菜，2017（08）：16－20.

[8] 许传森．生物质复合轻基质与容器育苗综合新技术为乡村振兴和产业发展提供科技支撑，林业科技通讯，2019（01）：28－31.

北京农学院研究生学位论文抽检质量把控机制探析*

何忠伟　张芝理

摘要： 学位论文质量是研究生培养质量的直接体现，学位论文抽检政策是基于结果为导向的问责制度，是研究生培养质量最基本的保障手段之一。近年来，随着研究生录取数量的提高，给在校期间导师管理及研究生培养形成了前所未有的压力。随后，教育部出台了《教育部办公厅关于进一步规范和加强研究生培养管理的通知》（教研厅〔2019〕1号）和《教育部办公厅关于进一步规范和加强研究生考试招生工作的通知》（教学厅〔2019〕1号）以规范培养过程管理和招生工作。北京农学院在面对研究生学位论文质量把控问题，采取了一系列的学位论文质量把控机制，本文将以研究生论文质量保障作为研究内容进行探讨。

一、当前学校面临的形势

（一）学位论文抽检力度加大

在当前加强质量监控的大环境下，把控研究生学位论文质量是研究生教育培养工作的重中之重，是确保学校在评估中能够展现自身实力的保障因素。

为促进研究生教育质量不断提升，北京市教育委员会印发了《北京研究生教育质量提升行动计划（2022—2024）》，文件要求加大北京地区硕士学位论文抽检力度，抽检范围实现专业学位、非全日制、同等学力、留学生等群体全面覆

* 基金项目：2021年北京农学院学位与研究生教育改革与发展项目资助。作者：何忠伟，教授，博士，主要研究方向为都市型现代农业、高等农业教育。

盖。提高市属高校硕士学位论文抽检比例，加大人文社科类学科、艺术类学科的硕士学位论文抽检力度。学位论文抽检结果将强化在“双一流”建设、学位授权点合格评估、新增博士学位授权等中的应用。

在加强研究生质量监管的大环境下，强化研究生教育评价以质量为核心成为必然趋势，评价机制的转向也势必造成教育质量督导长效机制的逐渐完善，以自查抽查、第三方评估等方式实现监督检查全覆盖将会成为研究生质量监管评价机制的主体。

（二）抽检类型全覆盖

近年来，研究生学位论文抽检已经呈现出培养类型全覆盖的态势，2020 年研究生学位论文抽检成为新常态的元年，打破了只抽检学术学位研究生论文的模式。学术学位研究生相对专业学位研究生，具有更扎实的理论基础与科研能力。其论文质量也普遍高于专业学位研究生，在往年抽检中出现问题的概率远低于专业学位研究生。而专业学位研究生中非全日制研究生成为研究生学位论文抽检中的软肋。

随着研究生招生的逐年扩大化，专业学位研究生数量逐年提升。非全日制研究生数量的明显增加，随之而来的是培养质量问题逐渐凸显与研究生学位论文质量风险的积累，即使在入学条件相同的条件下，半工半读的培养模式也无法与全日制研究生的培养质量相提并论，而学位论文作为培养质量的集中体现，是暴露质量薄弱风险的关键因素。

（三）论文质量问题已初现端倪

根据《关于反馈 2020 年北京地区硕士学位论文抽检通讯评议结果的通知》反馈，2020 年被抽检的学位论文中，学校出现一篇“存在问题学位论文”，这是我校自 2014 年参与抽检以来首次出现此类情况，打破了多年来保持的学位论文质量不出问题的“不败金身”。出现此类现象，已经给学校研究生培养质量提出预警。在当前“破五唯”的背景下，不以发表论文作为衡量学位授予的基本条件，侧面提高了评价研究生培养质量和衡量学位授权点授予质量的难度，保证研究生培养质量和各学位点学位论文质量将成为工作的重点。

二、我校学位论文质量管控体系

（一）规范开题与中期检查，从严把握研究流程

论文工作是培养研究生独立担负专门技术工作能力的主要环节，在《北京农

学院硕士研究生培养工作规定》（北农校发〔2014〕47 号）中对于研究生学位论文撰写有明确规定，要求研究生入学后第三学期开始进行，整个环节包含开题报告、中期考核、毕业前考核等培养环节，从多个考核环节对研究生学位论文管理作出要求。

（二）把握论文撰写要求，研究内容清晰明确

论文撰写方面，《北京农学院硕士研究生学位论文工作管理规定》（研处字〔2019〕10 号）对学位论文撰写基本要求作出规定，从论文的理论意义和实际价值、学位论文形式、论文实验和调研的数据来源、研究方法和技能、论文工作量要求以及学位论文表述等方面做了充分的限定。

（三）规范导师论文指导，落实强化立德树人

研究生论文撰写离不开导师的精心指导，导师指导方面《北京农学院硕士生导师工作职责规定（试行）》（研处字〔2017〕40 号）进行了明确规范，要求导师负责论文的指导工作，有义务指导研究生选择科研方向、确定研究课题、审查开题报告等工作。要求导师倡求真务实的科研作风，使研究生学位论文内容充实，论据可信，有理论深度和实践价值。要求导师积极为研究生从事创造性科学研究、发表科研成果创造有利条件。要求导师对研究生的学位论文进行必要的指导并亲自审稿把关，培养研究生严谨认真的治学态度和求真务实的科学精神。

（四）严抓论文学术不端，防范抄袭与剽窃

在学术不端防范环节，《北京农学院硕士研究生学位论文检测管理办法》（研处字〔2019〕18 号），对研究生学位论文重复率做了规范限制，要求最终版学位论文重复率不高于 15%，且首次检测重复率不高于 50%，从管理制度层面对学术不端做出了防范。

（五）坚持论文盲审制度，答辩严格确保质量

学位论文质量监管的核心环节是论文盲评和答辩环节，在《北京农学院硕士学位授予工作实施细则（修订）》（北农校发〔2013〕2 号）文件中对两个环节进行了要求，论文盲审环节要求由 3 名责任心强、学术声誉好、在论文有关学科领域学术造诣较深的副高级以上的专家进行双盲评审，通过盲审制度可以使专家实事求是地对论文进行客观评价，以审核是否达到答辩要求。

学位论文答辩环节是研究生在校期间成果的集中体现，通过学位论文答辩环节严格审核学位论文内容，要求论文答辩委员会以不少于 3 人的副高级职称以上的专家担任，且要求有校外专家参与答辩组进行评价，最终答辩决议以不记名投

票方式进行，经答辩委员会三分之二（含）以上专家同意，方可允许研究生通过答辩。

（六）论文格式规范美观，表达撰写准确严谨

高质量、高水平的学位论文不仅在内容上有创新性，在表达方式上也应具有一定的规范性和严谨性。《北京农学院研究生学位论文格式与书写规范》（研处字〔2008〕17号）在格式规范性方面从论文层次、数据描述、板式格式、章节顺序等方面进行了详细的要求，对研究生端正论文写作态度，重视内容格式规范性等方面做出要求。

（七）落实抽检追责制度，问题论文追查到底

在各级论文抽检中被认定的“存在问题学位论文”结果处理方面，《北京农学院硕士研究生学位论文抽检结果处理办法》做出了明确要求。①将抽检结果通知相关学院学位评定委员会。将“存在问题学位论文”的抽检评议结果及时通知论文作者、导师及所在学院。②要求“存在问题学位论文”所在学院进行限期整改，在规定时间内向研究生处提交本学院整改方案。③对招生资格及招生名额的限制“存在问题学位论文”的导师，停止其相应类别研究生招生资格3年；减少1年所在学院2个相应类别研究生招生指标。同一年出现2篇及以上“存在问题学位论文”的导师，撤销其导师资格，5年内不再接受导师资格申请；减少所在学院6个相应类别研究生招生指标（分3年进行，每年减少2个招生指标）。5年内非同一年累计出现2篇“存在问题学位论文”的导师，撤销其导师资格，5年内不再接受导师资格申请；减少所在学院4个招生指标（分2年进行，每年减少2个招生指标）。④3年内，将“存在问题学位论文”导师所指导的所有硕士学位论文在学位答辩前全部由研究生处送审。⑤3年内，提高“存在问题学位论文”所在学院与学科硕士学位论文学位答辩前校级抽查比例。⑥一旦出现“存在问题学位论文”，其答辩委员会主席3年内不得再担任研究生学位论文答辩委员会主席。

（八）引入督导检查机制，培养流程动态监察

研究生督导在加强研究生培养质量的检查、监督、评估等方面具有重要意义，根据《北京农学院研究生教学督导工作管理办法》（研处字〔2016〕15号），学校设立研究生教学督导组，负责对全校的研究生教学质量、教学工作状态及教学管理进行监督、指导、检查和评估，实现整个培养环节全流程把握与重点环节的强化监控，从管理流程上引入了校内巡察机制，加强了管理的严谨性。

三、提升学位论文质量管理策略

（一）强化结果运用，赏罚分明动态反馈

对于学位论文质量把控，要运用好上级单位在抽检工作中的结果评价，将督促检查与招生、培养等环节形成联动，以评促改、激发学校提高质量的内生动力。对于评价不达标的学位论文，要予以严惩，造成不良影响的乃至取消已经授予的学位。对于研究生导师，要明确追责制度，严格落实我校及上级单位的管理规定，按规定及时采取停招限招等措施。通过“存在问题学位论文”，倒查硕士研究生培养过程中的薄弱环节和存在问题，如期、高质量完成不合格学位点的整改任务。

充分用好评价结果，将学位论文抽检专家评议意见，作为本单位导师招生资格确定、研究生教育资源配置的重要依据。结合上级单位抽检结果，动态调整研究生导师招生指标及学校学位论文抽检指标等手段，实现赏罚分明的动态管理机制。

（二）完善评价体系，规范外部监督机制

学位论文质量管理体系从很大程度上决定了论文评价质量，质量评价体系越严格，论文不达标的“漏网之鱼”越少，整体质量越高。不完善的评价体系也将导致论文质量不达标的问题，要全面加强评价体系建设，实现从开题到答辩的全流程覆盖的质量监管体系。细化各环节评价制度，确定评价指标为具体的、可测量的结果。以评价结果为导向全面衡量研究生培养质量，实现培养质量问题可追溯。

适当在各个培养环节引入外部监督机制，建立完备的研究生培养专家库。通过建立更加完善的评价制度，促进外部监督常态化，实现外部监督全面化，提升外部监督实效性。通过完善外部评价监督机制，推动实现更高效的内部管理。

（三）强化导师责任，规范细化管理方式

培养高质量研究生离不开导师的管理与指导，要加强导师队伍建设，应努力构建良好的平台，为推进导师负责制提供动力。强化导师责任意识，将研究生培养与导师利益相挂钩，推动加强研究生培养过程中的责任落实。

从制度保障层面应健全管理制度，以学风建设为根本，规范细化管理方式，实现强化导师责任的落实。在师生指导沟通制度方面，搭建师生间互相评价体系，促进相互评价以实现导师指导向更有实效的方面发展。在评价反馈方面，以

研究生培养中各环节评价及外部抽检结果作为参考，实现导师评价的动态考核。

参考文献：

[1] 袁长青，李昌瑾．研究生学位论文质量抽检分析及提升策略——以广东外语外贸大学为例［J］．黑龙江教育（高教研究与评估），2021（07）：80－82.

[2] 王庆华，程兰芳，石媄，胡荣涵．我国研究生学位论文质量的综合评价——基于某“211工程”高校的论文抽检数据［J］．大学教育，2021（05）：180－183.

[3] 马凯，赵拥军，张伟．提高研究生学位论文质量的探索与研究［J］．科教文汇（下旬刊），2021（04）：18－19. DOI：10.16871/j.cnki.kjwhc.2021.04.008.

[4] 高耀，陈洪捷，杨佳乐．全国学术型硕士学位论文质量差异研究——基于个体属性特征的视角［J］．中国高教研究，2017（10）：51－56. DOI：10.16298/j.cnki.1004－3667.2017.10.10.

[5] 曹雷，邢蓉，才德昊．研究生学位论文抽检中的问题预判与解决对策［J］．学位与研究生教育，2016（01）：52－55. DOI：10.16750/j.adge.2016.01.009.

北京农学院学科队伍建设现状与对策*

徐 月

摘要：本文调查分析了北京农学院学科队伍建设现状及存在的问题的基础上，提出要从引育高层次人才、凝练学科特色发展方向、完善学科岗位聘任管理机制、加强学科文化建设等方面开展针对性工作，才能实现学科建设水平的全面提升。

地方农业高校是培养服务区域农业经济发展和复合型高素质人才的基地，而高校中的学科作为基本单元，直接决定着学校声誉和水平。学科建设是学校建设的核心，是高校各项事业发展的龙头，也是推动学校各项事业发展的动力。因此，学科队伍建设是高校师资管理中的根本性工作。本文分析了北京农学院学科队伍建设发展的现状，并针对其中存在问题提出了相关工作改进建议。

一、学科队伍现状

目前，北京农学院共有生物工程、植物保护、园艺学、作物学、畜牧学、兽医学、农林经济管理、工商管理、林学、风景园林、食品科学与工程共计 11 个一级学科，其中园艺学、兽医学和农林经济管理为学校重点建设学科。整体呈现特点如下：一是学科覆盖面较广，涉及农、工、管等多个领域；二是学科内研究类型多样，既有有偏重理论的，也有以应用为主的；三是学科任务多元，各学科中的专业课教师基本上都承担本科生和研究生的教育教学、科研、社会服务等工作任务。

---

* 作者：徐月，北京农学院人事处，助理研究员，研究方向：教师发展，电子邮箱：buaxuyue@163. com。

（一）学科整体情况

1. 学科队伍人员数量

截至2021年12月底，学校学科队伍现有人数289人，较2017年底提高11个百分点，整体增幅不大。在11个一级学科中除园艺学科、植物保护近五年间增长幅度较大（增长52%）外，其他学科人数变化不大，基本保持稳定（见表1）。

表1 **各学科2017—2021年人员数量情况** 单位：人

年份	生物工程	植物保护	园艺学	作物学	兽医学	畜牧学	农林经济管理	工商管理	林学	风景园林学	食品科学与工程	合计数量
2017	37	16	23	18	25	13	27	24	18	23	37	261
2018	37	15	23	18	24	14	26	26	19	30	40	272
2019	32	26	35	17	25	15	27	22	20	30	37	286
2020	35	27	35	17	27	14	27	22	20	30	38	292
2021	36	28	35	17	29	16	27	24	20	24	33	289

2. 学科队伍高级职称人员结构

近五年来，学科队伍职称结构中，高级职称比例不断提高，从2017年的68.2%提高到2021年的76.1%，增长了8个百分点（见表2）。其中，正高级职称的增幅略高于副高级职称增幅，在2017—2021年正高级职称数量增加了18人，增幅24%；副高级职称数量增加了24人，增幅19%。目前，正高级和副高级数量的比例维持在1:1.4左右。

表2 **学科队伍高级职称人员数量情况** 单位：人

年份	正高级职称人员数量	副高级职称人员数量	高级职称人员数量	高级职称比例（%）
2017	75	103	178	68.2
2018	79	127	206	75.7
2019	85	129	214	74.8
2020	86	133	219	75.0
2021	93	127	220	76.1

3. 学科队伍人员的学位结构

现有学科队伍中，具有博士学位的教师有235人，占比81.3%；具有硕士学位的教师有48人，占比16.6%；具有学士学位的人数有6人，占比2.1%。经过五年间的人才大力引进和支持教师在职学习工作，使具有博士学位人数比例大幅提高，从 2017 年的 72.9% 提高至 81.3%，提高 8.4 个百分点（见图 1）。

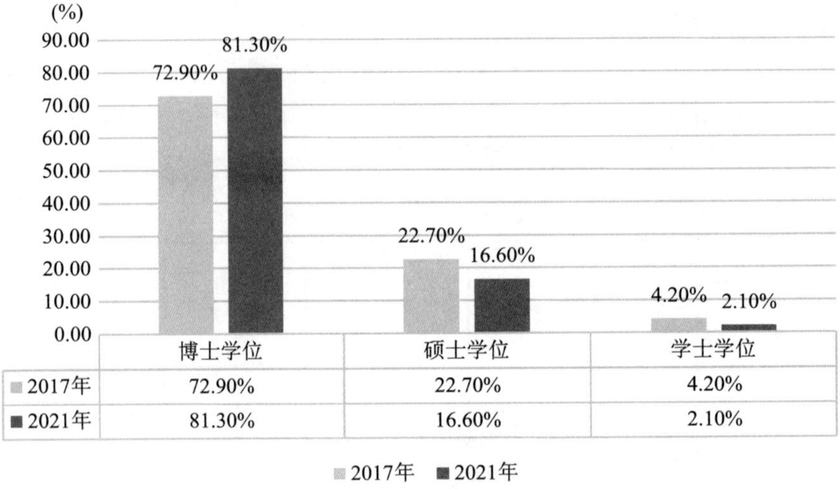

	博士学位	硕士学位	学士学位
2017年	72.90%	22.70%	4.20%
2021年	81.30%	16.60%	2.10%

图 1　2017 年与 2021 年学科队伍人员学历学位情况

4. 学科队伍人员年龄结构

截至 2021 年 12 月，学科队伍整体平均年龄 45.3 岁，比 2017 年平均年龄增长 1 岁。其中，35 岁及以下的教师占 15.2%，36～45 岁的教师占 34.3%，46～50 岁的教师占 21.8%，51～60 岁的教师占 28.0%，61 岁以上的教师占 0.4%。学科队伍整体年龄有上升趋势，尤其是 46～50 岁年龄段教师，上升趋势较快，增长了 5.6 个百分点（见图 2）。

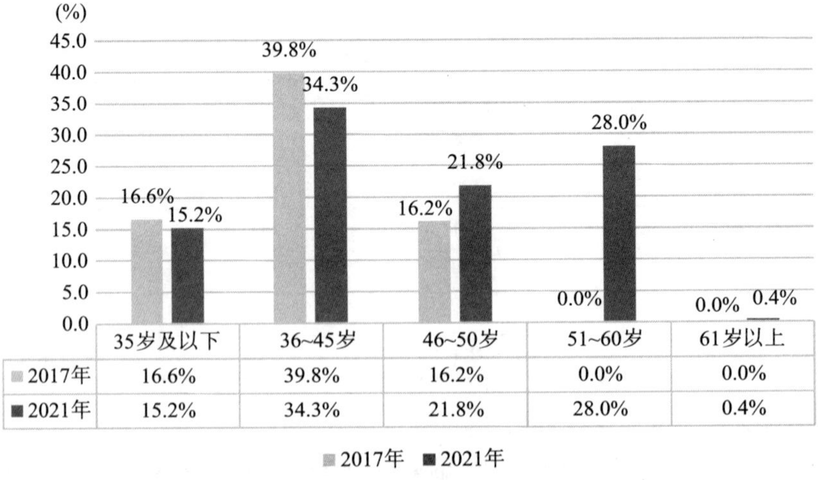

	35岁及以下	36~45岁	46~50岁	51~60岁	61岁以上
2017年	16.6%	39.8%	16.2%	0.0%	0.0%
2021年	15.2%	34.3%	21.8%	28.0%	0.4%

图 2　2017 年与 2021 年学科队伍人员年龄情况

（二）各学科队伍情况

1. 各学科人员队伍数量

截至2021年12月，从11个一级学科队伍人员数量分布来看，学科间差异较大。其中，学科规模较大有，生物工程、园艺学和食品科学与工程等3个学科，人员数量均超过30人，作物学、畜牧学两个学科规模较小，人员数量不足20人（见表3）。

表3　　各学科队伍人员数量情况

学科	生物工程	植物保护	园艺学	作物学	兽医学	畜牧学	农林经济管理	工商管理	林学	风景园林学	食品科学与工程
队伍数量（人）	36	28	35	17	29	16	27	24	20	24	33
比例（%）	12.5	9.7	12.1	5.9	10.0	5.5	9.3	8.3	6.9	8.3	11.4

2. 学科队伍人员职称结构

在11个一级学科中，除植物保护学科高级职称比例略低外，其他学科均达到或者接近70%。其中高级职称比例最高的是农林经济管理学科，高级职称比例达到88.9%，其次是林学学科，高级职称比例达到85%。此外，从正高级和副高级职称比例要求来看，仅有生物工程、植物保护、风景园林学等3个学科符合北京市要求，即正副高级职称人数比例为1:2，园艺学、兽医学、畜牧学、农林经济管理、林学、食品科学与工程等学科的正高级职称比例偏高，园艺学和畜牧学表现尤为显著（见表4）。

表4　　各学科队伍人员高级职称分布情况

学科	生物工程	植物保护	园艺学	作物学	兽医学	畜牧学	农林经济管理	工商管理	林学	风景园林学	食品科学与工程
高级职称比例（%）	77.8	64.3	74.3	82.4	69.0	68.8	88.9	70.8	85.0	83.3	75.8
正副高比例	1:2	1:2	1:0.73	1:1.8	1:1.2	1:0.83	1:1	1:1.83	1:1.1	1:2.3	1:1.3

3. 各学科队伍人员学位结构

在11个一级学科中，生物工程、畜牧学、林学三个学科具有博士学位的教师的比例超过90%。其中，生物工程学科具有博士学位的教师比例最高，达到97.2%。工商管理、风景园林学和食品科学与工程具有博士学位的教师比例偏低，低于70%，尤其是风景园林学科具有博士学位的比例仅有41.7%（见图3）。

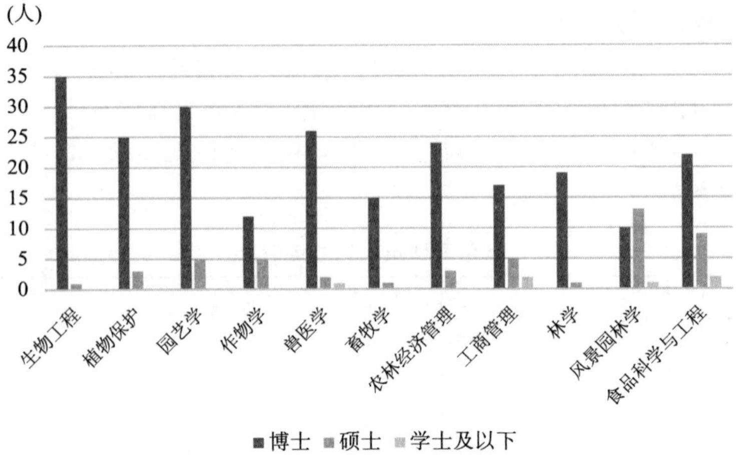

图3　各学科队伍人员学位结构情况

4. 各学科队伍人员年龄结构

整体看，各学科队伍年龄结构偏高，45岁及以下中青年教师在各学科队伍中的占比不高（见图4）。其中，畜牧学、兽医学和农林经济管理学中青年教师占约55%；作物学科、植物保护、园艺学、工商管理、林学、食品科学与工程学等学科在45%～55%；风景园林学占比最低，为29.2%。

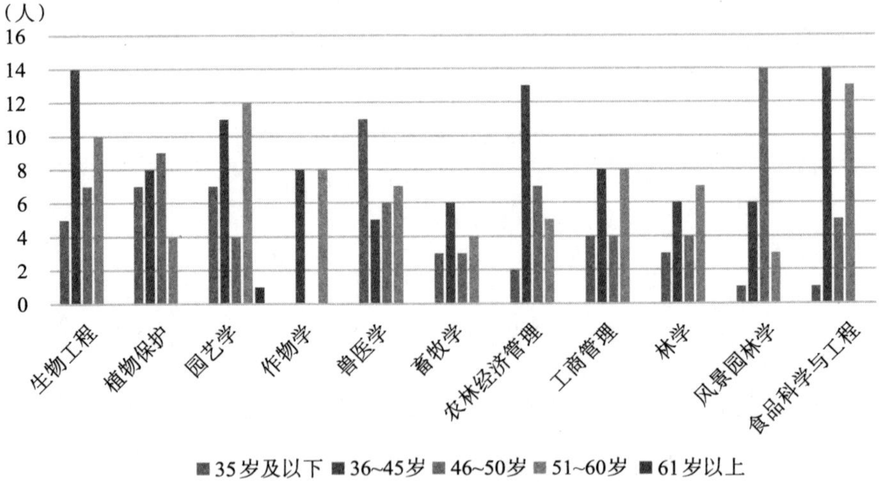

图4　各学科队伍人员年龄分布情况

二、存在问题

（一）学科队伍整体力量薄弱，重点建设学科师资数量不足

在学科评估、博士点申报等核心工作中，师资队伍的数量都是重要考量因子之一。如博士点申报要求生师比达到 16:1；学科评估要考察师资数量是否充足。可见，师资数量偏低将影响学科博士点的培育和建设。

当前，学校有 11 个一级学科，其中作为重点建设学科的园艺学、兽医学农林经济管理学，从学科队伍规模上来看，除了园艺学具有较高比例的教师数量，兽医学和农林经济管理学教师队伍严重不足，教师数量占比都在 10% 以下，以师生比 16:1 标准要求，园艺学基本能达到，而兽医学和农林经济管理学还存在差距。

（二）学科领军人才匮乏，队伍层次有待提高

现有学科队伍中，国家级人才较为缺乏，尤其是学科带头人。在现有 11 个一级学科带头人中，只有园艺学、农林经济管理和食品科学与工程 3 个学科带头人具有省部级人才称号，缺乏具有国家级人才称号的人员。同时，在现有的学科方向负责人中有 11 人具有省部级及以上人才称号，仅占学科方向负责人的 29%。在获奖方面，各学科队伍中仅有 3 人曾获国家科学技术进步奖。

（三）学科队伍年龄结构偏大，学科带头人年龄较高

从 2017 年和 2021 年学科队伍平均年龄看，学科队伍整体年龄结构偏高，尤其是 51 岁至 60 岁年龄段教师比例偏高。对学科带头人平均年龄进行调查发现，学科带头人平均年龄为 53 岁，学科带头人最大年龄 62 岁，最小年龄 48 岁，整体年龄偏高。年龄较长的学科带头人在学科建设经验和成果产出方面发挥重要作用，但是对持续保持学科的活力和生机有一定的影响。

（四）学科队伍梯队层次不明显，学科职称结构不尽合理

学校在开展学科建设工作时，设立了学科带头人、学科方向负责人，但是在调研过程中发现，学校各个学科带头人和学科方向负责人产生机制不健全、缺乏选拔和考核机制，有的学科或者方向负责人在科研产出和社会服务方面缺乏较强的影响力，部分学科中青年骨干的学术影响力高于学科带头人。学科层次结构不合理，势必影响高水平学科平台的搭建和标志性成果的孕育产生。为此，学校于 2007 年出台了相关的管理办法，在管理办法中明确了重点学科带头人、一级学

科带头人的聘任条件、岗位职责和考核标准，但是落实过程中政策为延续执行，影响了学科队伍的健康发展。

（五）学科文化氛围有待加强，学科组织力需巩固

调研发现，学校大部分学科的学科文化氛围不浓郁，学科凝聚力不强。分析其原因发现，部分学科的学科成员学术背景不同，知识要素存在着差异，科学偏好和科学方法存在较大不同，同一个学科下的成员分属于不同的学术团队。这种情况下，很难形成一个具有统一思想的学科团队。另外，学科带头人的组织领导能力也存在差异，部分学科带头人不能充分发掘和拓展本学科资源，无法有效分配学科资源，很难统领学科队伍。因为缺乏充足的学科资源，很多学科队伍的成员形式上划分到某一学科，但是实质上单枪匹马、缺乏学科归属感。

三、对策建议

（一）科学设置各一级学科，凝聚力量打造学科高地

学校现有 11 个学科，各学科力量分散，无法有效统筹资源打造优势学科，应进一步统一思想，按照办学定位和首都经济社会发展需要，严格按照深化教育改革学校发展需要，合理和规范一级学科设置，明确和凝练稳定的学科方向，集中精力将主干学科打造成为学科高地，遴选和培育重点学科，形成特色学科，带动学校整体发展。

（二）引育高层次拔尖人才，加强学科梯队建设和人才储备

紧密围绕学科建设需要和专业建设需要，通过柔性引进、刚性引进和内部培育等多种措施和手段，实施高层次拔尖人才汇聚。建立并完善的人才引进制度和程序，使人才引进工作制度化、规范化，努力探索新时期下人才引进的方式和方法，多形式、多途径地引进人才，选拔人才、储备人才，逐步形成一支结构合理、层次较高、后备充足的学科队伍。

（三）科学设置学科岗位，完善选拔聘任和考核机制

学科岗位设置与学科队伍建设有着密切的关系。学科岗位设置可参照优秀大学学科建设模式分层级、按岗位设置，第一层级设立学科首席、学科责任教授、学科带头人，第二层级设立学科方向负责人、学科骨干等。各层级人选应一方面通过外部高层次人才引进，另一方面通过内部选拔选聘，竞争上岗。通过岗位设置，明确岗位责任和任务，加强岗位考核和奖惩，不同建设目标学科对应不同目

标任务和奖励，根据考核结果和建设需要，不断动态调整，滚动发展，从而充分调动各学科队伍的积极性，增强学科活力。

（四）加强学科文化建设，增强学科队伍凝聚力

学科文化是学科队伍建设的重要组成部分，学科文化建设包括学术道德、学术规范、治学态度、进取精神、团队精神等。学校应将学科文化建设作为学科队伍建设的首位，通过日常的管理组织、教育和建设，加强文化要素的培育，营造浓厚的学术氛围，创造学科发展的文化环境。通过学科文化建设，凝练学科方向，增强团队凝聚力，提高成员综合素质，提升良好学科生态环境，推动学校学科整体发展。

综上所述，学科是高校最基本学术单位，是教学、科研、社会服务等各项工作的基础。学科建设水平决定了学校的办学水平和长远发展。在当前深化教育改革背景下，要制定与首都区域经济发展相适应的面向世界、面向未来的师资队伍战略目标，必须坚持不懈地抓好学科队伍建设。

参考文献：

［1］傅明星，雷勇，赵桦．地方高等学校的学科建设与特色发展问题［J］．陕西理工学院学报（社会科学版），2012（04）：7－11．

［2］张明光，李家祥，陈惠宁．地方高校学科平台建设探析［J］．中国高校科技，2013（06）：37－39．

［3］王建华．多学科研究与高等教育学学科建设［J］．高等教育研究，2003（02）：87－89，105．

专业学位研究生教育高质量内涵式发展的实践*

高源　何忠伟　夏梦　王琳琳　李新毅

摘要： 中央办公厅、国务院办公厅在《加快推进教育现代化实施方案（2018—2022 年）》中提及要完善产教融合的专业学位研究生培养模式和科教融合的学术学位研究生培养模式。教育部、国家发展改革委、财政部《关于加快新时代研究生教育改革发展的意见》文件中提及要深化科教融合与产教融合，将其作为学位授权点布局的重要参考因素。北京农学院是一所都市特色农林高校，积累了近 20 年的专业学位研究生教育管理经验，专业学位研究生当下仍在一定程度上存在着实践能力弱的问题。学校通过创新培养模式，强化科教融合和产教融合育人机制，探索出专业学位研究生教育高质量内涵式发展的管理机制。

一、面临问题

北京农学院从 2003 年开始正式招收专业学位研究生，通过多年的教育管理实践，发现存在两个方面的难点：一是专业学位研究生培养过程中在一定程度上存在着培养定位不清晰、培养模式老旧、实践创新力度不强；二是科教融合和产教融合联合培养质量评价机制缺位。作为一所定位高水平应用型大学的都市型农林高等院校，推进专业学位研究生培养模式改革，完善科教、产教融合联合培养质量评价机制，设立“产业（行业）导师”，加强人才培养与行业企业用人需求对接显得尤为重要。

学校现有新农村建设基地、都市农业研究所、乡村治理研究中心等智库平台

---

* 资助项目：中国学位与研究生教育学会农林学科工作委员会项目，项目编号：2021 - NLZX - YB11；北京农学院学位与研究生教育改革与发展项目，项目编号：2022YJS068。作者：高源，北京农学院助理研究员，主要研究方向：学科建设、研究生教育管理。

以及教授工作站、产业扶贫站、科技小院和农业农村部都市农业（华北）重点实验室、农业应用新技术北京市重点实验室、北京市乡村景观规划设计工程技术研究中心等20个省部级科研平台。如何充分利用好以上的平台，提升研究生实践创新能力，为研究生科教融合和产教融合提供保障，打造科教融合与产教融合相结合的“北农样板”是问题解决的关键所在。

二、探索路径

北京农学院紧密结合高水平应用型大学办学定位和培养具有创新精神和创业能力复合应用型农林人才的培养定位，切实推进学校内涵特色差异化发展，深入推进研究生分类培养改革，通过采取多样化培养形式，打造出人才培养的新模式。

（一）强实践、推创新

采取双导师制，聘请行业专家参与到专业硕士研究生的培养过程中，完善产教融合联合培养质量评价机制，加强人才培养与行业企业用人需求对接。建立校外研究生工作站54个，实践基地75个、科技小院11个，为强化研究生实践提供平台保障。

推动产教融合教学模式创新，方法上由“讲授型”向“交互型”转变，增加专业硕士研究生案例教学比重，结合课程思政强化育人成效。近年来，学校立足应用型农业高校建设定位，以强农兴农为己任，把实施乡村振兴战略、打赢脱贫攻坚战作为参与乡村振兴工作的总抓手，整合运用一线技术推广、人才支援、智库机构、基层党建、扶智培训、消费采购等六大平台，精心安排帮扶项目。学校建立校外实践基地、研究生工作站、教授工作站、产业扶贫站、科技小院等平台，组建跨学科社会服务团队，鼓励专业学位研究生积极融入京津冀协同发展实践，为促进农业高质高效、乡村宜居宜业、农民富裕富足贡献智慧力量。加强项目推广、技术服务及咨询，指导研究生发表高水平学术论文。

（二）定方案、建专班

采取校地、校企、校校的合作模式，学校与北京市相关部门签署“三委两局”共建协议，就学科规划、人才培养、大学生就业以及服务首都经济等方面开展深度合作。学校参与组建10个北京现代农业产业技术体系创新团队，打造一批具有示范引领作用的农业科技园区。学校和北京市农林科学院、北京农业职业学院形成“三院”联动格局，建立“双导师”制。坚持目标导向和问题导向相结合，实行分类培养，在学制设计、课程设置、实训实践、论文内容、学位要求等方面体现专业学位研究生培养的特点。针对培养过程查缺补漏、不断优化，提升教育管理的精细化程度，提高人才培养质量。同时，开设基质研究、古树保护与修复、科技小院、园林绿化等专项班，“集团式”服务国家和地方需求，逐步实现专项化培养全覆盖。学校不断加强与中国农业科学研究院、北京市农林科学院、北京市园林绿化科学研究院等科研院所的合作，创立联合科研平台，共享联合实验室的资源和设备，提高研究设施质量。

（三）搭平台、设专项

开展“尚农大讲堂”“都市现代农林进展”等课程，聘请院士、长江学者等高水平人才研讨都市现代农林业发展热点问题，帮助研究生拓宽视野，打破学科局限，提升综合素质。

设立学位与研究生教育改革与发展项目，每年重点建设一批研究生课程和研究生校外联合培养实践基地，通过”课程 + 基地”“实践—理论—实践”模式，推动农科应用型研究生教学模式改革。截至目前，共支持项目 800 余项，其中研究生项目 400 余项，占比达到 50% 以上，经费达 277. 3 万元。

（四）树理念、重监督

研究生处树立“务实、高效、合作”的工作理念，定期召开处务会、研究生秘书和研究生辅导员例会，制定工作流程图，每年更新、修订《研究生手册》和《学位与研究生教育管理文件选编》等相关规章制度。制定了一系列切实、高效的研究生管理制度。以制定文件的形式优化研究生培养管理流程，提高学位管理效益，加强学术不端行为管理。实行导师培训制度和实施导师年度考核，更新导师管理理念，加强导师师风建设，提高导师师德水平，提升导师指导能力。导师遴选出入口实现了闭环管理，形成了良性循环，促进导师以德立身、以德立学、以德施教。

构建联合教学督导、学科评价、导师主责、奖惩机制相结合的质量监督保障体系。加大分流力度，对不适合继续攻读学位的研究生及早分流。全面落实立德树人，加大导师考核力度，将政治表现、师德师风、学术水平、指导精力投入等纳入导师评价考核体系。加强兼职导师、校外导师的选聘、考核和培训工作。加强研究生培养全过程的关键环节管理。

三、管理成效

学校在专业学位研究生培养过程中，注重专业学位研究生的实践教学工作，不断创新方式方法，进行探索和实践，取得了一定的成绩。

（一）专业学位研究生培养质量显著提升

专任教师中，50余人次入选国务院政府特殊津贴、教育部新世纪优秀人才、新世纪百千万人才工程市级人选、“科技北京”百名领军人才、北京市高层次创新创业人才、北京市属高校“长城学者培养计划”、北京市现代农业产业技术体系创新团队首席专家与岗位专家。多名教师被中国农业大学、北京林业大学、山西农业大学、河南农业大学、新疆农业大学等单位聘为博士生导师。

北京市教委督查专家组在对我校学位与研究生教育工作进行全面检查，一致认为我校研究生教育工作制度健全、管理规范、运行有效、质量很好。研究生毕业生就业率始终保持在96%以上，高于北京地区平均水平，学校被评为“北京地区高校示范性就业中心”，专业与就业单位平均匹配度为79.20%。根据毕业生质量调查结果显示，用人单位对我校毕业生总体满意度高于北京市总体水平，对毕业生专业培养满意度高于全市总体水平，其中专业知识体系、专业应用能力评价最高。在历年北京地区硕士学位论文抽检中，结果均为良好。学位授权点自评估和专项评估，评估结果均为“合格”。

（二）专业学位研究生实践创新能力不断提升

在校研究生参与授权专利46项、软件著作权24项，在全国性研究生科技创新竞赛、技能设计大赛、学科竞赛中获得奖项38项，以第一作者发表学术论文被SCI收录或国内核心期刊收录317篇，参与科技小院、社会实践活动研究生均得到社会广泛好评，先后被全国农业硕士研究生学位研究生教育指导委员会、《中国报道》等报道。依托教授工作站、产业扶贫站、科技小院等平台，组建跨学科社会服务团队，鼓励农业硕士研究生积极融入京津冀协同发展实践，为促进农业高质高效、乡村宜居宜业、农民富裕富足贡献智慧力量。推广项目167项，开展技术服务及咨询987项，研究生发表高水平学术论文317篇。

（三）专业学位研究生培养模式在全国农林高校进一步推广应用

第四届省属高校精准帮扶典型项目发布，北京农学院研究生参与的乡村振兴精准扶贫案例入选31项典型项目。北京农学院也是此次评选中唯一入选的北京市属高校。《中国报道》连续报道的北京农学院大力培养高水平应用型研究生服务首都乡村振兴系列专题总计11篇。研究生教育教学经验在浙江农林大学、河北农业大学、天津农学院、新疆农业大学、仲恺农业工程学院、青岛农业大学、内蒙古农业大学、湖南农业大学等农林高校交流，在都市农业高校联盟和京津冀农林高校协同创新联盟之间交流推广，成果推广应用效果明显。

新时代研究生创新科研管理体系的建设探索*

张欣珂　李德美

摘要：随着高等教育覆盖的全面化，我国研究生数量逐年增加，而新时代的大科学环境对研究生创新科研管理体系提出了新的要求。文章从研究生科研诚信与教育管理、研究生科研团队建设管理以及科研经费管理制度上进行探讨。分析了在研究生逐年扩招背景下提高研究生科研诚信的制度改革，在新时代多领域交叉合作环境下研究生科研团队建设和管理的对策和制度；同时从科研工作者的角度出发，针对提高科研人员经费使用灵活性提出了科研经费管理制度改革建议。对新时代提升研究生培养质量，提高创新性科学研究提供了建议和对策。

一、引言

1978 年我国恢复高等教育招生考试以来，本科生和研究生的招生规模持续增长，尤其是近十年来，全国高等教育总规模增长尤为迅速。根据教育部的数据显示，近十年来，硕士研究生的招生规模年均增幅为 6%，博士研究生的年均增幅为 5.5%，硕士研究生招生人数也由 2010 年的 47.4 万人增长到 2020 年的 110.6 万人。研究生教育作为高等教育的重要组成部分，是培养创新型高科技人才的主要渠道。《国家中长期教育改革和发展规划纲要（2010—2020 年）》明确指出，作为教育中最高阶段的研究生教育，需要提高科研创新能力和实践能力的培养[1,2]。但由于研究生招生规模的快速扩张，在校研究生人数的日益增多，研究生的人均教育投入水平和质量均出现了下降，因此对研究生教育培养、科研创新等管理质量上提出了新的挑战。所以，本文针对这一现象，对新时代的研究生

* 作者：张欣珂，博士、北京农学院植物科学技术学院讲师，主要研究方向为葡萄酒风味化学，电子邮箱：zhangxinke@ bua. edu. cn。

科研管理体系的建设进行思考和探索。本文将从研究生科研诚信与教育管理方面、研究生科研团队建设管理方面以及科研经费管理制度方面进行探索，提出能够适应新时代的高水平的研究生管理体系，从而从制度上提高研究生科研管理水平，提高研究生创新科研能力以及培养质量。

二、研究生科研诚信与教育管理

近年来，随着研究生招生规模的扩大，人均培养成本的降低，外加急功近利的社会风气，导致高校中科研失信现象频发。2019 年 10 月科技部印发的《科研诚信案件调查处理规则（试行)》，明确了科研失信的 7 个行为：①抄袭、剽窃、侵占类型为主的行为；②编造，伪造、篡改研究数据、结论等行为；③买卖、代写，虚构评议等行为；④科研活动中的弄虚作假、贿赂、利益交换等行为；⑤违反科研伦理规范行为；⑥违反研究成果署名及论文发表规范行为；⑦其他科研失信行为。

导致科研失信的原因有很多，但主要包括科研人员不正确的科研价值观等自身道德层面的原因，以及急功近利的学术氛围和不完善的奖惩制度等外在原因[3]。因此，需要在多个方面对研究生科研诚信与教育上进行管理，打造完整的科研诚信教育引导机制和科研失信预防惩罚机制。

（一）科研诚信教育

科研诚信教育是避免科研失信的预防手段，是研究生教育管理体系中必不可少的一个重要环节。高校要加强科研诚信教育，在研究生入学的第一时间开展学术道德引导，在研究生课程中设置科研诚信与教育课程，并作为必修选课要求所有研究生参加，在课程中以案例等手段讲解各科研失信行为的表现，并在课程结束后签订科研诚信承诺书。在新生入学阶段就塑造强烈的科研道德意识。此外，要不定期举行科研诚信宣传活动和奖励工作，以巡展或展板的方式进行宣传，对优秀教师和科研团队进行表彰等，让研究生牢固树立科研诚信的意识。

（二）完善研究生科研培养体系

高校作为研究生培养的单位，要明确自己对研究生培养的定位。高校需要落实责任，明确科研与创新是人类认识自然和社会规律的客观过程，而非必然结果。任何科研行为均具有偶然性和风险性，并不是所有的科学研究都会取得成果。目前高校中“拼帽子”“拼论文”等行为屡见不鲜，导致高校科研人员心态心浮气躁、急功近利。在这种环境下，研究生即使明白科研诚信的基本要求，也很难做到独善其身，逐渐丧失了自己科研的初衷，难以塑造正确的科研价值观。

因此，需要高校作为第一责任主体，明确自己的定位，树立良好的价值观[4]，鼓励研究生进行开放性探索，而避免“设目标，卡毕业”等功利化政策。对于一些农林理工类学科，实验周期长，容易受到不可控干扰因素多，如媒体中报道的农学类研究生试验田中样品被损坏或偷盗的现象，若一味地将发表论文与毕业考核挂钩，则研究生很容易铤而走险，篡改数据甚至实验结果。因此高校在研究生培养过程中应“重过程，轻结果”，避免因政策原因助长科研失信现象。

（三）建立学术规范教育并落实导师负责制

高校在做好科研诚信教育及政策引导的同时需要建议学术规范教育机制并落实导师负责制。对于绝大多数研究生，在本科阶段没有接受充分的科研训练，若不在研究生阶段加强引导，很容易造成无意识的科研失信，如：不合规引用，数据不合理、不规范解读。这些学术规范教育机制在国外高校中是研究生培养的重要一部分[5]，如耶鲁大学教学中心网站提供了为本科生和研究生服务的写作指导的板块；哈佛大学提供了详细的网站资源栏，给出具体的论文引用格式指导和详细案例；建立良好的学术规范教育机制能够帮助规范学生学术行为，避免科研不端现象的发生。

高校在建立完善学术规范教育的基础上，还需要落实导师负责制。研究生在导师的指导下从事科学研究，导师的科研态度和言行举止对研究生的学术规范有着重要的影响[6]。有研究表明，在科研诚信方面，研究生指导教师的因素要比高校管理制度作用大[7]。近年来，因导师师德不端造成的学术造假问题屡见不鲜，其中包括言传不到位，没有履行研究生的科研诚信教育义务，身教不足，自身学术不严谨，对研究生的指导频次过低等现象[8]。因此，在研究生培养过程需要导师严格指导，包括课题的确立、实验调研的操作、数据的分析、论文的撰写等环节。每个环节都要落实导师负责制，高校也需要在每个培养环节对导师进行考核，从培养机制上避免学术不端的发生。

（四）科研失信预防惩罚机制

科研失信行为的发生也与其所得的收益有关，因此需要建立科研失信的预防惩罚机制。对于研究生的科研失信的预防制度，需要在招生入学的时候就对学生本科期间的违规违纪行为以及个人征信进行调查，拒绝招收有考试舞弊，个人征信记录差的研究生；在高校科研人员招聘的时候，需要调查科研人员的征信和是否有科研失信情况，拒绝聘用有违规违纪及科研不端史的人员，建立科研失信预防机制。

在预防机制的基础上，还需要建立和完善科研失信的惩罚机制。目前，大部分高校均制定了科研失信惩罚措施。但从整体来看，这些惩罚措施仅落实在高校内部，且常存在“走人情”等免责或从轻处罚现象。因此，成本比较低，仍有大量的研究生和科研工作者铤而走险。因此，需要将科研诚信和个人征信系统相关联，与师风师德考核相结合，采用一票否决制，对科研失信人员取消其一切评奖评优以及职称晋升，严重者甚至解除聘用。建立和完善科研失信的惩罚机制十分必要。科研失信惩罚机制将为科研工作者树立最低的道德底线和基本准则，在制度上是一道不可逾越的红线。

三、研究生科研团队建设管理

21 世纪以来，随着各个行业与学科的不断发展进步，科学问题也日益变得复杂，科研工作者面临的更多的是多个交叉学科的问题，采用传统的单一学科或研究方法已经不再适用。而在这样的环境下，不依赖于合作的独立研究愈发困难，而科研团队具有共同目标、互相依存、分工合作和责任共担的特征[9]，能够满足现在越来越复杂且大型化的学科发展需要。通过对美国 20 世纪八九十年代发表的 240 万篇科学论文的研究发现，基于团队研究的成果急速增长[10]。由此可见，团队科学研究形式将成为未来高等院校及研究机构未来发展的方向。下面，本文将从科研团队的科研资源共享管理制度和研究生管理模式上进行探究，研究科研团队的建设管理。

（一）科研资源共享管理制度

现代研究体系尤其是理工农林等自然学科的研究依赖于各个学科知识的交叉和实验资源的投入。因此，科研团队的人员搭配需要尽量做到“跨学科，多领域”，形成不同知识背景、学术潜能和性格特征互补的团队队伍；科研团队内部可结合需要，购置所需要的仪器设备，并且在团队内部做到“专管共用，资源共享”，充分利用学生资源，做好实验室的日常管理工作，制定完整的仪器设备的购置、使用、维护等规章制度。这一方面能够降低实验投入成本，另一方面能够降低实验的管理成本、提高实验资源的利用率。

科研团队能够根据研究需要搭建基本的研究平台，但对于深入的科学研究还依赖于高端仪器，而这些仪器往往价格昂贵，因此高校还要建立各自的院级和校级科研平台。目前来看，一些高校已经具有较为完善的公共仪器平台，但存在“买得好，用不好”的问题[11]。主要原因是在公共实验室建设方面没有建立长远和有效的长期经费投入机制。多数情况是把大量的经费用于购买仪器本身，但并不配备专职的仪器管理人员以及仪器培训、维修的资金投入，导致了不合理使用以致损坏仪器以及不能够发挥仪器最大的功能以致资源浪费。因此，在共建实验方面需要建立长期的投入使用机制，在已有的中大型仪器的审批采购制度过程中加入中长期的使用和维护投入，宁可少买，也要买好、用好。这样才达到良性运转的资源共享。

（二）科研团队研究生管理模式创新探究

高校中科学研究的进行依赖于研究生的直接参与，而导师则提供学术资源。导师提供的帮助和指导能直接提升学生的综合素质，达到研究生应有的质量标准；而研究生的研究成果则作为导师的学术成果有助于其在职称和学术道路上更进一步。因此，在新时代的研究生培养模式中，研究生与导师的关系既是平等合作的关系、又是传道授业解惑的传统师生关系[12]。在科研团队中，导师和研究生相处的模式是科研团队运行的底层模式。研究生培养情况可以按照马斯洛的需求层次理论分为安全（工作保障）需求、社交需求（友谊）、尊重和自我实现需求。首先，高校和导师需要为研究生开展安全的科研条件和工作保障，其中，既包含安全良好的硬件设施（如场地、设备等），也要提供必要的软件设施（如科研规划和合理的指导）。其次，导师要以平等的姿态与学生对话，尤其是在一些非科研活动中不能以上下级关系与学生相处，不能让学生义务于接送孩子、收发快递等劳务。最后，要尊重学生并帮助其实现科研的自我价值，在课题选择上尊重学生的兴趣，在可行的范围内允许学生自主挑选课题，并在科研活动的过程中积极帮助学生、肯定学生的价值，在取得成果时给予鼓励和赞扬。通过多个方面形成科研团队内导师与学生的良好互动。

在科研活动中，研究者是最重要的主体，因此需要建立合理高效的科研团队的运行管理制度。首先，科研团队的高效运行依赖于科研团队带头人以及主要导师的责任分工。团队带头人应具备较高的科研造诣和战略眼光、雄厚的学术资源以及较强的管理沟通能力。其主要是导师应具有较高的学术水平和研究能力、沟通和学术指导能力。在管理制度上，科研团队带头人应具体负责团队主要研究方向、经费统筹以及人员安排，各导师也应在团队主要研究方向基础上开展独立研究。团队整个资源经费资源在独立自主、多方筹措的原则下要进行共享，需要明确责权利的关系，导师个人业绩与成果挂钩，实现责任与利益相匹配原则。科研团队还应明确运行制度，需建立起例会制度[13]，为科研团队提供定期的交流平台，其既包括促进学术交流的文献研读及组会汇报制度，还需要提供对外参加学术会议和实践的机制。此外，各导师与研究生也需要责权分明，导师需要每周为研究生提供不少于一天的直接指导，为研究生遇到的问题和困难提供相应的帮助；学生也应参与实验室的管理，对实验室的仪器设备进行管理，做到“老生帮扶新生”，在基本的实验操作和科研技巧上需要互帮互助，达到团队合作的效果。

四、科研经费的管理制度

现代科学为大科学时代，具有明确的社会化、组织化和规范化的特点，是具有专业和科学团体、资助制度、科学活动与精神文化的独立社会活动[14]。在如此建制化和职业化的背景下，科研经费的管理制度是新时代的研究生创新科研管理体系的重要组成部分。

目前，我国对科研活动尤其是对基础研究的资助主要来源于国家的公共财政投入。我国虽然在经费的支持力度上逐年递增，但是在科研经费的管理制度上发展相对缓慢。首先，科研经费不仅是支持科技活动的开展，更是激励科学研究和技术开发的主要推动力量。因此，目前在科研经费财政管理上仍存在信任不足、权力层层剥夺的现象且拨付时间滞后等问题。科技工作者往往是在项目开始后数个月才收到经费的拨付，需要依据严格的审核对经费进行管理，灵活性较差，因此研究者需要想办法筹措资金，并将大部分的时间花费到其不擅长的预算和花钱上面。因此，需要在科研经费的预算和拨付制度进行规范，提高科研工作人员对经费使用的灵活性和自主性。此外，科研经费的使用过程中也存在与其他制度矛盾的地方，如与现行财政制度的矛盾，如科研经费的使用一律采用发票报销和公务卡消费制度，而对于一些必要但小金额（如原材料、特殊维护）的花费也需要完成全套的报销手续。此外，社会上仍有许多不完备的开票和刷卡制度，科研人员需要另想办法解决。这样大大浪费了科研人员的精力和时间。因此，需要在经费的使用制度上提供灵活性，允许在一定金额范围内免于报销，提高科研经费使用的灵活性。只有在信任的基础上赋予科研工作者更多资金使用权力，才能达到更高的科研投入产出比，才能更好地完成创新型科研活动。

五、结论与讨论

新时代大科学发展对研究生创新科研管理体系提出了新的要求。科研诚信是整个科学活动的基石。随着我国研究生招人人数的日益增多，需要在研究生诚信与教育管理进行改进，需要在科研诚信教育、研究生科研培养体系、学术规范教育及导师负责制以及科研失信预防惩罚机制上进行改革。而以科研资源共享管理制度为基础的科研团队更能够面对大科学时代多学科交叉发展的特点，也需要结合时代特点在科研团队研究生管理模式进行创新。在科研经费管理制度上，应提高对科研工作者的信任，提高经费使用的灵活性。在此，笔者仅从科研工作者的第一视角探讨了对研究生创新科研管理体系建设的一些基本的思路，具体的相关制度建设和政策实施还需要经过实践进行检验。

参考文献：

[1] 罗爱月，林梦瑶，黄锁义．开放实验室，培养研究生创新能力 [J]. 科教导刊，2016，(11X)：15－16.

[2] 郑冬梅，王悦．构建研究生实验教学体系，培养研究生创新能力 [J]. 实验技术与管理，2010，27 (5)：146－150.

[3] 吴永超，李栓久．高校研究生科研诚信教育管理机制探索与创新 [J]. 高教学刊，2020 (34)：117－119.

[4] 方晓春．科研价值观教育与大学生科研诚信评价机制构建 [J]. 社会科学家，2017 (9)：70－75.

[5] 王洪涛，徐晋，吕瑞博，贾青青．国外高校研究生科研诚信建设经验借鉴 [J]. 教育教学论坛，2020 (49)：90－91.

[6] 边亚东．导师师德对研究生学术不端行为的影响研究 [J]. 河南教育(高教)，2016 (10)：44－46.

[7] 方冬姝，杨磊，韦映梅．导师对研究生科研诚信养成作用的实证研究 [J]. 中原工学院学报，2015，26 (2)：98－103.

[8] 童泽望．新时代研究生科研诚信的提升策略：基于研究生导师负责制的视角 [J]. 武汉理工大学学报 (信息与管理工程版)，2019，41 (4)：449－454.

[9] 季小天，赵文华．高校科研创新团队建设：国外研究进展与启示 [J]. 研究生教育研究，2021 (5)：76－83.

[10] Cohen S G, Bailey D E. What makes teams work: Group effectiveness research from the shop floor to the executive suite [J]. Journal of management, 1997, 23 (3): 239－90.

[11] 赵青山．加强实验室管理，提高研究生科研创新能力 [J]. 实验科学与技术，2015，13 (5)：146－148.

[12] 秦莹，屈晓婷．基于立德树人的新时代研究生导生关系建构研究 [J]. 2019，47 (5)：174－178.

[13] 罗少华．高职院校科研团队管理制度建设初探 [J]. 时代报告，2016 (44)：140.

[14] 胡明晖．科学职业化视域下的财政科研经费管理 [J]. 科技管理研究，2016，36 (15)：38－42.

科教深度融合的工商管理研究生创新培养路径研究*

李瑞芬

摘要：目的：以创新创业为引领，科教融合为重点，提升研究生培养质量。方法：以AB高校工商管理为例，运用访谈法、问卷调查法对高校研究生导师、在校工商管理研究生及研究生管理人员进行充分调研基础上，从科研与思政融合、科研与教学融合等方面分析目前工商管理研究生科教融合培养的现状。结果：目前，工商管理研究生科教融合培养存在导师和教师对科教融合的理念需要进一步转变、科教融合的机制有待改进、科研促创新意识有待增强、科研与教学的融合度有待提升、导师团队建设有待创新以及学生的认知有待提升等方面的问题。结论：提出强化科研与思政和教学有效融合的理念、改进科教融合的培养模式和机制、加强科研转化和课程改革的有效融合、加强跨学科跨研究方向的导师团队和研究生团队建设等方面的建设路径。

在当代高等教育改革背景下，加快创新型人才培养是建设创新型国家，是提高研究生培养质量的关键。研究生培养阶段更好地推行科教融合，实现教师科研学术研究与教学内容的有效契合是培养创新人才的新途径，有利于推动人才培养质量的提升。但是，科教融合在实践中依然存在着形式大于实质的现象。为此，如何推进未来高等教育改革的进程、满足未来人才的需求，科教融合是现阶段亟待解决的重要课题。纵观国内外相关研究，关于科教融合的话题近年来备受瞩目，国外学者在这一方面的研究相对较少，主要是侧重于从科教分离到科教融合

* 基金项目：北京农学院学位与研究生教育改革与发展项目（Research Fund for Academic Degree & Graduate Education of Beijing University of Agriculture）。作者：李瑞芬，北京农学院经济管理学院。

这一过程本身的研究，也有针对重点大学的科教融合进行了一些研究。国内学者关于在科教融合视角下对创新人才培养模式以及科教融合对高校办学质量的作用等也作了一定程度的探讨，但有关科教融合研究生的培养路径、培养模式、培养体系等的研究较少。

笔者以创新创业为引领，科教融合为重点，研究生培养质量提升为目标，以AB高校工商管理为例，运用访谈法、问卷调查法对高校研究生导师、在校工商管理研究生及研究生管理人员进行充分调研基础上，分析目前工商管理研究生科教融合培养的现状和存在的突出问题，进而提出科教深度融合的可行路径。从理论层面，为高校研究生培养提供理论借鉴和参考，拓展现代大学的人才培养模式的内涵，同时进一步拓展高等教育理念的内涵。从实践层面，立足现实分析高校研究生人才培养科教融合的发展现状，剖析存在的问题，探讨科教融合的实现路径，为研究生教育教学改革提供可参考的范式。

一、科研与思政融合现状及问题

科研与思政融合是新时代的一个重要话题。事实上，导师可引导学生通过参与科研项目的调研过程，深入社会实践、关注现实问题，培育学生经世济民、诚信服务、德法兼修的职业素养，深刻理解并自觉实践各行业的职业规范、增强职业责任感。但是，如何挖掘融合点以及融合的方式方法，是目前的关键点，也是薄弱点。

（一）导师对科研与思政融合的理念需要进一步转变

从AB高校工商管理学硕导师的访谈结果来看，所有的导师都表示，其所带的工商管理研究生都参与了导师的科研项目；而且大部分导师认为科研与思政可以融合，但就科研与思政融合的内容及方法认识并不到位。

一是有关科研与思政是否能融合的理念。95%的导师表示，在学生参与科研项目的过程中，应该同时进行思政教育；5%的导师表示，学生参与科研主要以提高其自身的科研能力为主，与思政教育不太好融合。

二是有关科研与思政的具体融合内容。91.7%的导师认为，通过参与科研可以培养学生做事踏实认真的态度和创新思维；75.3%的导师认为，通过参与科研进行社会实践过程中培养学生诚信的职业修养；50.0%的导师认为，可以让学生深刻理解并自觉实践各行业的职业规范和创新思维、增强职业责任感；33.3%的导师认为，通过参与科研介入各行各业，培养学生的爱国热情和职业责任意识（见表1）。

表 1　　导师对科研与思政融合内容的认知

选项内容描述	结果统计
通过参与科研培养学生做事踏实认真的态度和创新思维	91.7%
通过参与科研过程中培养学生诚信的职业修养	75.3%
通过参与科研过程中培养学生自觉实践各行业的职业规范和创新思维	50.0%
通过参与科研过程中培养学生的爱国热情和职业责任意识	33.3%

（二）导师对科研与思政融合的方法有待进一步改进

通过 AB 高校工商管理研究生导师的座谈，目前大部分导师都采取学生在完成任务过程中，通过调研等活动自觉感悟出一些做人做事的道理，极少导师采取专门方法去引导学生有意识地将科研与思政教育融合。

根据对导师科研与思政融合方法的访谈结果，83.3% 以上的导师主张采取给学生布置科研任务，学生在完成任务过程中通过科研、调研等活动自觉感悟出一些做人做事的道理；41.7% 的导师借助于科研任务明确要求要诚信、务实，严谨规范；8.3% 的导师在学生正式参与科研之前先花时间专门给学生讲在科研的各个环节如何有意识去培养自己的道德修养、职业规范以及责任意识等，旨在教育引导学生自觉培养（见表 2）。

表 2　　导师采取科研与思政融合的方法

选项内容描述	结果统计
通过科研、调研等活动自觉感悟出一些做人做事的道理	83.3%
借助于科研任务明确要求要诚信、务实，严谨规范	41.7%
专门给学生讲在科研的各个环节如何有意识去培养自己的道德修养、职业规范以及责任意识等	8.3%

（三）学生对科研与思政融合的认知不深

目前，大部分学生对科研与思政融合认识不深，仅仅是为完成任务并为完成毕业论文打基础。

从对学生访谈和问卷结果来看，86.7% 的学生认为参与导师科研主要就是完成任务过程中提升自己查阅文献、调研、写报告的能力，为完成毕业论文打基础；仅有 13.3% 的学生从理念上认识到通过科研可以提高自己的责任担当以及职业素养等（见表 3）。

（四）学生的收效不理想

由于目前大部分学生对科研与思政融合认识不深，加之导师的培养方法不到

表 3　　学生对科研与思政融合的认知

选项内容描述	结果统计
认为参与导师科研主要就是完成任务过程中提升自己查阅文献、调研、写报告的能力	86.7%
认为通过科研可以提高自己的责任担当以及职业素养等	13.3%

位，导致学生在科研过程中在思政培养方面收效不理想。大约 73.3% 的学生表示，通过参加科研除了提高自己的查阅资料、调研和写报告能力外，充其量也就提高了自己做事情严谨的态度。

二、科教融合现状及问题

当代高等教育改革背景下，研究生对于科研训练的需求比较急迫，因此研究生培养阶段能更好地推行科教融合的可行性与实践性，实现教师学术研究与教学内容的有效契合。但是，科教融合在实践过程中仍然存在“形式大于内容”的现象[1]。

（一）科教融合的理念需要进一步转变

科教融合的研究生培养理念还未真正地贯穿培养过程，学生基本上是被动地学习接受知识、被动地完成导师安排的研究任务，导致研究生的主观能动性没有得到充分发挥，更谈不上创新能力的提升。据对 AB 高校工商管理研究生导师和学生会的调研结果，80% 以上的导师认为科教融合主要是按照培养方案的要求指导学生完成课程学分，同时给学生创建科研平台指导学生科研、发表学术论文等；90% 以上的授课教师认为科教融合主要是借助课程教学在讲授理论知识的同时，多讲一些案例并讨论；95% 以上的学生简单地认为科教融合就是在完成规定学分的课程同时参与导师的课题。

（二）科教融合的培养模式和机制有待改进

从目前各大高校的研究生整体教育模式来看，相当数量的研究生在校教育都是按照培养方案的要求修够规定的学分，完成毕业论文即可。课堂教学大多数还是以教师讲授为主，辅以一定的研讨内容。研究生对创新创业了解不是太多，创新创业意识不够强，更多的是把精力主要放在参与导师课题、撰写学术论文、完成毕业论文等满足毕业要求的条件上。

（三）科研促创新培养意识有待增强

研究生通过参与导师课题培养创新意识。但目前大多数高校整体来看，学生参与科研的参与度很高，但仅限于按照导师课题计划的研究内容，按部就班地进行文献查阅、实践调研、数据模型分析、撰写课题报告、发表论文，而学生参与课题研究过程中的创新意识和能力培养不够。从AB高校工商管理硕士导师的调研结果来看，80.5%以上的导师在指导学生完成科研任务过程中，注重文献阅读整理能力、调研数据分析能力等的提高，并未在科研过程中专门进行创新教育。从学生的调研结果来看，大部分学生表示通过科研提升了调研和数据分析等能力，占比为91.5%，仅一小部分学生表示在科研过程中提升了创新能力，占比为9.6%（见表4）。

表4　　科研促创新培养

选项内容描述	结果统计
注重科研能力的提高（导师调研）	96.5%
没有专门进行创新教育（导师调研）	80.5%
科研提升了调研和数据分析等能力（学生调研）	91.5%
科研提升了创新能力（学生调研）	9.6%

（四）科研与教学的融合度有待提升

第一，科研与教学案例融合有待加强。科教融合的重要表现之一就是优势特色科研成果转化为教学典型案例，自身科研符合学校发展定位和特色，尤其是研究生亲身参与过的课题转化为教学案例，对研究生的教育意义更大。近些年，各大高校研究生教育注重了案例教学，但更多的是引用行业内的经典案例，自身科研成果转化案例不够。据AB高校工商管理学硕导师的调研结果，仅有25.4%的导师表示将自己的科研成果转化为教学案例。究其原因，主要是科研成果转化为教学案例的意识不强，导致没有认真研究如何转化问题，占比为75.6%；从学生的调研结果来看，大部分学生表示相比引用经典案例更希望将自身参与过的科研项目成果转化为教学案例，原因是经典案例可以上网查找，以自身参与过的课题作为课程案例能促使自己进一步深刻思考课题的研究过程，从中领悟到更多的道理并促进创新思维的培养，占比为96.8%（见表5）。

表5　　科研转化教学案例调研

选项内容描述	结果统计
将科研成果转化为教学案例（导师调研）	25.4%
科研成果转化为教学案例的原因主要是没有认真研究过如何转化问题（导师调研）	75.6%
希望课程教授案例是引用一些经典案例（学生调研）	55.6%
希望自身参与的科研成果转化为课程案例（学生调研）	96.8%

第二，科研与教材融合建设有待加强。目前，各大高校普遍存在研究生的专业课程没有特定教材，大多是根据自身特点授课致使学生对知识的学习和掌握不深。根据对AB高校工商管理学硕点的调研结果，目前导师和教师出版教材的积极性很低，基本没有用于研究生参考的自编教材，事实上教师科研成果并不少，由于种种原因，不愿意花心思将科研成果转化为教材出版。从对学生的调查了解到，90%以上的学生希望教师将科研成果转化为课程可参考的教材，这样可以使学生将课程学习与科研深度融合，促进学生科研与课程学习相长。

第三，科研学术氛围有待进一步营造。目前，绝大部分高校比较注重学术氛围的营造，请专家、实务界成功人士等进校做学术讲座、创业经验分享等，但忽略了本校教师以学术讲座的形式将自己的科研成果、科研中的体会、收获、经验等与学生分享，其实这样的形式更易于拓展学生的学术研究视野和启发创新思维。据AB高校工商管理学硕点的调研结果，学院的学术讲座多以外请的形式，校内教师的讲座氛围不浓。

（五）导师团队建设有待创新

导师是科教融合创新教育中起主导作用的主体，但目前普遍存在高校研究生导师并未充分发挥科教融合创新教育的作用，其中主要原因之一是合理优质的导师团队尚未形成，主要表现为没有形成导师团队，或者即便组建了导师团队但导师的研究学科方向单一。事实上，一个科研平台不应该只包含一个学科，而且学科交叉更易于创新思维的培养。根据AB高校调研结果，工商管理学硕点导师不足而且并未组建导师团队，只是导师和学生“一对一”的模式，不利于学生的科研视野和创新思维的培养。

三、科教融合的路径

科教融合是高校硕士研究生培养的核心理念和必然趋势。如何实现科教有效融合、通过哪些路径实现，是目前各大高校需要研究和探讨的重要课题。

（一）强化科研与思政和教学有效融合的理念

要想实现科教深度融合，先要转变和强化科教融合的理念。一是学校要建立和完善科教融合的机制和制度，为科教融合提供有效的制度保障。广泛宣传，加强引导，在全体教师和学生中树立科学研究与人才培养有效融合的理念，高度重视并认真研究将科教融合贯穿于人才培养的各个环节。二是引导培训教师和导师正确认识并认真研究科教融合的目的和路径，提升教师的科教融合能力，实现科研与思政融合、科研与教学各环节（如课程体系和内容、教材、教学方式等）

融合。三是教育和引导学生树立科教融合的理念，转变为完成导师的任务和毕业论文而科研的思想，自觉地在科研过程中研讨和探索，培养做人做事的能力和创新思维。

（二）改进科教融合的培养模式和机制

要想实现科教有效融合，必须调整培养模式，完善培养机制。一是在培养方案中明确科教融合的培养目标，调整课程体系和学分构成；二是在课程大纲中突出科教融合的内容，如科研成果融入优质教材、课程案例、课程教学的组织等；三是建立科教融合实施制度、监督评价体系，在科研融进课堂、编进教材、融入培养过程以及进学术会议等相关方面制定相应的规定，明确要求并制定奖励政策。同时，实现科教融合实施的动态化监督与管理，合理制定奖励评价机制，对教师科研教学水平、科教融合的实施的效果等进行全面评价[2]。同时，制定对学生科学研究与课程学习融合创新成果的奖励机制，激发学生的积极性和主动性。

（三）加强科研转化和课程改革的有效融合

以学生为中心，以科研活动为着力点，以课程教学改革为手段，通过提高教师的原动力，探索将研究成果转化为课堂教学案例（或内容）、编入教材等课程教学改革，实现科研赋能教学、科研与教学相长的目的[3]。

1. 构建科教融合的个性化的课程教学新模式

在课程教学中，可以面向地方需求，针对不同研究生的需求，构建多样化、个性化的研究生教学模式。比如，结合课程的性质和特征可以构建诸如课堂沙龙、分课题组研讨等形式的课堂，在教师的引导下，围绕特定主题和问题展开交流和讨论，有利于研究生创新教育的发展。

2. 将最新优质科研成果融入课程教学

教师需要研究课程特点，结合学校办学定位等动态更新课程教学内容，以教学案例、课堂讨论等形式将最新科研成果引入课程教学。同时，在课堂教学过程中，教师也可以将科学研究的严谨规范和方法传授给学生，激发学生科研探索求知的兴趣和动力，提升学生的研究创新能力。

3. 将最新科研成果编入教材或参考书，探索著作教材的使用

研究生教材建设需要加强，整合最新科学研究成果，吸收本学科前沿发展动态，结合工商管理研究生培养计划，出版适合本校工商管理特点并融入科研成果的课程教材或参考书。同时，探索著作教材的使用[4]，发挥科教融合的作用，提升教学的学术品味，提高课程教学质量。

（四）鼓励教师积极开展教育科学研究和举办形式多样的学术活动

一是学校出台教育科学研究重点培育制度。加强对教育科学研究的动员和宣

传，有针对性地培育教学成绩突出的教师进行教育科学研究，鼓励教师就教育中的热点问题结合自身教育教学实践，开展专题性教育科学研究，形成理论水平较高、应用价值较强的研究成果。二是提高各级各类教育科学研究项目的申报质量。通过各种形式，组织动员教师积极申报各级教育科研类项目，提高相关项目的申报数量和质量，力争在全国教育科学规划项目、教育部等高级别教育学科研究项目以及北京市教育科学规划项目立项上取得较大进展。三是鼓励教师以学术讲座、学术会议、学术论坛等形式，举办学术活动，将自己的科研体会、科研收获和经验以及科研成果等与教师和学生分享，营造良好的育人氛围，以进一步拓展研究生的学术视野、培养其科学研究精神、启发其创新意识和思维[5]。

（五）加强跨学科跨研究方向的导师团队和研究生团队建设

跨学科、跨研究方向的导师团队和研究生团队是科教融合创新教育的一项重要举措。事实上，一个科研大平台一般会涉及几个学科或多个研究方向。AB 高校经济管理学院有农林经济管理与工商管理两个一级学科硕士授权点，很多科研项目需要两个学科交叉研究。例如，新型农民合作社运行机制研究项目，同时需要工商管理学科的企业管理、财务管理方向和农林经济管理学科的都市农业经济与管理、农村与区域发展方向的交叉研究。为此，一是不同学科和研究方向的导师按照各自研究方向的内在需求组建跨学科、跨研究方向的导师团队，进行交叉研究探讨。比如，企业管理方向与财务管理方向导师组合，或企业管理方向与都市农林经济与管理方向的导师组合，交叉互补进行交流和研讨，更容易出创新成果。二是不同学科研究方向的学生组成跨学科和研究方向的交叉研究团队，围绕某个课题开展创新研究，可以激发学生的创新思维，更利于学生科研能力的提升和创新成果的研发[6]。三是注重培养年轻导师，针对 AB 高校工商管理学硕点教师和导师不足的问题，实行传帮带机制，培养年轻预备导师尽早进入导师行列，以弥补课程教授教师和导师的不足。四是提高教师科教融合实施的能力。要加强导师和教师的培训工作，培训指导教师提升科研能力，同时培训指导教师和导师的科研转化教学的能力，推进科教融合的有效实施。

参考文献：

[1] 林彦红．科教融合理念的创新与实践——以中国科学院大学为例［J］．研究生教育研究，2015（4）：27－39.

[2] 孔凡功等．科教融合背景下硕士研究生创新能力培养模式研究［J］．中国多媒体与网络教学学报，2020（5）：84－85.

[3] 苏俊宏．科研赋能教学模式下研究生创新能力培养的探索与实践［J］．

学位与研究生教育，2021（2）：36－39.

［4］余伟健．基于提高研究生科研创新能力的科教融合培养实施途径［J］．大学教育，2021（4）：25－28.

［5］李艳杰．科教融合培养研究生科研创新能力的有效路径——基于首都经济贸易大学的总结与思考［J］．中外企业家，2019（14）：170.

［6］徐虹．基于科教融合理念的研究生创新创业培养模式研究［J］．学科探索，2021（3）：52－53.

研究生教育与产教融合的机制探究

——以北京农学院生物与资源环境学院为例*

刘续航

摘要：随着高等教育规模的不断扩大，研究生培养中存在的问题也日益突出，包括培养定位不明确、学科体系与社会需求不相适应、课程体系中能力培养不足、教学方法本科化、实践环节薄弱等。为弥补研究生能力培养不足，“产教研融合”作为一种全新的教育理念在近年来被提出并得到越来越广泛应用且效果甚好。产教融合是顺应新时代教育需求而产生的教育模式，有效打破了学校教育目标和社会需求之间的壁垒，促进了学习内容与行业需求的衔接。以北京农学院生物与资源环境学院的产教融合培养方案为例，学院采用线上、线下混合的形式，通过工程师、研究员、企业家走进课堂的方式，提升课程教学质量；提供校内外分阶段、多岗位的弹性选择，保障实践训练；学院、导师全程管理，企业、院所专家关键环节把控，监控培养质量等具体举措。经实践检验，产教融合能成功地解决人才培养与社会需求脱节问题、时间紧张与质量要求冲突问题以及招生困难与就业不易共通问题。

一、研究生教育现状

研究生教育是高层次、高质量的专业性教育，是国家培养高层次人才的主要途径之一。研究生培养过程是根据已制定的培养目标，利用教学、科研和实践完

* 基金项目：2021 年北京农学院学位与研究生教育改革与发展项目，项目编号：2021YJS062。作者：刘续航，北京农学院生物与资源环境学院助理研究员，研究生秘书，高校研究生教育管理，电子邮箱：liuxuhang@ 126. com。

成人才培养各环节规定的任务的全过程。

在社会发展的现阶段，尖端人才是中国发展的重要资源，因此高层次人才培养成为国家建设的首要任务之一。为了满足国家对高层次人才的强烈需求，高等教育机构积极对现有高等教育体系进行了相应的创新和完善，特别是在研究生教育质量方面，加大了教育改革的力度[1]。

2020 年，习近平总书记对研究生教育工作作出重要指示，指出：中国特色社会主义进入新时代，即将在决胜全面建成小康社会、决战脱贫攻坚的基础上迈向建设社会主义现代化国家新征程，党和国家事业发展迫切需要培养造就大批德才兼备的高层次人才。习近平总书记强调，研究生教育在培养创新人才、提高创新能力、服务经济社会发展、推进国家治理体系和治理能力现代化方面具有重要作用。

随着我国综合国力的不断发展，社会各个部门和领域对人才的需求也在增加。为了满足社会现代化的需要和国家对尖端人才的渴望，在研究生教育过程中不仅要重视研究生数量，还要提高研究生质量。

近年来，随着高等教育规模的不断扩大、层次的不断提升，研究生已经成为高等学校教学科研、社会服务、人才培养的主要力量。然而，研究生培养中存在的问题也日益突出，包括培养定位不明确、学科体系与社会需求不相适应、课程体系中能力培养不足、教学方法本科化、实践环节薄弱等[2]。其中，研究生教育质量下降，人才培养不能满足社会需求是研究生教育中最为突出的问题。研究生的创新能力不足（尤其是原创能力差）是我国研究生教育的致命弱点。因此，在制定研究生培养方案时应尤其加强学生的综合能力培养，才能最终实现高质量就业。

为应对研究生能力培养不足，“产教研融合”作为一种全新的教育理念在近年来被提出并得到越来越广泛应用且效果甚好。产教融合能更好地促进研究生教育与劳动力市场的有效衔接，能使研究生在实践中增强提出问题与解决问题的能力，能增强创新思维，加强我国高校研究生的综合能力与综合素质。

二、产教融合

（一）产教融合的缘起与发展

缘起于职业教育领域的产教融合培养模式如今已逐步扩展到高等教育领域，是将学校、行业、政府资源这几大优势合为一体的协同育人模式，多角度、全方位地培养专业人才。2017 年底，《国务院办公厅关于深化产教融合的若干意见》（以下简称《意见》）提出，促进人才培养供给侧与产业需求侧结构要素全方位融合，逐步提高行业企业参与办学程度，健全多元化办学体制，全面推行校企协同育人，健全完善需求导向的人才培养模式的发展目标[3]。《意见》为深化产教融合提供了制度支持，而具体到如何将各方的积极性调动起来，如何把学校与行业优势整合起来形成协同育人的合力，是产教融合的核心问题。要树立互利共赢的基本共识，构建科学、合理、可行的合作机制，形成政府、学校、行业三者互相支持的良性循环[3]。

教育部开展产教融合建设行动。2020 年 9 月 22 日教育部发布《关于加快新时代研究生教育改革发展的意见》，该文件中明确指出，教育部与国家发展和改革委员会联合打造国家产教融合研究生联合培养基地，带动国家、地方、学校三级基地建设；推进专业学位研究生培养模式改革，鼓励各地各培养单位设立“产业（行业）导师”，推动行业企业全方位参与人才培养；完善产教融合联合培养质量评价机制，加强人才培养与行业企业用人需求对接，提升研究生实践创新能力。

（二）产教融合的必要性

大多数高校教师的研究方向过于理论化，难以紧跟行业发展对各类技术的需求，研究内容与行业需求的交叉点较少。社会的快速发展对研究生提出了更高的要求。研究生毕业后要能够迅速进入工作状态，其技能要与企业的生产研发需求快速衔接。

产教融合是顺应新时代教育需求而产生的教育模式，有效打破了学校教育目标和社会需求之间的壁垒，促进了学习内容与行业需求的衔接。这不仅使研究生们学有所用，也促进了行业的快速发展。在产教融合背景下，学校应教导学生掌握国家发展要求的基础知识，学生应在导师的带领下，以科研项目为载体深入行业一线。在满足企业研发需求的同时，不仅锻炼了学生的实践能力，而且开拓了学生的眼界，使其能够紧跟行业发展，有助于培养学生对未来的职业规划[4]。

三、基于产教融合的研究生培养原则

（一）以深度融合为培养目标

产教融合理念是科教融合理念的再创造，更加强调科研成果的转化以及与社会生产需求的结合，注重学生扎实知识储备以及科研创新能力、科研成果产出和转化能力的培养。将“产”与“教”的结合落到实处，使学生学有所成、学有所用，能够在实践中发现行业发展中待解决的技术问题并以创新的形式加以解决。

（二）以“政用产研学”为多元化的培养模式

基于产教融合的硕士研究生培养模式应以导师承担第一责任为根本，依托高等院校提供的理论教学和实践教学等多元化资源平台，争取行业相关领域的科研、生产、管理等部门的配合，充分发挥各级政府支持、各院校搭台、导师引导和企业配合的合作优势，打造集多渠道、多形式、专业化、人性化于一体的“政用产学研”培养体系。该培养体系不仅要求培养方式丰富多样，而且要求符合新时代的发展特色，还要满足经济社会发展的需求。

从不同角度可以将研究生培养划分出多种培养模式。根据合作培养的单位不同，可以划分出高校与科研院所联合培养模式、高校与企业联合培养模式、高校与高校联合培养模式、高校与地方政府联合培养模式等多元联合培养模式；根据培养目标不同，可以分为科学研究型人才培养模式、发展应用型人才培养模式、技术创新型人才培养模式、综合型人才培养模式；根据培养过程不同，可以分为“课程教学 + 基础实践 + 学术/学位论文”的培养模式、“课程教学 + 科研实训 + 学术/学位论文”的培养模式、“课程教学 + 应用/创新/创业 + 专利/学术/成果推广/学位论文”的培养模式等。在制定具体的培养计划时，应根据不同培养目标以及专业现实情况的不同而选择相应的培养模式[5]。

四、实例分析

北京农学院生物与资源环境学院高度重视研究生教育与产教融合相结合。学院拥有 2 个一级学科和 2 个专业硕士学位授权点，在研究生教育和培养过程中，坚持按照研究生培养类型进行分类培养。专业硕士研究生以专业能力培养为起点，以实践能力提高为重点，借助校内外研究和实践平台实现与生物工程高层次人才社会需求的无缝对接。

学院拥有一支经验丰富的管理人员队伍。院长全局统筹研究生教育，科研副院长协调研究生教育，各学科负责人和研究生秘书落实具体研究生教育具体工作。

课程教学、实践训练、学位论文是专业学位研究生培养方案的 3 个核心内容，是提高学位点招生就业质量的 3 个重要抓手。学院在运行“课程—论文—实践”3 个关键模块时，离不开行业企业和科研院所的协助参与。

（一）培养方案

1. 工程师、研究员、企业家走进课堂

采用线上、线下混合的方式，工程师、研究员、企业家等行业一线人员走进课堂，提升课程教学质量。生物工程专业硕士特色课程《生物高新技术企业专家Seminar》，每学年邀请8～10位研究员和企业家开展研究生课程教学工作。生物工程专业硕士领域主干课程《生物反应工程与反应器》邀请在生产一线工作的工程师讲解发酵工程及演示发酵流程。

2. 分阶段、多岗位弹性选择

采用校内、校外结合的形式，为学生提供多种岗位，可分阶段弹性选择，保障实践训练。为培养出高质量研究生，专业硕士研究生有不少于6个月的实践训练培养要求，学院先后与中关村生命科学园、中粮研究院和中牧研究院等12家校外实践基地签订协议，供研究生校外实践，同时鼓励研究生在校外指导教师工作单位开展校外实训，并引导研究生校内参与校内导师项目研究、实验室管理、协助指导本科生和协助任课教师运行实验课等，学生可根据自己的实际情况合理选择，分阶段、多岗位弹性完成。

3. 学院、导师全程管理，企业、院所专家关键环节把控

为保障培养质量，培养过程采用学院、导师全程管理，企业、院所专家关键环节把控的培养方式。为保障研究生学位论文质量，在“双导师制”运行模式下，学院注重“过程成果总结监控”，组织安排高校、行业企业、科研院所专家在开题、中期考核、预答辩和毕业答辩等重要环节进行把控。

（二）培养成果

1. 解决人才培养与社会需求脱节问题

通过校企所联合，培养方案修订进行人才培养“供给侧结构性改革”，课程设置安排工程师、研究员进课堂保障课程质量、体现实践能力等措施，有效避免了人才培养与社会需求脱节问题。

2. 解决时间紧张与质量要求冲突问题

通过产学研结合，分阶段、多岗位，校内、校外结合调整设计实践训练模块，构建线上、线下混合教学模式，引入仿真模拟实践平台等有效协调了2年学制（6个月实践）的时间紧张与高质量要求冲突问题。

3. 解决招生困难与就业不易共通问题

以实践基地、基地专家和校外导师为纽带，构建招生就业双向信息反馈的联动机制，有效解决了非全日制研究生招生困难和应届毕业生就业不易的共通问题。

五、结论

产教融合是顺应新时代教育需求而产生的教育模式，解决研究生培养定位不

明确、学科体系与社会需求不相适应、课程体系中能力培养不足、教学方法本科化、实践环节薄弱等日渐突出的问题，有效打破了学校教育目标和社会需求之间的壁垒，使学生学有所成、学有所用。产教融合以“产”与“教”的深度融合为培养目标，以“政用产研学”为多元化的培养模式。北京农学院生物与资源环境学院高度重视研究生教育与产教融合相结合，采用工程师、研究员、企业家走进课堂，线上、线下混合，提升课程教学；分阶段、多岗位弹性选择，校内、校外结合，保障实践训练；学院、导师全程管理，企业、院所专家关键环节把控，监控培养质量等具体举措，经实践检验，成功地解决人才培养与社会需求脱节问题、时间紧张与质量要求冲突问题以及招生困难与就业不易共通问题。

参考文献：

[1] YunTao Pan. Research on The Quality of Graduate Education from The Perspective of Whole Process Quality Management [J]. International Journal of Social Sciences in Universities, 2020, 3 (4) .

[2] 沈秋红，邵荣．我国研究生教育“产教研融合”人才培养研究 [J]. 中国成人教育，2017 (21)：63 – 65.

[3] 欧亚．人才兴粮与产教融合的内在逻辑和实现路径研究——以粮食行业博士人才的培养为例 [J]. 粮食科技与经济，2020，45 (08)：126 – 128.

[4] 姜佩贺，欧世峰，王晨旭，郭刚．产教融合背景下工科研究生立德树人教育工作机制探索 [J]. 工业和信息化教育，2020 (09)：27 – 30.

[5] 张晓艳，林群，曾凡勇．林学学科学术学位硕士研究生培养方案的研究——基于产教融合 [J]. 中国林业教育，2019，37 (04)：65 – 71.

非全日制农业工程与信息技术专业研究生培养模式的探索与建议*

兰　彬

摘要：本文从非全日制农业工程与信息技术专业（农业信息技术方向）的培养目标入手，分析在专业学位硕士研究生培养过程中存在的问题和不足的基础上，对非全日制硕士研究生人才的培养进行深入探讨，提出了有针对性的建议，促进了非全日制专业学位硕士研究生教育的发展。

按照国务院学位委员会第三十一次会议审议报告要求，农业硕士定名后，由全国农业专业学位研究生教育指导委员会（以下简称“教指委”）组织优化“农业硕士”领域设置研究论证工作。经过深入研究，并广泛听取培养单位、用人单位、行业部门意见，教指委组织专家论证提出了领域设置调整意见。经商国务院学位委员会办公室同意，在 2017 年农业硕士专业学位由现有的 15 个培养领域正式调整为 8 个培养领域，其中农业工程与信息技术专业学位是农业硕士的培养领域之一。

围绕着学校“立足首都、服务‘三农’、辐射全国”的办学定位，秉承“以农为本、唯实求新”的办学理念，遵循“厚德笃行，博学尚农”的校训。坚持为北京建设国际一流和谐宜居之都战略需求服务，为京津冀协同发展服务，为乡村振兴战略发展服务。从 2018 年开始，按照调整后的农业工程与信息技术专业领域招生和培养工作。几年来，学校为农业工程与信息技术领域培养了多名应用复合型人才。

* 作者：兰彬，北京农学院计算机与信息工程学院副教授，硕士生导师，研究方向：计算机应用技术，电子邮箱：flylan@ bua. edu. cn。

一、培养目标

农业硕士是与现代农业技术推广和农村发展任职资格相联系的专业学位。农业工程与信息技术领域是农业硕士中的重要组成部分，是研究农业信息采集、农业信息系统研发、农业数据分析等内容的交叉学科；主要是为农业信息化、农业设施化、农业机械化等方面的技术研究、开发和推广应用，农村发展，农业教育等企事业单位、现代农业园区和管理部门培养具有综合职业技能的应用型、交叉型、复合型人才。

非全日制农业工程与信息技术专业（农业信息技术方向）研究生的培养，紧密结合学校的已有学科优势，以区域发展和社会需求为导向，依托培养方案的实施，重视对学生实践能力培养，着力强化学生的行业和职业背景人才。其农业信息技术方向是由计算机应用技术（农业）研究、农业信息化科技创新和农业物联网三个研究子方向组成，在经过硕士阶段的培养之后，使学生全面掌握信息技术与农业领域的基础理论和系统知识，运用计算机与工程技术解决农业生产、经营、管理、服务各个环节中的问题。

二、课程教学

非全日制农业工程与信息技术专业（农业信息技术方向）紧密围绕培养目标，合理设置课程体系和培养环节，增强理论与实际联系，突出案例分析和实践研究，促进实践与课程教学和学位论文工作的紧密结合，教学内容增强理论与实际的联系，加大实践课程的比重，加强学科体系建设和学科发展战略研讨，加快人才培养模式创新，做好顶层设计工作。

非全日制农业工程与信息技术专业（农业信息技术方向）课程总学分为 30 学分。第一部分是学位公共课，共 9 学分，包括：外国语 3 学分、自然辩证法 1 学分、新时代中国特色社会主义理论与实践研究 2 学分、现代农业创新与乡村振兴战略 2 学分、都市现代农林进展 1 学分。这部分主要是培养学生掌握中国特色社会主义理论，能熟练阅读本领域的外文资料及相关最新农林进展动态。第二部分是学位领域主干课，共 9 学分，包括农业工程与信息技术案例 3 学分、软件开发与应用 2 学分、现代农业概论 2 学分、文献检索与论文写作 2 学分。这部分主要是培养学生掌握农业信息技术方向的坚实基础理论、系统化专业知识和推广管理理念。第三部分是学位领域选修课，共 6 学分，包括农业物联网技术与工程 2 学分、农业信息分析与处理 2 学分、农业大数据 2 学分。这部分主要是培养学生掌新型的农业技术研究、开发、应用的综合能力，并具有开拓、创新意识。第四部分是实训实践，共6学分，这部分主要是培养学生掌握专业实训相关技能，具有解决实际问题的意识和能力。

三、存在问题

根据2016年教育部办公厅发布的《关于统筹全日制和非全日制研究生管理工作的通知》的精神，全日制和非全日制研究生考试招生依据国家统一要求，执行相同的政策和标准。从只有学位证书的“单证”转为既有学位证书、又有学历证书的“双证”。这一变革引发了一系列新情况与新问题，对既有的在职研究生培养工作提出了挑战，也提出了新的要求。

高质量的生源是提高研究生培养质量的重要保障，从笔者多年在培养非全日制研究生的过程中，了解到大部分非全日制学生在报考和入学时思想不稳、生源不足、优秀生源缺乏。大多数研究生都是在职学习，没有毕业后要找工作的担忧，只是“混个”文凭，为将来能留在大城市增加砝码。非全日制研究生是一种非脱产学习，监管较为困难且导师监管制度不够完善。加之一般都是周末集中上课，无法消化课程的内容，而且大多以论文、报告的形式进行考核，学生根本无法理解课程的要旨。尤其是部分应届本科毕业生，因为种种原因被录取为非全日制研究生，但该部分考生实际上并未就业，很难以在职的心态去完成研究生的学习。

非全日制研究生培养与全日制研究生培养采取“同进同出”的要求，与其生源质量形成矛盾。全日制和非全日制研究生实行相同的培养标准，要求是坚持同一标准，保证同等质量。这样使得原来相对宽松的非全日制专业学位硕士研究生，其培养方案和培养要求应参照全日制专业学位硕士研究生，从目前实际上看，非全日制学生在上基础理论课、研究生开题、发表学术论文、撰写毕业论文的紧迫时间里是很难达到一年的实训要求。在论文质量上对边工作边完成学业的非全日制学生提出了更高的挑战。最重要的是大部分学生本科都是授予工学学位，而农业工程与信息技术领域硕士毕业授予的是农学学位，具有这样的“硬伤”使学生在后面的学习过程兴趣不大。

四、提出建议

构建一体化课程体系中所说的“一体化”，既是一体化课程、也是一体化课程体系。一方面，一体化课程体系中的全部课程是一个有机的整体，各门课程之间是相互支撑和协同的。另一方面，一体化课程与一体化课程体系的实施能够为非全日制研究生提供一体化的学习经历，可以使学生在掌握学科理论与知识的同时，向跨学科、综合化的方向发展。逐步形成与全日制研究生既统一又有差异的培养方案，实现两者贯通，清除后期培养过程中的障碍，不断关注前沿知识和现实需要，使教育内容与学科的最新发展、农业信息技术的现实结合起来，对农业科技、农业生产和农业流通等领域进行更为有效地提升和改造。

既然全日制和非全日制研究生在入学考试、培养标准、毕业证书等方面基本相同，那么建议两者相互协同、取长补短、共同发展。全日制研究生在学习方法、科学研究、论文撰写等方面帮助非全日制研究生，非全日制研究生在就业形势、社会需求、专业实践等方面帮助全日制研究生，使两者建立起合作帮扶的关系，促进研究生培养质量的提升。同时，在教学过程中要注重知识结构完善和专业实践能力培养，增加专业选修课程的数量，提高其课程的质量，让学生根据兴趣或需求对课程进行多方面的自主选择和学习研究。

积极探索以硕士生导师研究团队指导非全日制研究生的模式，拓展团队建设内涵，组建由校内导师与科研院所等行业专家共同参与的导师团队，促进“创、产、学、研”协同育人的模式。校内导师侧重课程学习、科学研究与论文撰写的指导，校外导师侧重就业择业、专业实践的指导。重点围绕学生职业需求，突出对学生的个性化、差异化培养，增强学生核心竞争力，培养适应特定行业或职业实际需要的应用型人才。

笔者在近几年的指导非全日制研究生论文的过程有了一些建议和想法。第一，2018 届论文《大学生实训管理平台设计与实现》，该平台依据高校软件实训建设工作的实际需求按时按量完成，并预留与企业的对接的接口，为后续企业加入实训系统与学校的结合，为大学生提供企业级项目，完成企业项目节约企业成本。充分说明非全日制论文必须要有发展性和延伸性。全日制研究生论文有的是一锤子买卖，因为有的研究生毕业去当公务员了，考事业编了，和专业脱钩了，论文好像没有什么关系了。但非全日制研究生则不同，因为他们是在职完成学业的，必须要和工作相结合，要有发展的空间。第二，2021 届论文《农村闲置土地共享平台的研发》促进农村闲置土地流转电商化的模式，深入农村农户，分析影响因素，探究当下发达地区和不发达地区下的农村环境差异，进一步改进当地的农村经营状态，提高村民们的经济收入、解决闲置土地的应用情况。有效地引导农民清除认识“互联网 + 农业”的含义和其对农业经济发展的重要性，规范土地流转体系还有其他配套政策。说明非全日制论文必须有代表性，要接地气，要解决当务之急、解决燃眉之急。论文一定要密切结合研究生所在环境面临的技术与管理等方面的难题，其成功要具有明确、有效的应用价值和社会价值。

五、结束语

研究生教育必须坚持以科学发展观为指导，遵循专业学位研究生教育规律，根据高校自身的特色和社会对农业信息技术的需求进行准确定位，改革现行课程体，在实践中不断完善提升。要凝练专业特色方向，优化学科布局，充分利用学校、科研院所等多种不同的教育环境和教育资源。非全日制专业学位硕士研究生作为我国研究生培养的重要组成部分，具有十分重要的地位，要认真分析，细致研究，提高整体教育能力，提升专业技能和综合素质，增强学生就业竞争能力，提高人才培养质量和就业质量，培养质量优、效率高科技人才，确保非全日制专业学位硕士研究生培养模式探索有序、稳步推进。

参考文献：

[1] 蒋洪波，孙晶茹，李肯立．计算机专业非全日制研究生培养研究 [J]. 计算机教育，2021 (8)：75 - 78.

[2] 周昶，陈思思．新形势下非全日制专业学位硕士研究生培养工作问题分析 [J]. 学科探索，2020 (2)：19 - 20.

[3] 马明．新招生制度下非全日制专业学位硕士研究生培养模式的探索 [J]. 煤炭高等教育，2018 (1)：50 - 53.

[4] 潘洪军．农业信息化领域专业学位研究生综合素质培养分析 [J]. 吉林工程技术师范学院学报，2013 (4)：18 - 20.

抽检视阈下研究生学位论文质量研究

——以北京农学院为例*

张芝理　高　源

北京市教育委员会公布了2020年抽检的硕士学位论文通讯评议结果，2020年北京地区总体抽检学位论文5622篇，“存在问题学位论文”108篇，占比1.92%。2020年我校被抽检的学位论文涉及16个一级学科（类别领域）的36篇（学术学位15篇，专业学位13篇，非全日制专业学位8篇）硕士学位论文，根据《关于反馈2020年北京地区硕士学位论文抽检通讯评议结果的通知》反馈，其中35篇硕士学位论文最终评议结果通过，1篇硕士学位论文被认定为“存在问题学位论文”（占比为2.78%）。另外，3篇硕士学位论文评议结果有1份不合格专家意见。研究生处依据文件对相关导师及学院采取停招、减少招生指标等处理措施。

此次出现“存在问题论文”是我校历年学位论文抽检中首次出现此类情况，研究生处和各学院十分关注。本课题基于历年研究生学位论文抽检及外审结果进行分析，通过横向比较以研究各学位点研究生学位论文质量，进而得出一定结论，对我校研究生学位论文水平起到提升作用。

一、总体情况分析

2014—2020年，我校被抽检学位论文99篇，其中学术学位论文78篇，专业学位论文21篇。北京市抽检学位论文规则为每篇学位论文由3位专家评阅，若

* 基金项目：2022年北京农学院学位与研究生教育改革与发展项目。第一作者：张芝理，助理研究员，主要从事学科与学位管理相关工作。

存在1个不通过情况，则再送2位专家评审，若新送审的2个结果中再有1个结果不通过则视为“存在问题学位论文”。将历年99篇被抽检的学位论文反馈结果汇总，按所有学位论文的前3次结果进行统计，结果如表1所示，学术学位研究生优秀率为23.9%，良好率为54.3%，合格（一般）率为20.9%，不合格率为0.9%。专业学位硕士研究生优秀率为3.2%，良好率为54.0%，合格（一般）率为36.5%，不合格率为6.3%。

表1　　硕士研究生学位论文抽检总体情况表

	学术学位硕士研究生	专业学位硕士研究生
优秀率	23.9%	3.2%
良好率	54.3%	54.0%
合格（一般）率	20.9%	36.5%
不合格率	0.9%	6.3%

从表1可以看出，学术学位硕士研究生的优秀率明显高于专业学位硕士研究生，不合格率低于专业学位研究生。可见，学术学位研究生的学位论文质量相对较高。

二、学术学位研究生论文抽检情况分析

对历年研究生学位论文抽检不同学科学术学位研究生学位论文质量进行分析，按优秀、良好、合格（一般）、不合格四个等级统计，结果如表2所示。被抽检学位论文水平大多集中在“良好”，范围在48.1%~59.2%。评价为良好的学位论文占到每个学科被抽检数量的一半左右。

表2　　一级学科研究生学位论文抽检情况表

一级学科	优秀率	良好率	合格（一般）率	不合格率
园艺学	29.6%	55.5%	14.9%	0.0%
作物学	22.2%	59.2%	14.9%	3.7%
兽医学	28.8%	51.1%	20.1%	0.0%
农林经济管理	14.2%	57.1%	28.7%	0.0%
风景园林学	4.1%	50.0%	45.9%	0.0%
林学	37.0%	48.1%	14.9%	0.0%
食品科学与工程	19.4%	58.3%	19.6%	2.7%

优秀率指标能够反映各学科学位论文的最高水平，其中如图1所示，优秀率最高的是林学学科，为37.00%；最低的是风景园林学学科，为4.10%。各学科

抽检评价差异相对明显。不合格率作为衡量研究生学位论文中质量不合格的指标，在评价中占比较少，只有作物学和食品科学与工程学学科出现过未通过情况，但经过再次送审后最终结果为通过。

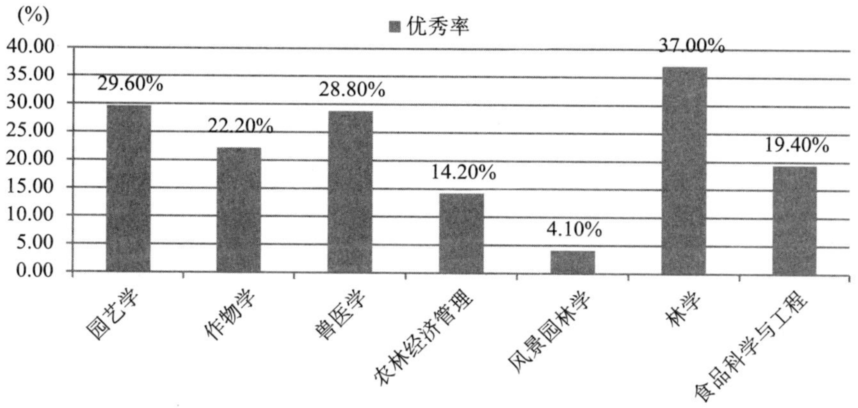

图1　一级学科研究生学位论文优秀率

三、专业学位研究生论文抽检情况分析

经过对历年专业学位研究生学位论文抽检情况分析，得出表3数据。反馈为“优秀”等级的评价很少，只有食品科学与工程领域和林业领域存在。在农艺与种业、农业信息化、风景园林3个专业出现了“不合格”情况，值得警惕。

表3　专业学位研究生学位论文抽检情况表

专业领域	类型	优秀率	良好率	合格（一般）率	不合格率
生物工程	全日制	0.0%	66.7%	33.3%	0.0%
农艺与种业	含非全日制	0.0%	75%	16.7%	8.3%
兽医	含非全日制	0.0%	83.4%	16.6%	0.0%
农业管理	含非全日制	0.0%	66.7%	33.3%	0.0%
风景园林	全日制	0.0%	33.3%	50%	16.7%
食品加工与安全	全日制	16.7%	33.3%	50%	0.0%
农业信息化	含非全日制	0.0%	44.4%	33.4%	22.2%
林业	非全日制	11.1%	33.4%	55.5%	0.0%
农业科技组织与服务	非全日制	0.0%	33.4%	66.6%	0.0%

由表3分析得出图2情况表，各个领域评审结果如下，评价结果中大多数评价集中在“良好”和“一般”等级，且占比高达80%以上。在抽检反馈的专业

领域中，“合格”占比比较大的领域依次是农业科技组织与服务、林业、食品加工与安全、风景园林，在学位论文质量把关方面应更加严格，其中风景园林专业已经出现“不合格”现象，“合格”评阅意见的增多是对“不合格”等级的预警。

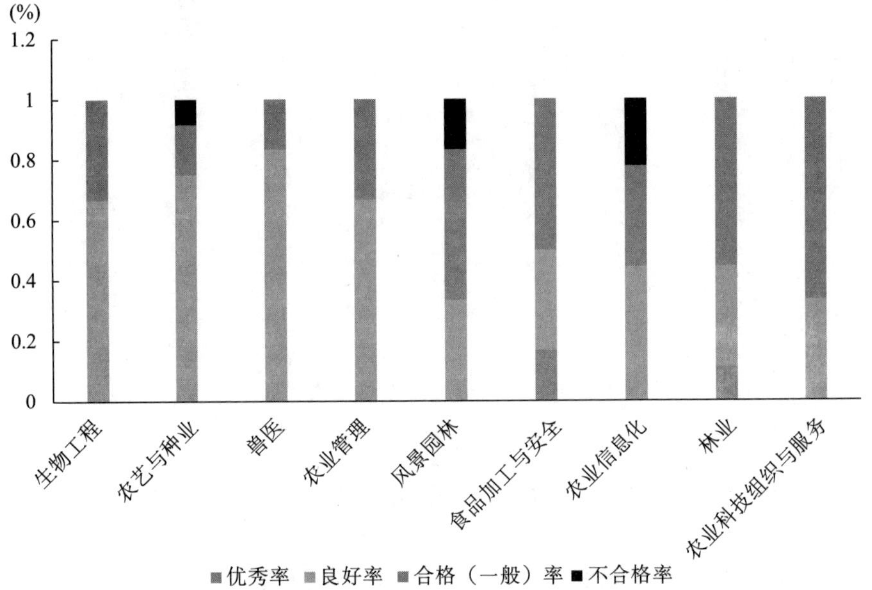

图 2　专业领域研究生学位论文抽检情况

四、学位论文抽检结果横向分析

在 2020 年北京市教委反馈的学位论文抽检结果中，对结果反馈形式进行了细化，加入了专家评阅意见及分数等内容。根据北京市抽检反馈评议分数核算平均分，得出以下数据（见表 4）。本次抽检样本数量不多，个别学科或类别领域仅有 1 个样本，且每个学位点论文评阅专家不同，每个专家衡量标准也不同，因此不能体现学位点学位论文质量，仅供参考。

表 4　　2020 年学位论文抽检结果情况表

学科类别（领域）	类型	抽检篇数（篇）	平均分（分）
园艺学	学术学位	4	84.91
作物学	学术学位	2	85.5
兽医学	学术学位	3	87.89
农林经济管理	学术学位	1	80

续表

学科类别（领域）	类型	抽检篇数（篇）	平均分（分）
风景园林学	学术学位	2	84.17
林学	学术学位	1	85.67
食品科学与工程	学术学位	2	84.84
生物工程	专业学位	1	76.67
农艺与种业	专业学位	4	77.87
兽医	专业学位	2	79.5
农业管理	专业学位	3	76
风景园林	专业学位	2	69.3
食品加工与安全	专业学位	2	76.67
农业信息化	专业学位	3	69.31
林业	专业学位	3	73
农村发展	专业学位	1	72.67

从2020年被抽检学位论文有限的样本中分析，学术学位论文抽检结果好于专业学位论文，在各学位点中，学位论文抽检平均分最高为兽医学，为87.89分；最低分为风景园林和农业信息化，为69.3分。我校学术学位授权点平均分均能达到“良好”以上，专业学位授权点平均分能够达到“一般”以上。

在本年度抽检结果中，农业信息化领域非全日制研究生出现了1例“存在问题学位论文”情况，另外在全日制研究生中园艺、风景园林、农业信息化学位点中各出现1例“不合格”评阅意见。从历年整体抽检情况分析，开始抽检专业学位论文给我校研究生学位论文质量把关带来了不小压力，非全日制研究生学位论文质量问题已经显现，部分专业学位授权点质量不达标已初见端倪。

五、专家评价意见分析

（一）“存在问题学位论文”问题归纳

在2020年学位抽检反馈意见中，农业信息化领域非全日制研究生出现的存在问题学位论文具体反馈结果为2个“良好”，1个“不合格”，再次送审的论文专家意见为“一般”和“不合格”。根据对专家意见进行汇总，发现该论文出现主要存在以下问题：论文选题没有与专业紧密结合；论文工作量不足；论文语言表述不规范，错别字较多；格式规范性和逻辑性差；参考文献陈旧等；英文摘要语病语法问题。从以上几个方面反映出该名非全日制研究生论文工作量不足，在论文撰写上不够细致，存在蒙混过关的心态。对于论文研究内容，过于依赖工作自身所依托的项目，缺乏撰写论文的科研与探索精神，对学位论文定位把握不当。在论文撰写层面，缺乏系统性训练与规范，书面语言表达有所欠缺，论文格式调整未达到格式规范要求。

（二）“不合格”评阅意见问题归纳

在2020年学位抽检反馈意见中，出现“不合格”评阅意见的有3个专业，分别是农艺与种业、风景园林、农业信息化学位点。对于几个“不合格”评阅意见进行归纳，发现有以下问题：写作逻辑性与结构需要调整、图文表达不够严谨、阅读量低综述撰写不到位、论文格式规范性欠缺、实验材料及过程不明确。在全日制专业学位研究生论文撰写中，以上问题属于比较常见的通病。区别于非全日制研究生格式上容易出现问题，全日制研究生更容易在论文内容上有所欠缺，易出现内容及逻辑上的问题。

六、结论

研究生学位论文质量是各学位点研究生培养质量的关键体现，学位论文抽检工作作为教育部及北京市教委把控各学位授予单位授予学位质量的关键环节，对质量把控起到了监督及促进作用。

学校将以学位论文抽检结果作为衡量尺度，落实“以评促建”方针，进一步完善制度，严格程序，树立正确导向，狠抓学位论文和学位授予管理，严格学位论文开题、中期考核、评阅、答辩、学位评定等关键环节，严格执行学位授予全方位全流程管理，进一步强化研究生导师、研究生培养指导委员会、学位论文答辩委员会和学位评定委员会责任。对各环节不合格研究生落实及早分流，加大分流力度。切实加强导师队伍建设，增强导师培养人才的责任心和事业心为着力点，筑牢质量第一关口。

参考文献：

［1］王倩．我国硕士研究生学位论文抽检制度研究［D］．南京师范大学，2020. DOI：10. 27245/d. cnki. gnjsu. 2020. 002788.

［2］欧阳铮．全面质量管理视阈下研究生学位论文抽检制度研究［D］．华中师范大学，2019.

［3］袁长青，李昌瑾．研究生学位论文质量抽检分析及提升策略——以广东外语外贸大学为例［J］．黑龙江教育（高教研究与评估），2021（07）：80－82.

[4] 刘艳红，丁鹏．TQM 视域下“双一流”高校硕士学位论文全流程质量监管体系探索——以 G 省 2019 年硕士学位论文抽检评议结果为样本 [J]. 甘肃政法大学学报，2021 (04)：1－11.

[5] 李敏，陈洪捷．不合格学术型硕士研究生学位论文的典型特征——基于论文抽检专家评阅意见的分析 [J]. 学位与研究生教育，2017 (06)：50－55. DOI：10. 16750/j. adge. 2017. 06. 010.

新形势下农林高校研究生生源质量分析及提升对策探索

——以北京农学院为例*

王艳　田鹤

摘要： 随着硕士研究生招生规模的不断扩大，如何有效地提高生源质量，影响着学校的研究生整体教育水平。本文通过对北京农学院 2017—2021 年硕士研究生招生录取生源进行分析，了解我校研究生招生情况及其发展趋势，分析存在的问题，提出了硕士研究生生源质量提升对策，为优化农林院校研究生招生生源提供借鉴。

研究生教育作为国民教育顶端和高等教育重要组成部分，是人才强国的先头部队，是科教兴国的主力军[1]，必须坚持生源质量第一的发展战略。研究生的生源质量对后期的培养及就业有着重要的影响，生源质量决定了研究生的教育质量，好的学生质量是培养高水平研究生的重要的前提条件[2]。因此，提高研究生的质量是高校研究生培养工作的重点任务。

北京农学院是一所都市特色的农林高校，以服务首都城市战略定位和都市型现代农林业为己任，培养适应国际一流和谐宜居之都建设、具有创新精神和创业能力的复合应用型农林人才。本文通过对北京农学院 2017—2021 年硕士研究生招生录取生源进行分析，了解学校研究生招生情况及其发展趋势，分析存在的问

---

* 基金项目：中国学位与研究生教育学会农林学科工作委员会 2021 年重点课题“疫情防控常态化对硕士研究生招生考试的影响研究——以北京农学院为例”（项目编号：2021 - NLZX - ZD18）；2022 年北京农学院学位与研究生教育改革与发展项目“新冠肺炎疫情下农林高校研究生复试模式研究——以北京农学院为例”。作者：王艳，北京农学院研究生处助理研究员，主要研究方向：研究生教育管理。

题，探索提高研究生生源质量的策略，为优化农林院校研究生招生生源提供借鉴。

一、研究生生源情况分析

（一）硕士研究生报录情况

2017—2021 年北京农学院硕士研究生录取人数逐年增加，由 2017 年的 424 人增长至 2021 年的 737 人（见图 1），涨幅 73.82%。在这些生源中，第一志愿生源所占比例呈现一个逐年下降的趋势，调剂生源从 2017 年的 146 人增加到 2021 年的 357 人，涨幅达到 144.52%。近 5 年，学术型研究生数量稳步增长，从 2017 年的 93 人增加到 2021 年的 239 人，涨幅 156.99%，全日制专业型研究生也有较大增幅，从 2017 年的 260 人增加到 2021 年的 407 人，涨幅 56.54%，非全日制专业型研究生从 2017 年的 71 人增长至 2019 年的 92 人之后，基本保持不变（见图 2）。

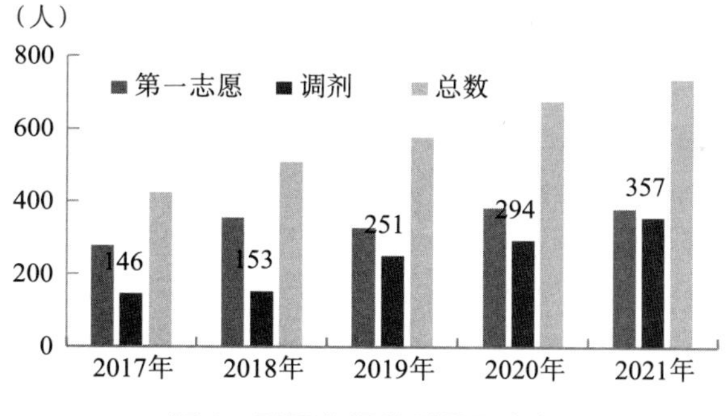

图 1　不同生源类型录取人数

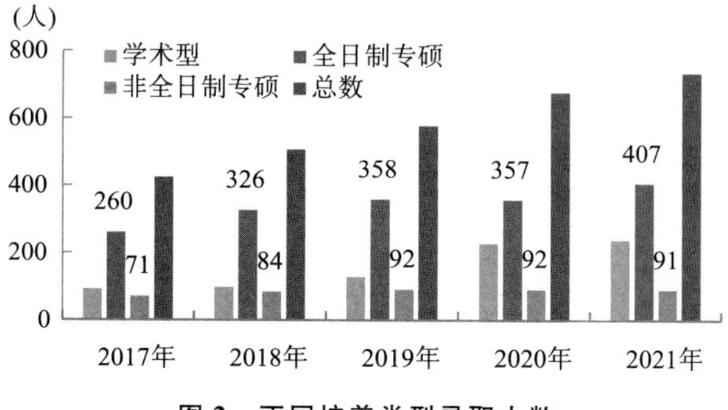

图 2　不同培养类型录取人数

从表 1 中可以看出，第一志愿生源所占比例呈现一个逐年下降的趋势，从 2017 年的 65.57% 下降到了 2021 年的 51.56%，调剂生源除了 2018 年略有下降，基本呈现一个上升的趋势，从 2017 年的 34.43% 增加到了 2021 年的 48.44%，这说明第一志愿生源存在越来越不足的情况。在硕士研究生培养类型中，全日制硕士研究生占绝大部分，近 5 年，学术型研究生数量稳步增长，录取人数在总录取人数中所占比例呈现上升趋势，全日制专业型研究生在总录取人数中所占比例呈现下降趋势，非全日制专业型研究生占比呈逐年下降趋势。

表 1　　北京农学院 2017—2021 年硕士研究生录取统计

年份	各生源类型占比		各培养类型占比		
	第一志愿（%）	调剂（%）	学术型（%）	全日制专硕（%）	非全日制专硕（%）
2017 年	65.57	34.43	21.93	61.32	16.75
2018 年	69.88	30.12	19.29	64.17	16.54
2019 年	56.57	43.43	22.15	61.94	15.92
2020 年	56.57	43.43	33.68	52.73	13.59
2021 年	51.56	48.44	32.43	55.22	12.35

（二）硕士研究生来源分析

北京农学院 2017—2021 年录取的研究生从表 2 可以看出，本校生源录取人数基本保持在 300±5 人，占比逐年下降，在以后的工作中还要继续挖掘本校生源；“985”“211”院校人数从 2017 年的 20 人增加到了 2021 年的 59 人，占比 2021 年达到 8.01%，其余年份都在 6% 之下，比重还有待提高，这部分学生多数来源于调剂，一般第一志愿报考的院校高于北京农学院，在未被录取之后选择调剂至我校。来自其他院校的人数从 2017 年的 148 人增加到 2021 年的 373 人，占比呈现上升的趋势。

表 2　　北京农学院 2017—2021 年硕士研究生来源学校分布

年份	招生数（人）	本校（个）	占比（%）	“985”“211”院校（个）	占比（%）	其他院校（个）	占比（%）
2017 年	424	256	60.38	20	4.72	148	34.91
2018 年	508	303	59.65	28	5.51	177	34.84
2019 年	578	298	51.56	26	4.50	254	43.94
2020 年	677	304	44.90	28	4.14	345	50.96
2021 年	737	305	41.38	59	8.01	373	50.61

北京农学院 2017—2021 年硕士研究生来源省市可以看出（见表 3），近 5 年每年都有生源的省市共 23 个，来源较广。来源最多的为北京生源，其次是山东省、河北省、山西省、河南省、内蒙古自治区等地生源，多为北方省市生源，具有较为明显的地区特征，随着我校招生人数的增长，其他省市的生源人数也呈现一个上升的趋势。

表 3　　北京农学院 2017—2021 年硕士研究生来源省市　　单位：人

来源地	2017 年	2018 年	2019 年	2020 年	2021 年
北京市	277	334	342	341	368
山东省	33	25	38	70	61
河北省	33	41	49	59	61
山西省	23	26	17	29	25
河南省	10	14	33	31	51
内蒙古自治区	9	9	6	19	15
辽宁省	6	2	14	12	11
陕西省	5	2	6	5	6
江苏省	4	7	13	20	15
吉林省	4	4	7	6	7
湖北省	4	3	4	4	6
黑龙江省	3	6	9	13	13
新疆维吾尔自治区	3	2	5	2	6
安徽省	1	2	5	5	10
四川省	1	3	2	9	9
湖南省	1	3	3	4	9
甘肃省	1	4	0	8	8
福建省	1	2	1	2	8
江西省	1	3	0	4	6
重庆市	1	1	0	3	6
云南省	1	2	1	1	3
广西壮族自治区	1	2	1	4	2
浙江省	1	2	1	3	2

注：表中仅列出了近 5 年每年均有生源省份。

（三）硕士研究生各专业录取情况

北京农学院 2017—2021 年各专业硕士研究生录取情况如表 4 所示，我校招生人数逐年增加，但第一志愿生源不足，尤其是学术型生源，第一志愿录取率偏低，部分专业全部依靠调剂生源，生源质量没有保障；近 5 年全日制专业型研究生一志愿录取率低过 50% 的专业是林业、畜牧、国际商务，但调剂生源相对比较充裕一些；非全日制也存在生源不足现象，主要原因是 2017 年非全日制与全日制统筹管理之后，招生难度相对增加，考生的上线率较低。

表 4　北京农学院 2017—2021 年硕士研究生各专业录取情况

学位类别	学科/类别（领域）	2017 年			2018 年			2019 年			2020 年			2021 年		
		一志愿上线人数（人）	录取人数（人）	一志愿录取率	一志愿上线人数（人）	录取人数（人）	一志愿录取率	一志愿上线人数（人）	录取人数（人）	一志愿录取率	一志愿上线人数（人）	录取人数（人）	一志愿录取率	一志愿上线人数（人）	录取人数（人）	一志愿录取率
学术学位	生物工程	—	—	—	—	—	—	0	7	0.00%	0	11	0.00%	0	8	0.00%
	植物保护	—	—	—	—	—	—	2	6	33.33%	2	17	11.76%	2	18	11.11%
	作物学	1	9	11.11%	1	8	12.50%	1	6	16.67%	0	12	0.00%	3	7	42.86%
	园艺学	2	26	7.69%	2	28	7.14%	5	28	17.86%	6	54	11.11%	4	49	8.16%
	兽医学	17	18	94.44%	5	20	25.00%	15	23	65.22%	9	13	69.23%	9	53	16.98%
	畜牧学	—	—	—	—	—	—	1	6	16.67%	4	40	10.00%	1	18	5.56%
	农林经济管理	0	8	0.00%	0	9	0.00%	2	13	15.38%	0	17	0.00%	0	17	0.00%
	工商管理	—	—	—	—	—	—	0	6	0.00%	0	6	0.00%	0	11	9.09%
	风景园林学	3	6	50.00%	4	5	80.00%	0	7	0.00%	2	12	16.67%	6	19	26.32%
	林学	1	10	10.00%	10	10	**100.00%**	6	9	66.67%	4	21	19.05%	1	21	4.76%
	食品科学与工程	3	16	18.75%	4	18	22.22%	6	17	35.29%	2	25	8.00%	4	18	22.22%
全日制专业学位	生物与医药	28	23	**100.00%**	27	29	93.10%	22	32	68.75%	27	29	93.10%	33	34	88.24%
	资源利用与植物保护	16	22	72.73%	33	31	**100.00%**	25	28	89.29%	26	30	86.67%	36	38	92.11%
	农艺与种业	33	46	71.74%	45	45	**100.00%**	25	41	60.98%	48	54	88.89%	40	62	62.90%
	畜牧	15	15	**100.00%**	16	18	88.89%	13	19	68.42%	11	19	57.89%	4	17	23.53%
	兽医	33	30	**100.00%**	39	39	**100.00%**	23	30	76.67%	25	25	**100.00%**	29	25	**100.00%**
	农业管理	41	38	**100.00%**	60	49	**100.00%**	41	40	**100.00%**	64	43	**100.00%**	59	39	**100.00%**

续表

学位类别	学科/类别（领域）	2017年			2018年			2019年			2020年			2021年		
		一志愿上线人数（人）	录取人数（人）	一志愿录取率	一志愿上线人数（人）	录取人数（人）	一志愿录取率	一志愿上线人数（人）	录取人数（人）	一志愿录取率	一志愿上线人数（人）	录取人数（人）	一志愿录取率	一志愿上线人数（人）	录取人数（人）	一志愿录取率
全日制专业学位	国际商务	—	—	—	—	—	—	0	17	0.00%	0	14	0.00%	3	27	11.11%
	风景园林	21	18	**100.00%**	23	34	67.65%	24	26	92.31%	65	25	100.00%	27	32	84.38%
	林业	3	13	23.08%	—	—	—	5	19	26.32%	16	21	76.19%	20	30	66.67%
	食品加工与安全	20	21	95.24%	33	33	**100.00%**	39	37	**100.00%**	50	28	**100.00%**	39	35	91.43%
	农业工程与信息技术	15	15	**100.00%**	13	17	76.47%	11	21	52.38%	16	21	76.19%	12	21	52.38%
	农村发展	19	19	**100.00%**	30	31	96.77%	32	28	**100.00%**	43	26	**100.00%**	42	24	**100.00%**
	社会工作	—	—	—	—	—	—	20	20	**100.00%**	24	22	**100.00%**	16	23	69.57%
非全日制专业学位	生物与医药	0	4	0.00%	1	1	**100.00%**	7	6	**100.00%**	5	6	83.33%	6	6	**100.00%**
	资源利用与植物保护	0	—	—	4	10	40.00%	3	6	50.00%	3	6	50.00%	5	5	**100.00%**
	农艺与种业	3	1	**100.00%**	3	6	50.00%	0	5	0.00%	3	6	50.00%	—	—	—
	兽医	4	8	50.00%	6	12	50.00%	1	8	12.50%	6	11	54.55%	3	12	25.00%
	农业管理	5	21	23.81%	7	13	53.85%	6	22	27.27%	13	17	76.47%	5	31	16.13%
	风景园林	0	17	0.00%	0	16	0.00%	3	14	21.43%	2	14	14.29%	2	5	40.00%
	食品加工与安全	3	8	37.50%	7	10	70.00%	2	17	11.76%	8	14	57.14%	9	9	**100.00%**
	农业工程与信息技术	2	6	33.33%	0	5	0.00%	3	6	50.00%	3	7	42.86%	3	3	**100.00%**
	农村发展	6	6	**100.00%**	4	11	36.36%	6	8	75.00%	12	11	**100.00%**	13	21	61.90%

注：部分学科/类别（领域）名称在招生过程中做过调整，作物学（作物遗传育种）、园艺学（果树学＋蔬菜学）、兽医学（基础兽医学＋临床兽医学）、农林经济管理（农业经济管理＋林业经济管理）、林学（园林植物与观赏园艺＋森林培育）、食品科学与工程（农产品加工及贮藏工程＋食品科学）、生物与医药（生物工程）、资源利用与植物保护（农业资源利用＋植物保护）、农艺与种业（作物＋园艺＋种业）、畜牧（养殖）、农业管理（农村区域与发展）、农业工程与信息技术（农业信息化）、农村发展（农业科技组织与服务）。

二、提升生源质量对策

（一）加强招生宣传，吸引优质生源

北京农学院地处北京，还有中国农业大学、北京林业大学，生源竞争压力比较大。招生宣传是提高生源质量的一个重要保障，也是吸引优质生源的有效手段[3]。只有通过积极的招生宣传，才能让更多的考生进行报考，从而优中选优。北京农学院研招办只有1名工作人员，工作人员有限，亟需有效发动学院工作人员的参与。相比其他农林院校的投入，学校研究生招生宣传的广度及深度需要更大的投入，目前学校研究生招生宣传主要依靠学校动员，学院联动、学院的主动性欠缺。在以后的工作中，各学院要做到如下几点。一是要充分调动教师的积极性，全员参与，尤其面对学术型生源比较缺乏的情况下，要从源头上解决问题，把工作做在前面。二是要做好本校的本科生选育工作，留住本校的考生，提高本校生源的报考率和上线率。三是要做好学院招生导师的宣传，同时抓住教师到外单位进行学术交流、讲座和报告的机会，适时进行招生宣传，把招生宣传工作做到常态化，让每一名教师都有进行招生宣传的主动性。四是要在宣传过程中要突出学院的办学特色和专业优势，吸引更多的考生进行报考。

（二）加强学科建设，扩大学校影响力

学科建设是研究生教育开展的基础，形成研究生教育特色学科水平是学校人才培养质量和水平的重要标志[4]。考生在选择报考院校时，首先会考虑学校的层次及学科实力，为增强对优质生源的吸引力，我校应立足应用型大学办学定位和既定目标，加强学科建设，针对现有学科科学制定分类分层发展策略，完善都市农林业学科群，强化已有优势学科建设，设立目标清单，努力带动其他学科的发展，同时加快新兴与交叉学科建设，在目前学科的基础上，努力培植新的学科生长点。对标一流学科建设标准，优化调整学科结构，完善学科分类分层发展机制。对标新农科，在学科内涵建设上实现新突破。针对各学位点建设实际情况和发展需求，制定详细的学科建设实施方案，持续跟进博士点学科建设情况。有计划、分批次地加强申博学科建设工作。进一步提升学科建设水平，优化学科方向，凝练学科特色，优化师资队伍结构，引进和培养学科领军人才，提高科研能力，加强平台建设，创新管理机制，从而扩大学校的影响力。

（三）加强校企合作，提升就业水平

从2020年开始，为推进研究生分类培养改革，进一步加强校企合作和产教

融合，提升研究生应用能力和就业质量，学校以产业需求为导向陆续开设了“基质研究院”“古树保护与修复”“科技小院”等“专项班”，目前正在谋划与一些企业合作设立“定制班”，为企业培养定制型专业人才，在提升毕业生就业水平的同时，进一步推进研究生分类培养，强化差异培养和过程管理，强化产教融合校企协同育人，优化统筹校内外现有实践教育基地管理与共享，强化校企共建，从而更好地服务首都区域经济社会发展、乡村振兴和京津冀协同发展。

参考文献：

［1］吴启迪．在国务院学位委员会学科评议组第十次会议上的讲话［J］．学位与研究生教育，2006（1）：1－9.

［2］刘苑，黄学，吕欣．完善复试环节提高研究生招生质量［J］．广西大学学报（哲学社会科学版），2008，30（6）：150－153.

［3］杨圣奇，黄彦华，李阳，等．硕士研究生生源质量分析与提升对策研究——以中国矿业大学力学与土木工程学院为例［J］．高等建筑教育，2021，30（4）：77－83.

［4］杨汉国．成都大学硕士研究生生源状况分析及对策［J］．成都大学学报（社会科学版），2019（05）：113－117.

疫情防控常态化下研究生招生复试探析

——以北京农学院为例*

田　鹤

摘要：面对突如其来的新冠肺炎疫情，来自各行各业的英雄冲上一线阻击疫情，用血肉之躯为我们共同的家园筑起阻击病毒的防线。在研究生招生战线，众多研招工作人员不畏艰难，竭尽全力为考生创造安全、公平的考试环境。北京农学院是众多招生单位之一，本文围绕疫情防控常态化形势下研究生招生复试，开展一系列研究。

一、疫情防控及其常态化概述

一场突如其来的疫情阻挡了人们出行的脚步，改变了无数人的生活轨迹。2020年2月20日，湖北省新冠肺炎疫情防控指挥部发布通告称，当前，全省疫情防控正处于最吃劲的关键时期，疫情形势开始出现积极变化，但总体形势仍然严峻复杂。目前，新冠肺炎疫情已演变为全球性流行病，对世界公共卫生安全和经济发展造成严重影响和重大损失。我国在新冠肺炎疫情开始阶段迅速制定了一系列正确、有效的防控措施，来阻止疫情的大规模传播，使疫情得到了迅速控制。但目前我国还在面临巨大的境外输入压力。

当前，全球新冠肺炎疫情不容乐观，其发展势头似乎超出了所有人的预期。人们长时间的隔离、封闭，已经严重影响到正常的生产、消费、投资、物价、出行、教学等方方面面。北京作为国际交流中心，疫情防控不可能在短期内完全结束。基于首都疫情防控的复杂性、长期性、艰巨性等特点，北京将较长时期处于

* 作者：田鹤，北京农学院研究生处。

疫情防控的状态。顺应疫情防控常态化特点，仍要继续坚持“外防输入、内防反弹”总体防控策略，科学、准确分析研判疫情形势走向，坚持严防死守、精准防治。这便是疫情防控常态化的由来。

二、疫情防控形势下研究生招生复试面临挑战

疫情的出现打乱了全国各招生单位硕士研究生复试的节奏和模式，社会舆论一度出现取消今年研究生复试的负面影响。新冠肺炎疫情迫使各硕士研究生招生单位重新审视和评估本单位的研究生复试状况，改革研究生复试模式。当前，国内外新冠肺炎疫情防控形势依然严峻，开学日期一再延迟。如果研究生复试工作受到牵连继续延迟，部分考生可能会因为复试的持续的不确定性增加压力与焦虑。所以，何时启动复试、采取什么方式进行复试已经成为一项迫在眉睫的紧要工作。既要防控疫情，又要举行复试，同时出于对学生的健康安全高度负责的考虑，复试时间和方式要慎之又慎。

经过充分研究决定，在考研历史上这是第一次全国范围内采取远程复试，即使是在 2003 年的非典型肺炎，也是部分地区采用电话复试，但是今年则是全国范围内的远程复试。远程复试则受到网络、技术、硬件设备等诸多因素的影响。

三、疫情迫使研究生复试发生变革

根据教育部有关要求，各招生单位在科学、有效、公平、公正、安全等原则的指引下，统一采取远程网络复试的方式。网络复试方式的产生，带来了复试的组织管理、复试环节、复试内容、复试评价体系等多方面的重构和改变。虽然疫情对复试造成一定影响，但是对于复试内容、环节、评价考核等方面为复试的科学性和选拔性提供了重要契机。同时，疫情期间网络复试既是特殊时期的应急之举，更是深化研究生招生改革的一次探索，是互联网时代创新人才选拔方式的一次新尝试。

各招生单位应对网络复试积极准备，精心设计复试内容，规范复试各项流程，建立使用网络复试的评分标准，努力提高复试结构的科学性和公平性，进一步提高复试选拔人才的有效性和可靠性。网络复试对笔试部分产生较大局限和限制，该环节在网络复试中无法有效开展，部分招生单位则进一步优化面试环节与内容，使面试成为复试的核心环节。基于这样的认识和探索，各招生单位积极准备复试的前期研究，加强面试评委和面试工作人员培训，做到未经培训不参与复试工作。全面采用综合性、开放性试题，加强题库建设，确保一人一卷，防止试题泄露。规范面试流程和评委言行举止，明晰评分标准。从提高面试的结构化程

度着手，探索进一步提高研究生复试在选拔人才方面的科学性和有效性。

四、疫情对我校研究生复试影响

借助互联网和信息化技术手段开展网络复试是疫情期间硕士研究生复试的应急之举。我校疫情期间亦采取网络复试，也是首次采取网络复试，可借鉴经验严重欠缺，受到新冠肺炎疫情影响主要表现在以下几个方面。

1. 技术设备水平不一

网络复试关键硬件在于影音设备（即摄像头与麦克风），显示设备主要以投影仪为主。在新冠肺炎疫情发生之前均为现场复试，对网络上使用的摄像头、麦克风没有深入研究与配备。新冠肺炎疫情突发，各学科（领域）临时配备网络复试硬件，导致使用的摄像头清晰度存在较大差异，麦克风收音质量也有所不同，对复试质量造成影响。

2. 网络保障缺乏经验

网络复试的软件方面既是网络与复试平台。首次依靠网络进行复试，在网络保障方面有所欠缺。现场复试无需使用网络，对于网络复试可能出现的各种问题缺乏认知，对于复试用的平台了解不足，对于出现的网络中断、信号不佳、平台崩溃和受限等问题未做好充足的准备。

3. 应急制度有待完善

对于上述出现的各类问题，缺乏一套完整的应急机制来应对。应急制度是保证复试顺利进行的重要保障，若复试期间出现问题，应急制度会发挥相应功能，有针对性地解决问题，确保复试按时完成，更确保广大考生的根本利益。应急制度的缺乏使复试质量存在一定的隐患。

4. 环境氛围参差不齐

现场复试的氛围营造基本以横幅、宣传展板等标语来解决，复试现场的选择也基本以会议室、教室，或者专用的面试场合为主，环境氛围质量较高。而线上复试仅能通过摄像头展现复试现场的氛围，而复试现场又要选择可放置摄像头、麦克风场合，对复试现场的选择带来较大局限，导致各学科（领域）的复试现场氛围参差不齐。

五、疫情防控常态化下我校研究生复试优化建议

由于新冠肺炎疫情影响，各招生单位结合当地疫情防控工作实情，纷纷进行硕士研究生网络远程复试的探索，积累了大量的实践经验。通过对这次复试造成的影响，对我校疫情防控常态化提出以下几个方面的建议。

1. 加强基础设备建设

为各学科（领域）统一配备技术设备，保障复试硬件质量。在条件允许的情况下，学校为各学院统一配备专业摄像头与麦克风，确保影音清晰无误，是我校复试技术水平达到统一。

2. 改造和升级校园网络环境

网络远程复试需要良好的互联网通信平台与软件系统的支持，这些需要相对应的硬件设施的保障。在升级与改造校园基础设施的同时，加强相关人员的教学培训，以确保远程考试的顺利实施。提前测试网络状况并建设备用网络线路、联合网络中心，做到有线网络全覆盖。

3. 加强模拟演练

针对线上复试可能出现的网络中断、设备断电、平台崩溃等问题进一步完善应急预案，增加复试演练。复试前，开展模拟演练并设置相关故障，出现问题通过应急预案是否可以继续进行复试，检验复试各项保障是否有效。

4. 完善基础环境建设

各学院针对线上复试建设专用场合，完善复试现场布局，改造网络布线，增加现场标语，做到复试环境与氛围标准化。

参考文献：

[1] 郜可祥．新冠肺炎疫情倒逼硕士研究生复试模式进一步优化．中国研究生．

[2] 汪基德，韩雪婧，王孝培．疫情期间硕士研究生招生网络远程复试：模式、问题与改进．电化教育研究．DOI：10.13811/j.cnki.eer.2020.11.017.

新形势下高校非全日制研究生培养管理方式研究*

戴智勇

摘要： 自2017年起，在职人员攻读硕士专业学位全国联考开始纳入全国硕士研究生统一考试。“全日制研究生”和“非全日制研究生”由培养单位统一组织招录，实行同一标准。如何在新形势下加强非全日制研究生的管理，提高非全日制研究生的培养水平，是当前高校非全日制研究生管理人员面临的问题。

一、新形势下高校非全日制研究生招生情况

（一）报名情况

非全日制研究生是指符合国家研究生招生规定，通过研究生入学考试或者国家承认的其他入学方式，被具有实施研究生教育资格的高等学校或其他教育机构录取，在学校规定的修业年限（一般应适当延长基本修业年限）内，在从事其他职业或者社会实践的同时，采取多种方式和灵活时间安排进行非脱产学习的研究生。

2016年9月14日，教育部发布《关于统筹全日制和非全日制研究生管理工作的通知》，在职人员自2017年起攻读硕士专业学位，由原来的全国联考纳入到全国硕士研究生统一考试，全日制和非全日制研究生招生计划将统一下达。

将在职研究生考试纳入全国硕士研究生统一考试，这一政策调整在很大程度上带动了2017年研究生报考热，导致2017年研究生报名人数大幅增长，据教育

* 作者：戴智勇，北京农学院园林学院。

部最新数据统计，2017 年考研报考人数达到 201 万人，较 2016 年 177 万人，增幅达到 13.6%。其中报考非全日制硕士研究生的考生占比明显，河南、江苏、北京、辽宁、黑龙江等地人数增幅分别达到 15.2%、24.8%、20.8%、20.2%、18.6%[1]。2020 年，非全日制研究生报考人数更是达到了 340 万人之多。

（二）报考条件

2016 年以前，在职人员攻读硕士专业学位有两种办法，一是参加每年 10 月的在职研究生全国联考，二是参加每年 12 月的全国硕士研究生统一考试。

教育部《关于统筹全日制和非全日制研究生管理工作的通知》指出，全日制和非全日制研究生考试招生依据国家统一要求，执行相同的政策和标准。各研究生培养单位的招生简章须明确学习方式、修业年限、收费标准等内容。考生根据国家招生政策和培养单位招生简章自主报考全日制或非全日制研究生[2]。

2017 年以前，报考在职研究生的考生报考条件必须是已获得具有国民教育序列大学本科学历和学士学位，且截止到报考当年 8 月 31 日，已获得学士学位满 3 年的在职人员。

2017 年以后，报考非全日制研究生的考生学业水平必须符合下列条件之一。

（1）国家承认学历的应届本科毕业生（含普通高校、成人高校、普通高校举办的成人高等学历教育等应届本科毕业生）及自学考试和网络教育届时可毕业本科生。考生录取当年入学前（具体期限由招生单位规定）必须取得国家承认的本科毕业证书或教育部留学服务中心出具的国（境）外学历学位认证书，否则录取资格无效。

（2）具有国家承认的大学本科毕业学历的人员。

（3）获得国家承认的高职高专毕业学历后满 2 年（从毕业后到录取当年入学之日，下同）或 2 年以上的人员，以及国家承认学历的本科结业生，符合招生单位根据本单位的培养目标对考生提出的具体学业要求的，按本科毕业同等学力身份报考。

（4）已获硕士、博士学位的人员。

（三）考生来源

按照教育部的要求，各培养单位对全日制和非全日制研究生要坚持同一标准、统一组织招录。也就是说，非全日制研究生除了学习形式更为灵活，其招生政策、报考条件、考试科目、内容、复试分数线、考试时间等与全日制研究生完全相同。

2016 年 12 月之前，报考非全日制的考生主要是在职人员，考生生源单一。从 2017 年开始，应届本科毕业生也可以报考非全日制研究生了，取消了必须毕业满3年的限制。应届本科毕业生在报考非全日制的考生中应届生占了一定的比例。

2019年8月，教育部再次发文，对非全日制研究生招生的生源又作了新的要求，强调非全日制硕士研究生原则上招收在职定向就业人员，意味着没有工作单位考生就不能报考也不能申请调剂到非全日制。

从目前的情况看，在职人员因为平时工作压力大、毕业时间较长、理论知识遗忘较大，因而在录取分数线非全日制研究生和全日制研究生一样的条件下，在职人员考上非全日制研究生的难度加大。很多高校的非全日制研究生第一志愿报考上线人数不足，要依靠调剂才能完成招生计划。

（四）培养方式

《关于统筹全日制和非全日制研究生管理工作的通知》指出，2016年12月1日以后录取的研究生从培养方式上按全日制和非全日制形式区分，全日制和非全日制研究生毕业时，所在高等学校根据其修业年限、学业成绩等，按照国家有关规定发给相应的、注明学习方式的毕业证书，其学业水平达到国家规定的学位标准，可以申请授予相应的学位证书，全日制和非全日制研究生的学历学位证书具有同等法律地位和相同效力[2]。

在职研究生改为非全日制研究生，和全日制研究生从培养方式上进行了区分，非全日制研究生由原来毕业时只颁发学位证书，改为同时颁发学历证书和学位证书，只是在证书上注明学习方式为非全日制，非全日制研究生的学历学位证书和全日制研究生的学历学位证书具有同等法律地位和相同效力。

二、新形势下高校非全日制研究生的管理

（一）培养方案

2017年以前，全日制研究生和非全日制研究生，在培养方案的学习方式、学业水平上采用的是不同的标准。

2016年6月，教育部下发的《关于统筹全日制和非全日制研究生管理工作的通知》，其中要求研究生培养单位根据培养要求分别制定培养方案，根据社会需求自主确定不同学科、类别的研究生教育形式，坚持同一标准，保证同等质量。

在新形势下，各培养单位根据新的要求，组织专家进行论证，修订研究生的培养方案和课程教学大纲，对全日制和非全日制研究生，在学习方式、学位标准上坚持同一标准。

（二）培养形式

过去，全日制研究生一般都安排在周一至周五上课，非全日制研究生一般都安排在周六日上课或在某一个时间段集中上课。非全日制研究生，由于大部分人属于在职人员，工作日无法进行学习，课程学习时间一般都安排在周末。在新形势下，在非全日制研究生学习形式的安排上，可以采取多种方式和灵活时间安排他们进行非脱产学习。上课时间的安排上，可以把某些理论类课程每周一两次，安排在平时和全日制研究生一起上课，邀请行业专家前来进行讲座，扩大非全日制研究生的知识面。某些实践类课程安排在周末上课，以免在平时安排太多课程，占用学生太多时间，导致学生经常要向单位请假，耽误日常工作。

三、建议

（1）由于非全日制研究生日常工作对所研究方向上的国内外文献资料接触不多，在论文的完成过程中会有一定的困难，建议平时注意文献资料的收集和增加文献的阅读量，通过微信、视频等方式经常与导师、同学进行学术交流、讨论。

（2）教学单位合理安排教学时间和上课地点；课程设置上建议教师结合学生的日常工作，通过行业内的典型案例进行教学，在课堂上针对学生工作中遇到的实际问题进行分析。另外，建议增加网络教学课程，学生可以利用下班后的时间，合理安排学习。

（3）因为非全日制研究生，经常会遇到加班、出差等情况，因此需要严格考勤制度，坚持全日制和非全日制研究生同一标准，以保证同等质量。

参考文献：

［1］中国教育在线．2017年全国研究生招生数据调查报告——搜狐教育［EB/OL］.（2017）. http：//learning. sohu.

［2］教育部．全日制和非全日制研究生教育坚持同一质量标准——中青在线［EB/OL］.（2016）. http：//news. cyol. com.

［3］陈闻，王现斌，李久东．非全日制研究生教育质量保障体系的完善——基于全面质量管理的思考．广西师范大学学报：哲学社会科学版，2014，（12）：131－137.

［4］谭畅，刘峰．规范非全日制硕士研究生培养过程的建议［J］.现代营销（信息版），2019（9）：163.

疫情防控常态化背景下学位管理研究
——以北京农学院为例*

张芝理　高　源

2020年初始，新型冠状病毒打乱了一切秩序，研究生无法按时返校，学位授予工作也备受影响。在新冠肺炎疫情初期，为最大限度减轻对研究生学位授予工作的影响，研究生处积极响应防疫工作安排与领导号召，提前上岗制定应对疫情的工作方案，提前发布应对疫情版学位授予工作安排，积极协调完善，推动研究生学位管理系统提前上线，首次实现研究生学位线上申请、导师线上把关、学院线上审批的线上工作模式，为研究生进行远程学位申请提供了可能，极大地提升了学位申请工作的便利性。通过不断尝试与摸索，开展网络学位论文答辩，确保研究生线上答辩平稳有序进行。在2020年的摸索中，积累了一定在疫情常态化背景下学位管理工作的经验，本文将以北京农学院2021年学位授予工作作为探讨对象，总结疫情防控常态化背景下的学位管理措施。

一、学位授予工作多批次部署

2021年，北京农学院硕士研究生学位授予工作共分为三批进行，其中春季学期为进一步减轻疫情对研究生学位论文影响，保障研究生就业需求，暑期增加了一批学位授予。

根据《中华人民共和国学位条例》《中华人民共和国学位条例暂行实施办法》《北京农学院硕士学位授予工作实施细则（修订）》等相关规定，夏季共授

* 基金项目：2021年北京农学院学位与研究生教育改革与发展项目，项目编号：2021YJS076。作者：张芝理，男，北京农学院研究生处，研究生教育管理。

予硕士研究生学位516人。第一批于2021年6月16日召开的校学位评定委员会，决定授予484名研究生硕士学位。

为进一步降低疫情对我校研究生学位授予工作的影响，2021年6月17日至7月14日期间，我校进行了夏季第二批学位授予工作，申请夏季第二批硕士学位研究生36人，经7月15日校学位评定委员会审核，实际授予32人硕士学位。

2021年秋季学期，北京农学院硕士研究生学位授予工作由9月~12月进行，冬季学期申请学位人数较少按一批实施。秋季学期申请硕士研究生学位29人，经学位申请、学术不端检测、论文外审及答辩等环节，2021年12月30日召开校学位评定委员会授予冬季硕士研究生学位17人。

为方便研究生离校及就业，2021年夏季在正常开展的学位授予工作之后增加一次学位授予的组织与实施，极大地缓解了研究生受疫情影响的程度，减弱了延迟返校对学位论文的影响，为研究生提供了便利。

二、学位申请及审核线上进行

2021年3月15日前，北京农学院完成了夏季第一批研究生学位申请工作，为缓解研究生返校疫情防控压力，采取学位申请工作线上开展的方式进行，通过网络系统实现了学位申请材料的提交，导师及研究生管理部门的线上审核，既提高了申请审核效率又实现了网络存档留痕。

申请第一批硕士学位研究生518人（其中学术学位93人，全日制专业学位348人，非全日制专业学位77人）。研究生通过信息管理系统填写《研究生学位申请与资格审查材料》，由所在学院资格审查小组在线审核，学院审核其学分、论文等情况，学院通过审查后由研究生处完成审核。

三、学术不端检测严格把关

学术不端检测是研究生申请学位过程中重要的审核环节，为了防范因疫情所造成的研究生科研质量下降和研究生无法正常返校所造成的学位论文质量降低及学术不端行为，北京农学院采取严格的检测措施，严格执行15%的重复率把关，对于未达到要求的研究生不予通过。

北京农学院研究生学位论文学术不端行为检测工作于2021年3月16日至4月1日完成，研究生通过系统向学院提交学位论文电子稿，学院汇总交给学科与学位管理科进行学术不端检测。学位论文相似度低于15%视为检测合格，每名研究生有两次检测机会，第一次检测重复率大于50%即取消复检机会，经过统计共检测学位论文611人/次，18名研究生因重复率未达标最终未通过学术不端检测。

四、系统远程送审，双盲评审

学位论文外审工作在疫情防控常态化背景下，通过线上送审的方式极大地降低了对学位授予工作的影响，疫情造成的物理隔绝促进了线上的交流，打破了拘泥于京津冀送审的习惯，将全国更多优秀的评阅专家纳入专家库，实现对学位论文的更好审核把关。

北京农学院在2021年4月12日至4月30日期间完成了学位论文盲评外审工作。论文盲审全部实行“双盲”评阅。论文盲审环节通过国研平台进行送审，评阅人由3名副教授（含）以上或相当职称的专家担任。学校抽检盲评论文数量总体比例不低于10%，具体数量按学科（专业、领域）分别测算，通过电脑抽签，最终确定了59人由研究生处送审，其余由学院送审的送审方案。研究生处通过送审177篇研究生学位论文，49位专家参与了线上评审，经过汇总，最终各学院共计有9名研究生在外审环节不通过。

五、线上线下相结合的答辩方式

新冠肺炎疫情防控常态化背景下，学位论文答辩工作是学位授予管理环节中的重中之重，采取线上线下相结合的方式可以有效避免突发疫情造成的影响。研究生在校园内封闭管理可以实现线下答辩，具有更深刻的仪式感，专家即使无法进校也可以实现线上把关，起到同样的效果。

夏季学位论文答辩工作于2021年5月11日至5月30日期间有序进行，本次研究生学位论文答辩，采用线下为主并与线上相结合的答辩方式，答辩流程严格按照中华人民共和国教育部、北京市教委以及学校有关规定执行。在院校各级领导、研究生导师、校内外答辩专家、研究生督导的共同努力下，圆满完成了57场研究生学位论文答辩。本次答辩共有来自生物与资源环境、植物科学技术、动物科学技术、经济管理、园林、食品科学与工程、计算机与信息工程、文法与城乡发展8个学院的学术学位、全日制专业学位和非全日制专业学位3种类型的487名研究生参加，其中3名研究生未通过答辩。

经过以上各环节及2021年6月16日校学位评定委员会审核，授予学位硕士研究生484人。

六、总结

新冠肺炎疫情防控常态化背景下，学位授予工作增加了不确定性。在面对不确定的状态中，要将部分工作提前布置，借助互联网和科技手段实现人与人之间的相互联系，进而缓解疫情造成的物理隔绝，做到配合疫情防控的制度下保障学位授予正常进行。借助信息平台线上审批，将需要签字落实责任的文件系统存档，避免质量把关不严等问题，实现落实责任、审批留痕。

疫情虽然在一定情况下对学位授予的各环节造成了影响，但推动了学位授予管理方式向更高效、更科学的方面转变，使在解决旧问题的同时引入更加科学的方式去处理新问题，使管理中各环节越来越不依赖传统的模式，为更高效、更便捷的流程管理提供了新思路。

“破五唯”形势下农林高校硕士学位授予标准的探析

——以北京农学院为例*

高　源　张芝理

摘要：《中华人民共和国学位条例》（以下简称《条例》）是20世纪80年代初出台，2004年8月经批准由中华人民共和国第十届全国人民代表大会常务委员会第十一次会议审议通过修改执行《中华人民共和国学位条例暂行实施办法》（以下简称《办法》），《条例》将我国学位分为学士、硕士、博士三个等级，《条例》的出台标志着我国学位制度的落地生根。本文根据《条例》中现行的硕士学位授予标准，结合国家《关于规范高等学校SCI论文相关指标使用树立正确评价导向的若干意见》等相关文件要求，对标分析我校现行的硕士学位授予工作实施细则，对“破五唯”背景下的硕士学位授予标准制定思路提出构想。

一、面临形势

近年来，随着我国社会的快速发展和经济体制机制的不断完善，我国高等教育事业发展已进入快车道。教育部在回应第十二届全国人民代表大会第五次会议第8285号建议的答复时提到：“当前我国高等教育进入内涵式发展阶段，改革进入攻坚期和深水区，必须要加快推进高等教育领域‘放管服’改革，破除束缚高等教育改革发展的体制机制障碍，进一步向地方和高校放权，给高校松绑减

* 资助项目：中国学位与研究生教育学会农林学科工作委员会项目，项目编号：2021－NLZX－YB11；北京农学院学位与研究生教育改革与发展项目，项目编号：2022YJS068。作者：高源，北京农学院助理研究员，主要研究方向：学科建设、研究生教育管理。

负、简除烦苛，让学校拥有更大办学自主权，激发广大教学科研人员教书育人、干事创业的积极性和主动性，培养符合社会主义现代化建设需要的各类创新人才，培育国际竞争新优势。"[1]在高校"放管服"开放办学的大背景下，如何适当行使学术权力值得剖析。

《中华人民共和国高等教育法》（以下简称《高等教育法》）和《中华人民共和国教育法》（以下简称《教育法》）给予高校部分权利的解释，《高等教育法》第十一条规定：高等学校应当面向社会，依法自主办学，实行民主管理。《教育法》第二十二条规定：国家实行学位制度。学位授予单位依法对达到一定学术水平或者专业技术水平的人员授予相应的学位，颁发学位证书。《条例》第八条规定：硕士学位有国务院授权的高等院校和科研机构授予。以上这些法律法规赋予各高校制定学位授予实施细则的权力，明确不同层次学位授予原则，但并没有明确各学位授予单位制定学位授予标准细则的范围和阐述实施细则中"学术标准"和"非学术标准"的内涵。例如，《条例》第五条规定：高等学校和科学研究机构的研究生，或具有研究生毕业同等学力的人员，通过硕士学位的课程考试和论文答辩，成绩合格，达到下述学术水平者，授予硕士学位：（一）在本门学科上掌握坚实的基础理论和系统的专门知识；（二）具有从事科学研究工作或独立担负专门技术工作的能力。

由此看出，上行指导文件对于"学术水平"内容的描述相对宽泛，关于学生学科专业理论的掌握程度和从事科研的工作能力不易量化考量，这有可能导致各学位授予单位在制定学位授予实施细则时没有统一标尺，难以避免地把评价学生是否达到学位授予条件与发表高水平论文、通过全国大学英语四六级考试、参加各类竞赛等情况挂钩，主观上的决策有可能导致客观上各单位学位授予质量参差不齐。

二、现状分析

学校于2003年获批硕士学位授予单位，目前有园艺学、林学、作物学、兽医学、畜牧学、植物保护、生物工程、食品科学与工程、风景园林学，农林经济管理、工商管理等11个一级学科；农业、兽医、风景园林、生物与医药（原工程）、国际商务、林业、社会工作等7个专业分布在农工管三大学科门类。

学校于2013年制定《北京农学院硕士学位授予工作实施细则（修订）》（以下简称《细则》），根据《条例》等上行文件规定，对不同学位类别硕士研究生申请学位要求如下。

一是基本条件，要求拥护中国共产党的领导、拥护社会主义制度，热爱祖国，遵纪守法，品行端正，完成培养方案中规定内容的学习，履行完成相关义务。

二是课程学习与要求，修完培养方案中所规定的内容，成绩合格，并取得规定的学分。

三是学位论文，按照不同类别区分要求。学术学位硕士研究生：论文的基本论点、结论和建议具有一定的理论意义和实际价值，对所研究的内容应当有新的见解，能够表明申请人掌握了本门学科坚实的基础理论和系统的专门知识，具有从事科学研究工作或独立担负专门技术工作的能力；论文工作在导师指导下独立完成，论文内容应以研究生自己获得的第一手试验数据或调查数据为基础；较好地掌握本学科、专业的研究方法和技能；论文须有一定工作量，完成论文工作应不少于一年；论文表述应通顺、简洁、准确，图表清晰、数据可靠，遵循学术道德，实事求是得出结论或加以讨论，引用他人资料或结论须加以说明；论文撰写格式按照《北京农学院研究生学位论文格式与书写规范》进行。

专业学位硕士研究生：论文形式可以是研究论文、项目（产品）设计、案例分析、调研报告等；论文要有一定的技术难度、先进性和工作量，对研究的问题应有一定的新见解或新进展，能体现研究生综合运用现代科学理论、方法和技术解决实际问题的能力；研究工作在导师指导下独立完成，论文内容应以研究生本人获得的第一手试验数据或调查数据为基础；论文须有一定工作量，完成论文工作应不少于一年；论文表述应通顺、简洁、准确，图表清晰、数据可靠，遵循学术道德，实事求是得出结论或加以讨论，引用他人资料或结论须加以说明；论文撰写格式按照《北京农学院研究生学位论文格式与书写规范》进行。

四是论文发表要求，学术型研究生原则上要求以第一作者（北京农学院为署名单位）全文公开发表发表至少一篇与本人学位论文内容相关的学术论文（不包括综述、摘要）。同时，同意各相关学院可根据本学院所属学科、专业、领域特点自行制定不低于此标准的论文发表要求（见表1）。

表1　　部分学位点学位授予标准一览表

学科/专业	2018年版培养方案内容
植物保护	以第一作者（北京农学院为署名单位）全文公开发表发表至少一篇与本人学位论文内容相关的学术论文（不包括综述、摘要）
作物学	发表学术论文或科技成果要求，必须达到学校基本要求
园艺学	发表学术论文或科技成果要求，必须达到学校基本要求
畜牧学	硕士研究生申请论文答辩之前，必须提供一篇第一作者发表在中文核心期刊或者SCI期刊上与实验内容相关的学术论文，中文核心期刊必须见刊，SCI期刊要求见刊或提供录用证明

续表

学科/专业	2018年版培养方案内容
兽医学	兽医学学术型硕士生在学位论文答辩之前，必须以第一作者和北京农学院为第一作者单位正式发表（见刊或网络优先发表）至少一篇与硕士学位论文相关、被 CSCD 收录的核心期刊论文，且完成一篇 SCI 研究论文投稿
农林经济管理	研究生在从事学位论文的研究和调查期间，应在正式出版的学术期刊发表2篇本学科领域学术论文，其中一篇为 SCI、SSCI、CSSCI、EI 或北大版核心期刊要目总览收录刊源论文，学生是第一作者，作者所在单位为北京农学院
工商管理	研究生在从事学位论文的研究和调查期间，应在正式出版的学术期刊发表两篇本学科领域学术论文，其中一篇为核心期刊（北大版）以上的学术论文，学生是第一作者，作者所在单位为北京农学院
风景园林学	在园林学院学位论文答辩日前必须以第一作者（北京农学院为第一署名单位）在科技核心期刊上发表至少一篇与学位论文相关的学术论文并见刊或网上见刊，或以第一作者发表或正式接受与学位论文相关的 EI 收录论文一篇，且每篇文章只认可一位学生作者。或在 IFLA（国际风景园林师联合会学生设计竞赛）、中国风景园林学会大学生设计竞赛、中日韩风景园林竞赛、美国风景园林师协会大学生设计竞赛中获奖（前三名），园冶杯、艾景奖获奖（前两名）（凭获奖证书）。否则不予以答辩资格
林学	全日制林学学术型硕士研究生在学位论文答辩前，必须在 CSCD 收录及以上级别学术期刊上，发表至少一篇学术论文（见刊或网上见刊）；或至少提供一篇见刊论文，且一篇获得 CSCD 及以上级别学术期刊录用函，否则不能参加答辩
食品科学与工程	发表学术论文或科技成果要求：发表论文是与本人学位论文内容相关的学术论文（不包括综述、摘要）；以第一作者或并列第一作者（须在论文中标注）、北京农学院为第一署名单位全文公开发表一篇 SCI 收录论文，或一篇 EI 收录论文，或两篇 CSCD 收录论文（须见刊）；另外，同一篇论文被多种数据库检索收录，只算其中一种收录类型，不重复计算；发表论文时间应为研究生入学后到学位申请资格审查之前或学校规定的研究生在校期间的其他期限之前；发表是指在国内外学术期刊上正式发表见刊或网络优先发表
兽医	兽医硕士专业学位研究生在学位论文答辩之前，必须以第一作者和北京农学院为第一作者单位正式发表至少一篇与硕士学位论文相关的期刊论文，或完成一篇 CSCD 研究论文投稿
农业（农业管理）	研究生在从事学位论文的研究和调查期间，应在正式出版的学术期刊上发表一篇本学科领域的学术论文，学生是第一作者，作者所在单位为北京农学院
国际商务	研究生在从事学位论文的研究和调查期间，应在正式出版的学术期刊上发表一篇本学科领域的学术论文，学生是第一作者，作者所在单位为北京农学院

续表

学科/专业	2018 年版培养方案内容
农业（食品加工与安全）	全日制发表论文要求： （1）发表论文是与本人学位论文内容相关的学术论文（不包括综述、摘要）。 （2）以第一作者或并列第一作者（须在论文中标注）、北京农学院为第一署名单位全文公开发表一篇 CSCD 收录（含）以上论文。 （3）发表论文时间应为研究生入学后到学位申请资格审查之前或学校规定的研究生在校期间的其他期限之前。 （4）发表是指在国内外学术期刊上正式发表见刊或提供有见刊时间的论文收录证明（经过与期刊单位验证，情况属实）。 非全日制发表论文要求： （1）发表论文是与本人学位论文内容相关的学术论文（不包括综述、摘要）。 （2）以第一作者或并列第一作者（须在论文中标注）、北京农学院为第一署名单位全文公开发表一篇中文核心期刊（含）以上收录论文。 （3）发表论文时间应为研究生入学后到学位申请资格审查之前或学校规定的研究生在校期间的其他期限之前。 （4）发表是指在国内外学术期刊上正式发表见刊或提供有见刊时间的论文收录证明（经过与期刊单位验证，情况属实）。
农业（农业工程与信息技术）	至少完成以下一项成果才可以进行答辩： 以第一作者在 CSCD 收录期刊或者更高级别检索的期刊、会议上发表论文一篇。 以北京农学院为申请单位，前三序位作者获得软件著作权两项。 以前三序位作者身份获得实用新型技术专利一项。 以前五序位作者获得发明一项

通过列举部分学校 2018 年版研究生培养方案中学科专业学位申请的基本要求，可以看出整体制定原则以《细则》和《条例》等相关上行文件要求内容为主，对学术学位研究生和专业学位研究生采取双线考核，要求学术研究生申请学位前需公开发表一篇文章。允许各学科专业根据自身发展定位、生源质量、师资队伍水平、学科综合实力等不同，进一步细化学位授予要求。

2020 年 2 月，教育部、科技部印发《关于规范高等学校 SCI 论文相关指标使用树立正确评价导向的若干意见》的通知（教科技〔2020〕2 号）表明："学校应重视人才培养质量和培养过程，发挥基层院系和导师的质量把关作用，加强对学位论文的质量审核，结合学科特点等合理设置学位授予的质量标准，不宜以发表 SCI 论文数量和影响因子等指标作为学生毕业和学位授予的限制性条件"。

2020 年 6 月，北京市教委、科委印发《关于树立正确评价导向促进北京高校科学研究健康发展的意见（征求意见稿）》，强调"完善育人评价，注重科研育人过程、质量和水平。完善高水平科学研究支撑拔尖创新人才培养机制，把科学精神、创新能力、学术道德的培养贯穿育人全过程。激励研究生开展原创性、前沿性、跨学科研究，鼓励依据学位论文以及多元化的学术创新成果综合评价研究生学术水平，加强研究生培养质量保障，提升高层次人才培养水平”。

通过国家和北京市的政策可以看出，引导树立正确评价导向，尊重科研和人才发展规律，注重过程和质量，坚持客观、多元评价体系是目前的趋势。学位授予实施细则制定应该具有全面性，关注学生的德智体美等全面发展，从多维度进行考核评价。特别是对于农林高校学生而言，衡量标准需要更加“接地气”，要做好“两类”人才培养的区别对待，学术型研究生要把农林学科领域的科学研究能力作为培养第一要素，知识方面重在考查学生的创新成果，成果可以不限于高水平论文，也可以以其他形式展现，不唯数量，要考虑数量与质量的综合权重。专业型研究生要注重实践能力，结合产教融合等新的培养理念，能力方面重在考查学生的实践实训等成绩，让学生所学有所用，把书本所学知识凝结在实践的收获里。

三、思考和建议

一是要进一步落实中共中央、国务院《关于加强和改进新形势下高校思想政治工作的意见》、中共教育部党组《高校思想政治工作质量提升工程实施纲要》等文件要求，使思想政治工作体系贯通学科体系、教学体系、教材体系、管理体系，形成全员全过程全方位育人格局。在“三全育人”的要求下，加强对学生思想政治道德等情况的考量。

二是要完善标准，质量导向，培养符合首都需要的都市农林人才。农林高校具有和其他院校不同的时代特色，农科人才培养应该符合学校的发展定位和时代背景，深入落实北京市委、市政府《关于统筹推进北京高等教育改革发展的若干意见》，按照学术学位研究生以增强创新能力为主，专业学位研究生以增强实践能力为主的培养定位，优化现有学制制度。

三是要进一步完善培养方案，注重培养过程，优化研究生学位论文的学术评价标准。对不同培养类别的研究生，要实施分类评价，尊重学科差异，根据各学科的特点制定相应的学术评价标准，要强化学术共同体意识，加强学术共同体建设，提升学术共同体在学术评价活动中的地位和作用。压实二级学院与学位点的主体责任，要完善质量控制和保证制度，抓住课程学习、实习实践、学位论文开题、中期考核、论文评阅和答辩、学位评定等关键环节，落实全过程管理责任，细化强化导师、学位论文答辩委员会和学位评定委员会权责，杜绝学位“注水”。探索建立学位论文评阅意见公开等制度，合理制定与学位授予相关的科研成果要求，破除“唯论文”倾向。加强教学质量督导，提升信息化管理水平。引入第三方专业机构对研究生培养质量进行诊断式评估。加强研究生教育质量监测，探索开展毕业研究生职业发展调查。

完善研究生“出口”管理，对学术不端行为零容忍，严格执行学位授予标准，将科学精神、学术诚信、伦理道德、学术规范等内容纳入导师培训和研究生教育工作，健全学术不端的预防和处理机制，加大论文把关查重力度。

四是要深入落实立德树人，强化导师岗位管理。加强导师团队建设，明确导师职责，规范导师指导行为，支持导师严格学业管理，将政治表现、学术水平、指导精力投入等纳入导师评价考核体系。

落实导师是研究生培养第一责任人的要求，引导研究生导师将思想教育与专业教育有机统一，涵养立德树人的良好校风。推进专业学位研究生培养校内、校外双导师制，持续建设实践经验丰富、热心教书育人的校外导师队伍。完善校院两级导师培训制度和考核制度，加强导师岗位管理，每年开展导师考核，考核结果与招生、推优等相结合。

参考文献：

[1] 教育部．教育部对十二届全国人民代表大会第五次会议 第8285号建议的答复［EB/OL］．［2017－10－09］．http：//www. moe. gov. cn/jyb_ xxgk/xxgk_ jyta/jyta_ gaojiaosi/201712/t20171219_ 321829. html.

[2] 澎湃新闻·澎湃号·政务．2021年中央一号文件（全文）［EB/OL］．［2021－03－10］．https：//www. thepaper. cn/newsDetail_ forward_ 11651691.

探析高等农业院校专业课课程思政建设的途径*

吴春霞　王绍辉　韩莹琰　郑桐

摘要：“课程思政”是全面提升高校思想政治工作质量的一项重要教育教学改革实践。中国的现代化离不开农业农村的现代化，而农业农村现代化的关键在农业科技、在农业人才。实施“课程思政”是涉农院校人才培养、服务社会的必然要求。目前，农业院校“课程思政”建设中仍存在思想政治教育与专业课教学“两张皮”现象，对“课程思政”的认识程度高但实践效果不平衡，专业课教师“课程思政”方面的培训有待加强，学生重专业轻思政的思想观念需要转变等问题。北京农学院植物科学技术学院立足学科背景和专业特点，从加强组织领导、师资队伍建设、深化课程改革、营造“三全育人”的新格局、加强制度建设等方面，开展了“课程思政”教学改革，对培养新时代新型农科人才的路径进行了积极探索。

习近平总书记指出，涉农高校要认真落实立德树人根本任务，以强农兴农为己任，立足新时代高质量发展的要求，培养更多知农爱农的新型人才，为推进农业农村现代化，为打赢脱贫攻坚战、推进乡村全面振兴做出新的更大的贡献[1]。北京农学院植物科学技术学院“课程思政”建设紧密围绕“培养什么人、怎样培养人、为谁培养人”这个根本问题，将“立德树人”作为根本任务，充分发

* 资助项目：①北京市教育委员会—北京市优质本科课程重点项目—设施园艺学。②北京农学院—学位与研究生教育改革与发展项目——探析农学类研究生专业课课程思政建设的途径（项目编号：2020YJS073）。作者：吴春霞，1982 年生，女，硕士研究生，汉，北京农学院植物科学技术学院办公室主任，助理研究员，主要从事高校教学管理研究工作。王绍辉，1970 年生，女，博士研究生，汉，北京农学院植物科学技术学院党总支书记，教授，主持学院党总支工作。韩莹琰，1978 年生，女，博士研究生，汉，北京农学院植物科学技术学院教学副院长，教授，主管学院本科生教学管理工作。郑桐，1989 年生，女，硕士研究生，汉，北京农学院植物科学技术学院教学秘书，助理研究员，主要从事高校本科生教学管理工作。

挥课堂教学的主导作用，形成协同育人机制，努力为国家培养一支懂农业、爱农村、爱农民的“三农”工作队伍。

一、明确农业院校“课程思政”建设的重要意义

“课程思政”建设是农业院校培养强农兴农人才的必然要求。高素质的农业人才是实施乡村振兴战略的第一资源，开展“课程思政”建设，将价值塑造、知识传授和能力培养三者融为一体，让知农者爱农，让爱农者知农。

“课程思政”建设是推动农业院校思想政治工作的重要路径。实施“课程思政”，将专业知识教育与思政教育相结合，优化教学方法，改革思政教育课程体系，是高校思想政治工作新的生长点[2]。

“课程思政”建设是农业院校教学模式改革的需要[2]。实施“课程思政”，将知识传授和价值引领相结合，将“课程思政”与思政课程相互促进，让学生在掌握专业基础知识的同时，激发对专业的认同和热爱。发挥协同育人的作用，培养一批服务乡村振兴和国家发展的卓越人才。

二、农业院校“课程思政”建设的现状及存在问题

在教育理念上，农业院校思想政治教育与专业课教学脱节的现象尚未根本改变，通过专业课程传授价值引领的理念没有完全树立起来，专业课程没有挖掘更多的思政元素，“课程思政”育人作用发挥不足[3]。

在课程体系上，农业院校对“课程思政”的认识程度高但实践效果不平衡。传统高等教育中不同程度存在“重专业轻思品”的现象，仅依靠思想政治课程进行道德品质的提升是远远不够的，要把德育渗透到每一门专业课程中[3]。

在“课程思政”师资建设上，当前教师“课程思政”方面的培训有待加强。大部分专业教师博士毕业“出校门进校门”，没有到农村的田间地头走一走，没有到农民的炕头坐一坐，缺乏相应的专业实践技能，自身的思想政治觉悟未能被激发。

在“课程思政”授课效果上，学生仍存在“重专业轻思政”的观念，把主要精力放在专业知识技能掌握、撰写学术论文和毕业论文上，不关心“课程思政”内容和效果。

三、汇智聚力，探索“三全育人课程思政”建设的路径

（一）思想上高度重视，绿色中深挖红色元素

根据国家开展“课程思政”的要求，制定学院“课程思政”建设工作方案。

组织教师集体学习《高等学校课程思政建设指导纲要》《全面推进北京高等学校课程思政建设工作方案》等文件，加深教师对“课程思政”的认识和理解。召开“课程思政”建设交流会，邀请马克思主义学院思政专业教师指导，依据学院教学实际情况，从绿色中挖掘红色，重视农业情怀与文化的灌输，“以点带面，全面推进”逐步深化“课程思政”建设，各专业各选一门主干课作为开展“课程思政”建设的试点课程，从时代典型人物、粮食安全问题等作为切入点，将思政教育渗入课程。

（二）行动上扎实推进，发挥重点课程引导作用

自建设“课程思政”试点课程以来，充分发挥重点建设课程示范作用，引导教师积极投身“课程思政”建设。任课教师在教学设计中体现德育内涵与元素，融入学生学习任务，不断优化“课程思政”建设体系，大力加强师德师风建设。组织教师到中国农业大学等兄弟院校考察交流；邀请北京大学李茂春教授为全院教师分享“课程思政”建设的心得体会，激发教师参与“课程思政”建设的积极性。组织教学观摩，加强对青年教师“课程思政”教学能力的培养，要求任课教师做到熟悉教材不说外行话，关注《新闻联播》等权威媒体，关注专业内容背后的历史、科学家及其故事。探讨专业课融入思政元素的原则，建立“课程思政”建设质量标准，将“课程思政”纳入青年教师基本功竞赛及新教师走上讲台的必过一关，引导教师做好学生的领路人。

（三）依托党建课题，体现农学专业“课程思政”特色

教师党支部通过“课程思政”党建课题，结合党支部理论中心组学习，使理论学习与课程思政想结合，为进一步丰富课程思政的建设奠定了基础。以党建目标为引领，确立课程思政目标，将立德树人充分融入教材体系中。课程思政目标要充分体现意识形态领域的主旋律，明确马克思主义在课程思政中的指导地位[4]，培养学生的民族自豪感、社会责任感、专业认同感。

（四）结合学科发展进程中的重要节点，深挖思政要素

在学科发展的历程中，有许多重要的科研创新节点，对做出相关成就的科学家进行研究，挖掘他们的成长案例中所蕴藏的思政育人要素，也是课程思政建设的关键内容。例如，从詹姆斯·沃森和弗朗西斯·克里克发现DNA双螺旋结构的过程，向学生说明学科之间交叉交流对科学发现的重要性。从麦克林托克一生致力于“转座子”的研究，向学生传递投身科研和祖国建设的初心与情怀。介绍1965年，我国在极其艰苦的条件下，首次人工合成有活性的胰岛素，这是对世界科技进步的重大贡献，引导学生建立正确的理想信念与价值观。

（五）结合古事与时事，厚植学生的家国情怀

《高等学校课程思政建设指导纲要》指出，教育引导学生深刻理解中华优秀传统文化，教育引导学生传承中华文脉，使其富有中国心、饱含中国情、充满中国味[5]。培养学生的文化涵养，使学生树立民族自信心和文化认同感。例如，通过介绍中国先民和科学家在生物化学领域的发现与贡献、儒家“格物致知”等中国传统哲学思想在科学研究中的意义，充分体现文化自信。时事结合专业知识，让学生感同身受，产生情感共鸣。例如，结合“三聚氰胺事件”，介绍蛋白质含量测定方法，强调科学工作者应该把研究成果应用到有益于人民和社会的地方，而不是投机取巧、只顾自身经济利益，危害社会大众。介绍屠呦呦教授获得诺贝尔奖的经历，引导学生培养良好的科研工作习惯，树立为祖国和人民的迫切需要而刻苦钻研、攻坚克难的价值观和人生观。

（六）创建“课程思政”教学名师和团队

加强专业课教师与思政课教师交流合作，组建特色教学团队。围绕人才培养目标，通过让专业课教师和思政课教师集体备课、教学研讨等形式，共同挖掘专业课中的思政元素，找到最符合教学的结合点，促进专业课教学中有效融入思政元素。教学团队由威信高的教授担任，按照“老中青”的年龄结构，注重团队成员的传承，采用“1+1”模式，即一名思政专业教师与一名专业课教师组合，形成顺畅及时的交流渠道。团队定期举行研讨会（Seminar），邀请其他团队中的教学名师分享教学心得，积极申报“课程思政”建设项目，为团队的持续提升奠定基础，打造一支有担当、有思想、有格局的“课程思政”教师队伍。2021年，学院的《农事学实践教程》申报课程思政典型案例及北京高校本科课程思政示范课程、教学名师和团队建设。该教学团队对教学大纲进行梳理，逐节进行思政元素分析。课程以作物学领域科学家、生产一线带头人为案例，以培养学生爱国情怀、吃苦耐劳、农业精神和可持续农业观为教学目标，完善教学方法和考核方式。在作物形态、生长发育规律、栽培技术、育种实验技术等项目训练的基础上，将培养科技创新能力作为教学体系建设的重点，将学生培养为具有系统知识体系、实践操作技能和科技创新能力的高素质卓越人才。

四、“课程思政”建设取得的成效

自学院全面启动“课程思政”建设以来，全体教师高度重视，积极参与项目申报、课程建设工作，分批、深入、持续推进“课程思政”教学改革工作。有《植物育种学总论》《农业生态学》《食用菌栽培学》等7门课程入选学校

“课程思政”建设优秀案例；《设施园艺学》入选“北京高校优质本科课程项目”；《农事学实践教程》被评为学校“优质本科教材课件”；《食用菌栽培学》任课教师荣获“第十六届北京市高等学校教学名师奖”。

学院发挥协同育人效应，培养大学生学农、知农、爱农意识，深入了解农村，助力乡村振兴，不断优化“三全育人”工作新格局。

五、结语

北京农学院作为一所北京市属高等农学院校，应紧密围绕坚定学生理想信念，突出北京特色，体现首善标准。通过“课程思政”教育教学改革，助力农科学子成为一名“有理想、有本领、有担当”的知农爱农新型人才，继承和发扬老一辈科研工作者吃苦耐劳的精神，坚定创新自信，勇攀科技高峰，奋力担负起乡村振兴的重任，用实际行动践行“把论文写在祖国的大地上”的誓言。

参考文献：

［1］刘红阳，郭笑彤，闫冬春等．农学类专业课 课程思政建设的实践与思考［J］．山东教育（高教），2020（10）：31－32.

［2］王玉辞．农业院校实施“课程思政”研究［J］．平顶山学院学报，2020，35（3）：118－122.

［3］何忠伟，董利民．《都市型农林高校研究生教育内涵式发展与实践》［M］．北京：中国财政经济出版社，2020（8）．

［4］许晓辉，颜亚雯，杨玉英．《党建引领高职院校课程思政改革的构建探索》［J］．现代职业教育，2021（27）：120－121.

［5］刘艳霞，刘俊康，唐雨．《基于中华优秀传统文化的课程思政探索》［J］．药学教育，2021，37（4）：28－31.

都市应用型农林院校课程思政建设研究
——以北京农学院为例*

华玉武　付　军　童光法

摘要：都市应用型农林院校课程思政建设对于培养都市应用型现代农林人才具有重要意义。都市应用型农林高校课程思政建设的目标是培养“一懂两爱”的具有家国情怀的强国一代时代新人。思政课教师与专业课教师协同，思政课教师挖掘专业课中的思政资源，专业课体现课程中的思政元素。

一、引言

习近平总书记在全国高校思想政治工作会议上强调指出“要坚持把立德树人作为中心环节，把思想政治工作贯穿教育教学全过程，实现全程育人、全方位育人，努力开创我国高等教育事业发展新局面”。“要用好课堂教学这个主渠道，思想政治理论课要坚持在改进中加强，提升思想政治教育亲和力和针对性，满足学生成长发展需求和期待，其他各门课都要守好一段渠、种好责任田，使各类课程与思想政治理论课同向同行，形成协同效应”。

二、都市应用型农林高校课程思政建设的必要性

培养什么人、怎样培养人、为谁培养人是教育的根本问题，立德树人成效是

* 本论文是2022年北京农学院学位与研究生教育改革与发展项目的部分研究成果。作者：华玉武，北京农学院马克思主义学院院长，教授；付军，北京农学院园林学院副院长，教授；童光法，北京农学院文法学院教授。

检验高校一切工作的根本标准。落实立德树人根本任务，必须将价值塑造、知识传授和能力培养三者融为一体、不可割裂。全面推进课程思政建设，就是要寓价值观引导于知识传授和能力培养之中，帮助学生塑造正确的世界观、人生观、价值观。课程要承担好育人责任，守好一段渠、种好责任田，使各类课程与思政课程同向同行，将显性教育和隐性教育相统一，形成协同效应，构建全员全程全方位育人大格局。

要紧紧围绕国家和区域发展需求，结合学校发展定位和人才培养目标，构建全面覆盖、类型丰富、层次递进、相互支撑的课程思政体系。要切实把教育教学作为最基础最根本的工作，深入挖掘各类课程和教学方式中蕴含的思想政治教育资源，让学生通过学习，掌握事物发展规律，通晓天下道理，丰富学识，增长见识，塑造品格，努力成为德智体美劳全面发展的社会主义建设者和接班人。

三、都市应用型农林高校课程思政建设的目标

课程思政建设工作要围绕全面提高人才培养能力这个核心点，促使课程思政的理念形成广泛共识，教师开展课程思政建设的意识和能力全面提升。

课程思政建设内容要紧紧围绕坚定学生理想信念，以爱党、爱国、爱社会主义、爱人民、爱集体为主线，围绕政治认同、家国情怀、文化素养、宪法法治意识、道德修养等重点优化课程思政内容供给，系统进行中国特色社会主义和中国梦教育、社会主义核心价值观教育、法治教育、劳动教育、心理健康教育、中华优秀传统文化教育。推进习近平新时代中国特色社会主义思想进教材、进课堂、进头脑；培育和践行社会主义核心价值观；加强中华优秀传统文化教育；深入开展宪法法治教育；深化职业理想和职业道德教育。

农学类专业课程，要在课程教学中加强生态文明教育，引导学生树立和践行“绿水青山就是金山银山”的理念。要注重培养学生的“大国三农”情怀，引导学生以强农兴农为己任，“懂农业、爱农村、爱农民”，树立把论文写在祖国大地上的意识和信念，增强学生服务农业农村现代化、服务乡村全面振兴的使命感和责任感，培养知农爱农创新人才。

法学类专业课程，要在课程教学中坚持以马克思主义为指导，加快构建中国特色哲学社会科学学科体系、学术体系、话语体系。要帮助学生了解相关专业和行业领域的国家战略、法律法规和相关政策，引导学生深入社会实践、关注现实问题，培育学生经世济民、诚信服务、德法兼修的职业素养。

四、都市应用型农林高校课程思政建设的思路

以研究《风景园林规划设计》和《农村自然资源与环境法律制度》为例，

《风景园林规划设计》课程思政建设思路如下。

（一）课程思政方向和重点

《风景园林规划设计》是风景园林专业核心课程，课程契合北京农学院立足首都高水平应用型农林大学的办学定位和专业特色，思政方向和重点包括：第一，让学生深刻领悟风景园林规划设计核心价值观和终极目标：激发学生科技报国的家国情怀；第二，担负起国家生态环境建设、美丽中国建设使命；第三，增强“文化自信”，传承中华文化；第四，聚焦首都“四个中心”“和谐宜居之都”“森林城市”建设目标；第五，培养“以人民为中心”的服务宗旨；第六，强化工程伦理教育，培养学生精益求精的大国工匠精神。

（二）课程思政建设目标

培养学生建立正确的理想信念和核心价值观；拥有构建生态文明、尊重自然、敬畏自然的意识；树立传承和弘扬中华优秀传统文化、坚定文化自信的信念；树立“以人民为中心”服务宗旨；具有良好职业素养、责任心、责任感和职业担当。

（三）课程思政教学实践

（1）结合办学定位、专业特色和课程特点，确立人才培养目标。风景园林规划设计是专业学位课，结合学校高水平应用型大学办学定位，以及与城市人居环境建设关系紧密的专业特色，确定了课程培养目标：掌握专业技能；通过思政教育，提高学生正确认识问题、分析问题和解决问题的能力，培养具有理论扎实、思维创新、有文化自信，有社会主义核心价值观的优秀人才。

（2）思政教育与教学内容一体化、系统化、全覆盖。通过理论讲授、案例分析、课程设计、实习实训，把思政内容融入各章节。在理论教学方面，教学授课内容与思政要点一一对接：围绕“理想信念和核心价值观”，在引言部分，通过风景园林取得的成就和国际影响，鼓励学生树立远大理想和坚定信念，厚植爱国主义情怀。围绕“生态文明意识”“碳达峰、碳中和”，通过第一章的“现代园林发展趋势”，引入“北京绿心森林公园”等经典案例，培养生态设计观。围绕“文化自信、家国情怀”，通过第一章的“中国古典园林精髓”，引入圆明园案例，让学生认识到中国园林博大精深，激发爱国情怀。围绕“职业素养，职业敬畏”，通过第二章的“园林设计程序”，列举设计施工事故案例，教导学生敬畏法规、遵守规范、坚守职业道德。围绕“以人民为中心”。在第二章的“布局形式”，围绕“大国工匠精神”引导学生关注人民大众需求，最大限度地满足人民日益增长的美好生活需要。在第三章的“园林要素设计”，教育学生在设计时，高标准、严要求。在课程设计中，深化思政教学：结合思政点，对两门课程设计精心规划，提前布置课程设计任务，学生按要求围绕“生态、文化、人本、工匠精神”等几个方面完成规划设计作业，通过32学时8次大课，分阶段融入思政教学。

研究生《农村自然资源与环境法律制度》课程思政建设思路。

首先，通过案例分析，让学生明白环境资源是一个整体系统，进而明白这一课程所体现的法益不是私人法益而是公法益，甚至是地球法益。地球生态系统（生物圈）是一个流动的物质和能量循环体，它不以对国家或地区疆界的人为划分而分割。因此，在一个国家、一个地区对人类环境利用行为所实施的法律控制，必然会在一定的程度上对其他国家或地区产生积极或消极的影响。由于生态系统的这一普遍联系特征，所以农村自然资源与环境法律制度所关注的和保护的不再是个别群体的利益，而是侧重于整个生态利益、人类利益、地球利益。

其次，通过该课程学习，学生很容易理解习近平生态文明思想、美丽中国建设和我国经济社会可持续发展等重要思想。由于农村自然资源与环境法律制度在重新确定和调整人类既存利益的同时，其理念的出发点更多是源自保护全人类的共同利益和保护人类生存繁衍基础的生态利益，以实现人类社会、经济可持续发展的目标。通过案例分析，让学生深刻理解美丽中国建设的重要性和习近平生态文明思想，从而为我们共同的环境和共同的未来而采取身体力行的积极行动。

再次，通过案例分析尤其是对涉及野生动植物保护、自然保护区、国家公园等具体案例的分析，让学生深刻体会国家生态文明各项制度建设十分必要、非常重要，进而自觉地去践行甚至去推动各项生态文明各项法律制度建设。

最后，通过该课程的学习，让学生理解代际公平、环境正义、生态整体、尊重自然等生态环境思想，进而激发他们阅读《寂静的春天》《沙乡年鉴》《动物解放》《公平地对待未来人类》《我们共同的未来》等环境伦理思想著作，深刻思考和探究人类命运共同体重要思想。

五、结论

全面推进研究生课程思政建设，就是要寓价值观引导于知识传授和能力培养之中，帮助学生塑造正确的世界观、人生观、价值观。抓好研究生课程思政建设，解决好专业教育和思政教育“两张皮”问题。坚决防止“贴标签”“两张皮”，“润物细无声”地把价值观引导教育融入教学内容中，没有“违和感”。课程思政建设内容要紧紧围绕坚定学生理想信念，以爱党、爱国、爱社会主义、爱人民、爱集体为主线，围绕政治认同、家国情怀、文化素养、宪法法治意识、道德修养等重点优化课程思政内容供给，系统进行中国特色社会主义和中国梦教育、社会主义核心价值观教育、法治教育、劳动教育、心理健康教育、中华优秀传统文化教育。树立“大德育”“大思政”理念，建立思政课程和课程思政协同机制。以北京农学院研究生《风景园林规划设计》《农业自然资源与环境保护法律制度》课程为例。农学类研究生专业课程要在课程教学中加强生态文明教育，引导学生树立和践行绿水青山就是金山银山的理念。要注重培养学生的“大国三农”情怀，引导学生以强农兴农为己任，“懂农业、爱农村、爱农民”，树立“把论文写在祖国大地上”的意识和信念，增强学生服务农业农村现代化、服务乡村全面振兴的使命感和责任感，培养知农爱农创新人才；法学类研究生专业课程要在课程教学中坚持以马克思主义为指导，加快构建中国特色哲学社会科学学科体系、学术体系、话语体系，要帮助学生了解相关专业和行业领域的国家战略、法律法规和相关政策，引导学生深入社会实践、关注现实问题，培育学生经世济民、诚信服务、德法兼修的职业素养。

参考文献：

［1］《“大思政”格局下研究生课程思政的探索与实践》，福建农林大学学报（哲学社会科学版），2021 年第 4 期。

［2］邬彩霞．“课程思政”教学设计研究［J］．豫章师范学院学报，2021（6）．

［3］构建研究生阶段课程思政体系的几个关键问题［J］．公关世界，2021（6）．

［4］程开玮．课程思政背景下研究生思政课立德树人引领路径研究［J］．思想政治，2021（8）．

［5］研究生课程思政“三新一实”培养模式构建［J］．长春师范大学学报，2021（12）．

［6］研究生课程思政体系构建的“四个维度”［J］．沈阳工程学院学报（社会科学版），2021（10）．

“课程思政”融入研究生兽医产科学课程教学实践探索*

王相国　倪和民　肖龙菲

摘要：“立德树人”是高等学校的根本教育任务和立身之本。兽医产科学作为动物医学专业一门重要的专业必修课程，要与时俱进，适应新形势下思政教育要求。针对研究生教学特点，深入挖掘课程蕴含的思政元素，结合案例教学与日常科研活动，将“课程思政”融入研究生兽医产科学课程教学实践中。在进行兽医产科学知识传授、研究生能力培养同时提高思政教育的实效性。

一、引言

习近平总书记指出，思政课是落实立德树人根本任务的关键课程。在教学过程中挖掘各门专业课程所蕴含的思政教育元素，构建专业课程思政教学体系，把思政教育贯穿于专业课程教育教学全程，实现全程育人、全方位育人是高等学校贯彻落实习近平总书记关于“使各类课程与思想政治理论课同向同行，形成协同效应”重要指示的一大举措[1]。各种专业课程、专业课堂的教学中蕴含着大量的思想政治教育资源，能够如同春风化雨，润物无声，引人入胜的专业课程学习中潜移默化实现对学生的思想价值引领，实现立德树人的目的[2]。因此，专业课课程思政是一种全新的课程承载思政与思政寓于课程教育模式。

兽医产科学是动物医学专业六大临床骨干课程之一，主要研究动物繁殖生理、繁殖技术和繁殖疾病的兽医临床学科，对于保证动物的正常繁殖，提升其繁

* 作者：王相国，男，山东诸城人，北京农学院动物科学技术学院副教授，博士，研究方向：动物生殖调控与外产科疾病，电子邮箱：xiangguo731@163.com；肖龙菲，男，北京人，讲师，博士，研究方向：动物生殖调控与外产科疾病，电子邮箱：xiaolf1989@bua.edu.cn。

殖效率，促进畜牧业的健康可持续发展至关重要[3-5]。我国古人从先秦时代就对动物的生殖现象进行了观察，并著有大量描述兽医产科疾病的书籍。比如《周礼·天宫》、后魏贾思勰《齐民要术》、唐代《马籍》和《牛籍》、明初《明义考》和《元亨疗马集》、清代《活兽慈舟·治胎衣不下》，可以说我国从古代开始就已经对兽医产科学发展产生了重要的影响。近代以来，我国科学家在性别控制、动物克隆、干细胞以及基因编辑等领域也取得了大量的成就，涌现了“克隆羊之父”等科学家。因此，该课程蕴含了大量的科学精神传承、科技报国相关的思政元素。然而，就现在的“兽医产科学”课程教学而言，这些思政元素尚未很好地融入课程教学。因此，充分挖掘兽医产科学课程蕴含的思政元素及其育人价值，探讨思政元素融入专业知识传授的途径，以充分发挥该门课程的育人功能尤为必要。

本文从兽医产科学专业课知识点中发掘思政元素；通过研究教学内容，发掘其中所蕴含的哲学思想；通过案例教学探讨失败的教训、警示性的问题反思分析，提高学生辨识能力和责任意识；针对专业相关社会热点问题进行讨论等方式方法将“课程思政”引入兽医产科学教学改革探索。

二、挖掘兽医产科学蕴含的思政元素

从兽医产科学的每一章节中挖掘兽医产科学中蕴含的思政元素，通过专业课程的学习中潜移默化实现对学生的思想价值引领。比如，绪论中讲到的我国古代对动物生殖现象的观察和兽医产科书籍的编著，会增强学生的民族自豪感和科学精神传承。生殖激素协同调节作用使学生明白团队协作的重要性。通过动物受精过程讲授使学生明白努力奋斗的重要性。通过妊娠过程的建立和分娩的讲授使学生明白生命孕育的不易，由此使学生更加敬畏生命、热爱母亲。通过产科生殖技术的讲授使学生明白科技报国的重要性。

在教学途径与教学方式方面，根据教学内容开展 PPT 及视频、讨论及辩论、场景模拟、PBL/CBL、演讲总结、英语表达、床边模拟问诊等多种教学方式，提高学生学习积极性及参与度，提高学生的专业知识、专业技能、英语能力、文献查阅能力、表达交流能力、思辨能力、团队合作能力等多方位综合素质。本项目综合学生及教程特点，研究制定了《兽医科学课程思政教学纲要》，明确教学过程中思政知识点的融入重点，具体见表 1。

表 1　　研究生兽医产科学“课程思政”教学纲要

教学内容	思政知识点内容	教学方式	教学目标
产科学总论	爱国主义教育：我国兽医工作者前辈从先秦时代至今取得的对兽医产科学发展具有重要贡献的成就	PPT 展示及学习讨论总结	思辨能力、语言表达能力

续表

教学内容	思政知识点内容	教学方式	教学目标
生殖内分泌基础	从生殖激素间作用的协同性和拮抗性为核心作用引出集体主义教育：国家、集体利益与个人的关系，培养集体主义价值观	生殖激素作用场景模拟学习，讨论协作能力、思辨能力	协作能力、思辨能力
母畜生殖功能的发生发展	从生命体从配子发育至分娩过程为核心作用引出生命孕育的不易，敬畏生命，尊重生命	视频学习及课件制作，讨论	综合能力
产科疾病部分	以流产等产科疾病为核心，职业道德教育：救死扶伤，甘于奉献，坚守岗位，实现人生价值；做好产科疾病的防御工作，国防教育：国防意识及国家安全，国家主权，民族团结教育	病例视频学习，文献查阅，综述撰写及分组讨论	文献查阅，协作能力，应用实践能力，自主学习能力
产科新技术部分	兽医产科学相关胚胎体外发育、性别控制、动物克隆、基因编辑、干细胞以及 iPS 细胞技术不断创新及科学家的努力，引出理想教育：职业理想、人生理想和社会理想教育	动手实践学习，分组讨论展示	动手操作能力，实践应用能力
科研反哺教学	利用传统实验开发科研小项目，科研项目和成果反哺实验教学，培养学生创新意识、团队协作精神；同时，使学生了解经济动物养殖是国之所需、大有可为	科研项目连接课堂，科研成果反哺教学，文献查阅及总结	文献查阅、英文能力沟通协作，表达能力，知识更新

三、将思政教育融入案例教学

导入兽医产科学中妊娠期、分娩期和产后期各种疾病案例[6]，充分激发学生的学习兴趣。探讨相关案例治疗成功的经验和失败的教训，反思分析相关警示性的问题，提高学生辨识能力和责任意识。通过兽医产科疾病的诊治使学生培养争分夺秒抢救生命的意识，完善职业道德教育，最终具备专业的医学素养及强烈的医学责任感及使命感。

四、科研反哺教学培养创新意识

在《兽医产科学》教学过程中，结合最新的研究进展、成果及专业未来发展方向[7]，如基因编辑、动物克隆、体细胞核移植、胚胎移植、试管婴儿、胚胎分割、乳腺生物反应器、人造子宫等前沿研究技术，使学生开拓学术视野，开阔学术思维，发现研究的乐趣，找寻研究中的不足和差距，培养学生的创新意识。

五、将思政教育引入社会热点问题

针对目前专业相关的流产堕胎、不孕不育、人类克隆等热点问题，通过讨论方式将“课程思政”引入兽医产科学教学改革探索。这使学生培养守法意识、尊重人类生育权利、敬畏生命，尊重社会伦理道德。

六、结论

兽医产科学是一门理论性、应用性和实践性很强的兽医专业课程。新形势下，兽医专业人才的知识体系要求和从业标准不断提高，“课程思政”融入日常兽医产科学课程教学，在提高研究生专业知识体系建设、科研素养培养的同时，也能够培养学生高尚的医风医德和爱国情操，培养出德才兼备、职业素养良好的临床兽医学人才，最终实现“立德树人”高等学校教育要求。

参考文献：

[1] 习近平．习近平谈治国理政：第二卷［M］．北京：外文出版社，2017：377－378.

[2] 潘宏波，黄大志．对高校公共体育课开展课程思政同向育人的探讨［J］．当代体育科技，2018，（17）：71－73.

[3] 赵兴绪．兽医产科学（第5版）［M］．北京：中国农业出版社，2016.

[4] 汤克琼，林鹏飞，武浩，杨武才，靳亚平．《兽医产科学》教学改革探析［J］．家畜生态学报，2016，（7）：91－93.

[5] 王相国，常迪，赵凯，杨宇，倪和民．高等农业院校《兽医产科学》课程教学改革与创新研究［J］．畜牧与饲料科学，2018，39（7）：90－92.

[6] 樊江峰，余四九，徐庚全，王立斌，潘阳阳．案例教学法在《兽医产科学》课程教学中的应用［J］．畜牧兽医杂志，2019，38（3）：73－77.

[7] 剧世强，贾晓庆，曹瑞兵，芮荣．科研反哺教学在兽医产科学教学中的探索与实践［J］教育教学论坛，2019，（32）：147－148.

研究生公共英语课程思政建设的实践与探索*

杨 隽

摘要：随着近年来研究生规模不断扩大，研究生教育不断发展，如何有效地将课程思政融入研究生公共英语课程，提升英语教学效果，培养学生英语应用能力，提高学生道德素质成为目前急需解决的问题。本文认为全面推进课程思政建设，需要加强教师思政意识、挖掘教材思政元素，设计教学任务内容，落实立德树人根本，最终培养全面发展的高级专门人才。

一、高校课程思政建设的背景

2016年12月，习近平总书记在全国高校思想政治工作会议上强调高校思想政治工作关系高校培养什么样的人、如何培养人以及为谁培养人这个根本问题。坚持把立德树人作为中心环节，把思想政治工作贯穿教育教学全过程，实现全程育人、全方位育人，努力开创我国高等教育事业发展新局面。

2017年，教育部党组印发了《高校思想政治工作质量提升工程实施纲要》，提出充分挖掘和运用各门课程蕴含的思想政治教育元素，作为教材讲义必要章节、课堂讲授重要内容和学生考核关键知识，发挥专业教师课程育人的主体作用。

2020年，教育部印发《高等学校课程思政建设指导纲要》，提出要把思想政治教育贯穿人才培养体系，全面推进高校课程思政建设，发挥好每门课程的育人作用，提高高校人才培养质量。《高等学校课程思政建设指导纲要》指出课程思政的重点内容包括推进习近平新时代中国特色社会主义思想进教材进课堂进头

* 作者：杨隽，女，北京农学院外语教学部副教授，研究方向：英语教学法，电子邮箱：brendayj@sina.com。

脑；培育和践行社会主义核心价值观；加强中华优秀传统文化教育；深入开展宪法法治教育；深化职业理想和职业道德教育等举措。

二、研究生公共英语课程思政建设的必要性

根据教育部的相关统计，自 1999 年高校连续扩招以来，研究生教育一直保持快速增长的势头。近 10 年来，我国研究生招生规模年均增幅达到 6% 左右。2021 年，我国报考攻读硕士学位研究生的人数为 377 万人，研究生招生人数 117.7 万人，比上年增加 7.1 万人，增幅为 6.42%。

研究生扩招使研究生教育迅猛发展，由过去的精英教育逐步向普及性教育发展，但其快速的增长给研究生教育带来不同程度的影响。一直以来，研究生公共英语教学课时少，任务重，英语被认为只是一门工具课，和专业课相比，更不受重视。日常英语教学存在着教师只是培养学生英语语言应用能力（尤其是阅读能力），而缺乏对学生综合素质的培养，忽视引导学生树立正确的政治方向、价值取向、学术导向等。

为了实现培养高素质人才后备军的目标，将思政内容融入研究生公共英语课程是极其重要的。如何在有限的学时中将知识传授、能力培养和价值塑造三重目标合而为一，把思想政治工作融入英语教学的全过程，实现全员、全程、全方位育人，提高创新人才培养是英语教师急需思考的问题。笔者把思政内容加入研究生英语教学，对学生进行爱国主义教育，增强学生的文化自信和理论自信，培养他们的国际视野，实现思想政治教育与知识体系教育的有机统一。

三、研究生公共英语课程思政的实践探索

（一）不断强化教师的思政意识

2017 年，教育部印发的《高校思想政治工作质量提升工程实施纲要》要求高校教师必须具备较高政治素养，立德树人，把思想政治工作贯穿到教育教学全过程中去。全面推进课程思政建设，教师是关键。教师的思政素养如何，直接影响着课程思政的实施效果。课程思政要求教师不仅要具备深厚、扎实的专业知识，对马克思主义哲学、政治学、历史学、经济学、伦理学、国学、教育学、心理学等多方面知识具有全面的储备和良好的专业素养，还要具备较强的实践能力和开阔的思维，对社会和生活有丰富的体验、感悟和思考能力。

首先，研究生公共英语授课教师要在不断提高自身专业知识水平的同时，进行思想政治理论学习，深入学习习近平新时代中国特色社会主义思想，时刻关注

中央及地方相关会议精神，坚定共产主义理想与信念，提高政治站位，树牢“四个意识”，坚定“四个自信”，坚决做到“两个维护”，将思政理论与专业知识相结合，以学习推动工作，不断提高思想政治素质，增强立德树人、教书育人的责任感和使命感。

其次，研究生公共英语授课教师应积极参加各级各类课程思政相关专题培训，如高校教师网络培训中心、教师教学发展中心、学校人事处等开展的培训。通过参加这些培训，教师能够与教学名师进行近距离学习、交流，有助于解决课程思政建设过程中存在的疑惑和问题，提升教师课程思政建设的意识和能力，全面推进课程思政高质量建设。

最后，研究生公共英语授课教师还要多积累身边的教学素材，如《习近平谈治国理政》（第一、二、三卷）中英文版、“学习强国”学习平台和中国日报网（*China Daily*）等，引导学生形成良好的价值取向。其中，《习近平谈治国理政》中文版收录了习近平总书记重要著作，包括报告、讲话、演讲、指示等，不仅反映习近平新时代中国特色社会主义思想，更是向世界传播中国声音的重要渠道。《习近平谈治国理政》英文版中有大量精准的翻译和英文表达，可以作为英语教师的备课资源。“学习强国”学习平台内容丰富，形式多样，有新闻、慕课，有视频、音频，还有汉语、英语，不仅是教师备课的丰富资源，而且是学生自学的有效途径。

（二）深入挖掘教材的思政元素

在研究生英语教学中，首先要利用好教材，在学好语言的基础上，融入思政内容，在课堂上引导学生培养社会主义核心价值观，树立坚定的理想信念。我校研究生公共英语课程使用的是中国人民大学出版社出版的《研究生英语精读教程》。课本选材既涵盖了国外人文经典文章、又有代表新人类科技发展的前沿性文章，既有思想性、又有趣味性。教材本身具有很多思政元素。例如，课文《对违反法律者亮红灯》（A Red Light for Scofflaws）讨论了在美国人们只关注重大暴力犯罪，忽视各种违章行为，最终会给整个社会带来危害；课文《人生的两条真理》（Two Truths to Live by）通过阐述抓紧和放松这两条人生真理，告诉人们不要把生命浪费在物质享受上，而是要追求永恒的理想；课文《你认为自己是什么样的人，那你就是什么样的人》（You Are What You Think）通过大量的实验数据证明乐观的态度使人更快乐、更健康、更成功，并在文章最后提到了如何使悲观主义者变得乐观的方法。

教师在讲解课文的同时还可以结合实际，多渠道深入挖掘思政元素。例如，在讲解课文《并非末日来临》（The End Is Not at Hand）时，本人通过课前查找资料，在课堂上补充有关海洋塑料污染的英语短视频以及 TED 教育频道里美国纽约州水牛城高中科学老师 Kim Preshoff 关于雾霾的英语科普短片，让学生在练习听力的同时深刻意识到环境保护刻不容缓。

在讲解词汇时，教师也可以联系现实、补充思政元素。例如，讲解词汇“positive”时，笔者结合当下新冠肺炎疫情，通过例句“Two more persons had tested positive for the coronavirus.”让学生明白“positive”还可以表示“呈阳性的”。在讲解课文《对违反法律者亮红灯》（A Red Light for Scofflaws），教师也可以补充中国谚语“勿以善小而不为，勿以恶小而为之”，并让学生翻译成英文。通过学习，学生既能深入理解课文内容，又能学会用英语表达中国谚语。2021年9月，孟晚舟女士在被任意拘押了1028天之后，乘坐中国政府包机回到祖国。孟晚舟获释回国，归功于中国强大的外交实力。在讲解词汇“hail”（赞扬、称颂）时，作者结合时事，引入例句“Meng wanzhou was hailed as the heroine by the entire nation”。

（三）有效设计教学的思政内容

研究生公共英语思政课程建设中，课堂是主渠道，课程是重要载体，课后作业和任务设计是课程建设的助推器。在教学设计中，教师应积极思考如何把思政内容融入研究生公共英语课堂，使教学在兼顾知识专业性、方式灵活性的同时，避免课堂授课知识点与思政元素的生硬匹配。笔者运用课堂讲授、问答、小组讨论、角色表演、演讲、辩论、展示汇报等多种教学形式，让学生在掌握知识的同时，使“课程思政”扎根于他们心中。例如，在讲解课文《并非末日来临》（The End Is Not at Hand）时，笔者鼓励学生在课堂上分组讨论有关日常生活中环境保护的措施。学生们集思广益，用英语提出了很多节水节电的措施，同时增强了环保意识。在讲解课文《爱因斯坦痛苦的罗曼史》（Einstein's Painful Romance）时，笔者要求学生分成小组，课下查找资料，在课堂上用英语讲述中国科学家的故事。这样就起到了讲好中国故事、传播好中国声音的作用。

四、结束语

课程思政不是一门或一类特定的课程，而是一种教学理念。课程思政建设不是一段或一时的建设，而是一个长期积累的过程。本研究秉承以学生收获为目的、以课程思政为载体、以英语教学为中心的教学理念，赋予研究生公共英语教学新的内容；在教学过程中加强对学生思想政治指引，引导学生树立正确的人生观、世界观和价值观，让学生形成健全的人格；发挥研究生英语课程的特点，让学生认识、理解、尊重世界多元文化，拓宽国际视野、增强国家认同、坚定文化自信、树立人类命运共同体意识，在日常生活和未来职场中进行有效的跨文化交际，用英语传播中国文化，最终达到高校立德树人的育人目标、培养符合当今社会主义建设需求的人才。

参考文献：

［1］靳爱心．试论大学英语课程思政教师素养提升策略［J］．现代英语，2021（16）：112－114.

［2］王惠丽．研究生公共英语课程思政建设研究［J］．海外英语，2021（20）：169－170.

［3］张彩霞．“课程思政”背景下高校英语课堂教学研究［J］．现代交际，2020（16）：218－219.

［4］张慧杰．“课程思政”和大学英语教学实践［J］．教学实践研究，2019（22）：227－228.

［5］周薇薇，孙启耀．研究生英语教学现状及人才培养趋势的分析［J］．继续教育研究，2017（9）：109－111.

高校研究生课堂质量调查研究

——以北京农学院为例*

李新毅

一、问题的提出

当前，研究生教学质量是社会各界广泛关注的问题。研究生课堂教学作为最基本的教学形式，是研究生教育的关键环节。研究生课堂教学满意度也是衡量课堂教学质量的标准之一。本文采用实证研究方法对硕士研究生课堂教学满意度进行测评，根据大样本问卷调查和访谈调查的结果进行质性分析，以便为满足新时代快速发展环境下的教育培养需求以及促进研究生教育的高质量发展提供科学依据与可行性建议。

二、研究生课堂教学满意度的研究现状

关于学生满意度的研究始于美国，随着顾客满意度理论的发展，建立了顾客满意度指数模型，并应用到教育领域。本研究基于问卷及访谈的调研结果，通过制定量表将研究生教育满意度理论模型应用到学生满意度评价研究。国内相关研究主要集中在建构课堂教学满意度测评指标体系、基于测评指标进行的实证分析、探讨课堂教学满意度的影响因素以及如何提高课堂教学质量的策略等方面。本文基于硕士研究生课堂教学满意度测评指标体系，进一步探讨新时代环境下研究生课堂教学满意度的现状，以丰富研究生教学满意度相关领域的研究。

* 作者：李新毅，北京农学院研究生处。

三、问卷调查的样本选择

（一）样本选择

采用随机取样法，通过网络和纸质问卷两种方式同时施测。共调查 100 名北京农学院学术型硕士、专业型硕士。本次调查共发放并回收问卷 100 份，有效问卷 100 份，有效率为 100% 。样本基本分布情况见表 1 至表 3。

表 1

成员分布	非常满意	满意	一般	不满意	非常不满意
研一	26%	74%	0%	0%	0%
研二	20%	80%	0%	0%	0%
研三	21%	78%	1%	0%	0%

表 2

成员分布	非常满意	满意	一般	不满意	非常不满意
专业型硕士	30%	70%	0%	0%	0%
学术型硕士	22%	78%	0%	0%	0%

表 3

成员分布	授课方式（多选）	授课内容（多选）	互动环节（多选）	扩展内容（多选）	授课教师（多选）
研一	40%	44%	25%	37%	17%
研二	37%	56%	31%	17%	19%
研三	33%	45%	18%	21%	11%
学术型硕士	38%	68%	36%	25%	40%
专业型硕士	36%	65%	28%	34%	29%

（二）研究工具

采用硕士研究生课堂教学满意度量表。其包括学生年级、硕士类别、影响满意度的因素等六个维度。

四、访谈调查

针对研究生教学督导，采用访谈调研的方式对研究生听课质量进行调查研究，访谈对象为9位研究生教学督导。

五、问卷调查结果分析

（一）研究生课堂教学满意度的整体状况分析

本研究发现，研究生课堂教学满意度得分整体较高。其原因如下。课堂教学作为研究生教育最基本的形式之一，是学生获取知识最主要的途径。近年来，随着研究生招生规模的不断扩大，研究生教育也在不断发展，在扩大研究生招生规模的同时，保证研究生教育质量，满足国家对高层次人才的需要，各大高校也在不断提高教学质量、不断创新授课方式以及积极引入多媒体教学等，使研究生教育质量有所提升，学生课堂教学满意度逐渐提高。

（二）研究生课堂教学满意度在不同变量上的差异检验

为了考查研究生课堂教学满意度在人口学变量（年级、硕士类别、影响听课质量的主要因素）上是否存在显著差异，本研究进行独立样本检验及方差分析，结果如下。

1. 研究生课堂教学满意度在年级上、硕士类型的差异检验

对课堂教学满意度总分及其各维度得分在年级、硕士类别的方差分析结果显示：研究生课堂教学满意度在年级变量、硕士类别上的差异显著，具体情况见表1、表2。

2. 影响研究生课堂教学满意度在专业上的差异检验

对研究生的课堂教学满意度分析结果显示：研究生课堂教学满意度受授课方式、授课内容、互动环节、扩展内容因素影响，具体情况见表3。

六、访谈调研结果分析

通过与督导访谈调研结果可知，自设置研究生教学督导以来，研究生教学督导共课查课共780余门次，覆盖到当周开课门数为91%～96%以上，四年来总计听课查课约为1630门次，平均为45.3门次/人·年。

从“督教”的角度看，通过查课听课，总体上看，任课教师尽职尽责，绝大部分课程（99.2%以上）的任课教师都能提前到课堂进行课前准备，超过80%的教师，在课程设计上各有特色，授课过程认真投入，课堂互动效果良好。

马修地、张玉莲老师的英语课程，一直保持着教学课件准备充分，内容设计丰富、教学引导积极、互动性强的特点。马修地老师的英语课程，是每学期督导

听课最多的课程，不论是学期开始的第一周上课，还是中间时间段的上课，抑或结课的最后一节课，马老师都提前 5 ~ 10 分钟进入教室准备，课堂情绪饱满，讲课灵活生动。重要的是马修地老师始终坚持以学生的收获为教学的核心目标，以词汇的学习、科技论文的写作方式、考试试卷的分析、对同一句中文不同层次的英文翻译的比较来组织教学材料和展开的逻辑，教学效果很好。

华玉武老师的中国特色社会主义理论与实践研究课程，是全校性的大课，通常选课都在 100 人以上，他通过党员和课代表的表率行为、“雨课堂”签到并结合课堂作业督促学生到课，学生到课率在 95.5% 以上，教学效果好。在授课中，结合他自己的研究成果和国内最新研究动态，设计课堂提问和布置最终的作业题目。通过“雨课堂”方式进行授课和互动，效率高、效果好。

刘京国老师负责的生物高新技术企业家 Seminar 课程，从不同的生物领域聘请有影响力的企业家授课。由于学生对许多企业家的创业方式及经验都难以体会而困惑，为了鼓励研究生和教师互动，设计了让每个学生都必须以小纸条的形式向教师提出问题，教师现场答疑后，学生在课后再将互动结果整理成书面作业，起到了调动情绪、启发思维的作用。

李华老师的农村社会学专题课程，结合自己多年来深入农村第一线、几乎走遍北京市郊区的每一个村镇的调查经验和研究成果，案例设计丰富，具有生动的启发性。

马宁老师的中国特色社会主义理论与实践研究课程，课程支撑材料准备充分，讲课深入而风趣，以讲演为主，结合提问来推进教学内容的顺次展开，学生有收获，教学效果好。

郑强老师的“风景园林规划设计”课程，课堂教学中注重理论与实践结合，教学效果好。

穆祥老师主讲的动物细胞微环境学，是我校唯一一个没有使用电脑和 PPT 课件的课程，他上课不带任何教案讲义和纸条。但是穆祥老师对动物医学乃至人类医学都有着独特的思考，对西医和中医的特点、优势和未来发展方向的趋势判断有着独特的视角，对中医经络理论和现代生物细胞微环境的关系有着深入的辩证思考。他对课程内容了然于胸，授课生动流畅，板书层次清楚，逻辑结构分明。这门课程选课人数多，但课堂秩序非常良好，学生都在忙于记笔记，很少有玩手机和自由交谈的现象。

但在研究生课堂听课质量调查中，仍发现一些问题。

第一，极少数任课教师由于种种原因没能按照课程表安排的时间地点准时上课。经督导调查，原因有四种：外请专家教师没能准时来校；上课时间与学院工作安排冲突；由于任课教师出差没有按时回校；由于任课教师和学院秘书沟通有误等。总之，都没有及时报备研究生处并通知督导组。对于此种情况，事后也有研究生处及教学督导组做出相应解决措施。

（1）督导组对学生做了解释，并趁势结合“课堂思政”回答了学生的疑惑，平复了学生潜在的不良情绪，没有产生任何后续不安定事件。

（2）得知任课教师正在赶回学校的途中后，督导组向学生说明了情况，并和学生讲了一些学习方法，等待任课教师到课后继续听课。

（3）约谈当事教师，根据程度的不同，分别有“督导组约谈＋书面检讨”、研究生处处长约谈、主管副校长约谈等形式。

第二，从现代课堂教学的基本要求来讲，是不允许教师坐着上课的。但在督导查课中（督导在楼道教室门的玻璃窗外发现）仍有极个别教师坐着讲课，事后督导组专门约谈了当事教师。

第三，个别课程在授课时间发现“无人”，是由于选课人数多导致教室座位不够，教师调换了教室，但没有及时通知研究生处和督导。

从“督学”的角度看，学生的上课秩序基本良好。四年来，督导检查的课程按选课人数计，总体到课率为93.7%，总体迟到率为2.53%。实际上，最初是比较差的，迟到现象比较普遍。2018秋季学期期中检查，54门课程中有11门课程存在学生迟到现象，占门数的1/5以上（11÷54=20.4%），在迟到的11门课程中最大迟到人数占总到课人数的26.4%（到课53人，迟到14人），甚至达到31.3%（到课32人，迟到10人）。经调研发现，一般大课（选课人数多）迟到人数多，无领导职务的教师的课程迟到人数多。但任课教师对课堂秩序负起责任的话，这种现象是可以大大减少的。比如，在检查某学院一门必修课时，当课迟到人数较多，督导在课间休息时提醒任课教师并对研究生提出要求，在后来的上课中，迟到率从26.4%降到6.9%（到课58人，迟到4人）。这说明任课教师对课堂秩序管控的主导作用是关键的环节。课堂秩序是否有序，其表象是学生的问题，但其本质却是管理者和教师理念的问题。“教书育人”应体现在培养过程的规范、日常细节的要求和对规则的严格遵守。

在课堂教学环节，仍然有极少部分教师授课情绪不高，有的课程虽然教师很努力，但学生注意力仍然不集中（看手机、自由小声交谈等）。

值得欣喜的是，非全日制研究生的教学秩序有明显改观。例如检查文法学院董景山、龙谦老师的农业知识产权课程，在周六、周日检查，7名研究生，除了1名因孩子生病请假，均全部到课。2017年冬季检查时发现到课率、课堂互动性比以往有较大改善。

七、下一步发展建议

（1）研究生教育要重视年级差异，采取阶段性培养方案。对于一年级研究生，新的学习生活刚开始，学习环境发生改变，应鼓励低年级学生积极参与学业活动，帮助低年级学生适应新的学习生活。引导高年级学生发挥积极主动性，投入更深入的学习和研究，并给予高年级学生更多的学习资源与实践机会，更好地培养学生的创新能力与实践能力。改革创新课堂教学方式，培养学生学习兴趣。

（2）提高研究生教育质量，要不断创新和改革课堂教学方式，充分发挥互联网的优势，及时了解学生的学习需求，调整教学方法与教学目标，增强课堂活力，调动学生学习的积极性和主动性，激发学生的求知欲望，培养学生的学习兴趣，提高学生对学业的期望值。

我国的研究生教育已进入新的时代，北京农学院的研究生教育经过近 37 年的发展也已步入新的阶段，研究生教育的外延性和内涵式发展同步推进，质量的提升仍是研究生教育的主旋律。我们将在党的“十八大”“十九大”报告中的“立德树人”精神和“四为方针”的指引下，在新时代研究生教育发展的新形势下，提升理念，团结协力，为研究生教育出谋划策，在学科定位、发展内涵、培养质量监管等方面多提出合理、可行的建议，促进研究生德智体美劳全面发展，为推进北京农学院研究生教育发展“百尺竿头、更进一步”并作出更多的贡献。

校外研究生联合培养实践基地建设案例与思考*

梁琼　刘云

摘要： 校外研究生联合培养实践基地的建设是培养专业学位研究生实践能力和职业能力的重要途径和载体。本文介绍了中国农科院资源区划所研究生联合培养实践基地建设案例，并对在校外研究生实践基地建设中关于科研院所作为实践基地的优势、实践基地作用的发挥以及存在的问题等方面的思考进行了阐述。

随着我国经济的快速发展，社会对高层次应用型人才需求的不断提升，以职业需求为导向，以提升专业实践能力和职业能力为目标的专业学位研究生的培养日益得到重视。2009 年，教育部颁布的《关于做好全日制硕士专业学位研究生培养工作的若干意见》（教研〔2009〕1 号）指出，专业学位研究生的培养目标是掌握某一专业（或职业）领域坚实的基础理论、宽广的专业知识和具有较强的解决实际问题的能力，能够承担专业技术或者管理工作、具有良好职业素养的高层次应用型专门人才[1]。文件中强调了充分的、高质量的专业实践是专业学位教育质量的重要保证。2013 年，教育部、国家发展改革委、财政部颁布的《关于深化研究生教育改革的意见》（教研〔2013〕1 号）中，进一步强调了专业学位研究生的培养模式主要以提升职业能力和实践能力为导向[2]。因此，实践环节的科学设置，对于专业学位研究生提高专业实践能力、增强实践经验意义重大，是专业学位研究生培养适应社会经济发展和职业需要的要求，也是促进研究生就业、实现个人职业发展的重要保障。在高校校内实践平台和资源条件不足的情况

* 基金项目：北京农学院学位与研究生教育改革与发展项目（项目编号：2021YJS019）；收稿日期：2022 年 3 月 8 日；第一作者：梁琼，北京农学院生物与资源环境学院副教授，主要从事土壤碳循环和土壤环境过程研究。电子邮箱：liangqiong84@163.com；通信作者：刘云，北京农学院生物与资源环境学院教授，主要从事景观生态及环境效应研究，电子邮箱：housqly@126.com。

下，校外研究生实践基地的建设便成为培养专业学位研究生实践能力和职业能力的重要途径和载体。高水平的科研院所和企业，可为研究生提供良好的专业实践平台，在科研和生产一线上培养和锻炼研究生发现问题、解决问题的能力，满足研究生适应社会发展、增强就业竞争力的需要。

一、校外研究生联合培养实践基地建设案例

2021 年，北京农学院生物与资源环境学院和中国农业科学院农业资源与农业区划研究所（以下简称“资源区划所”）签订《北京农学院研究生联合培养实践基地协议书》，建立了主要面向资源利用与植物保护领域农业资源环境方向专业学位硕士研究生的联合培养实践基地。

中国农科院资源区划所是以土壤肥料、农业资源利用和区域发展为主导的国家级公益性综合研究机构，以服务国家经济建设、农业发展和农民增收为主要目标，研究探索农业资源环境领域中的理论与方法、农业发展战略、区域布局与结构调整、农业生产实用技术等问题，培养农业高级人才，在科学研究和人才培养方面与北京农学院有着长期良好的合作关系。其中，生物与资源环境学院资源与环境系与资源区划所在本科生科研训练和“实培计划”、研究生联合培养和专业实践方面有多年的合作基础。研究生联合培养实践基地的建设，为双方深入开展交流合作，建立研究生联合培养和专业实践的长效机制提供了制度保障。2021 年，共有 5 名专业学位硕士研究生在资源区划所实践基地开展专业实践活动，双方根据工作实际情况和研究生各自的特点，探索了不同的专业实践开展模式。

（1）联合培养模式。在研究生前期实践活动基础上，由实践基地拟定专业实践内容，开展研究生联合培养。研究生在实践基地开展实践工作，并以此为研究内容完成学位论文，学位论文以校外导师为主进行具体指导，校内导师对研究生培养环节和论文质量进行把关。例如：一名研究生依托资源区划所属的内蒙古呼伦贝尔草原生态系统国家野外科学观测研究站，针对牧区家庭牧场肉羊生产和牧户生活所带来的温室气体排放和环境影响开展调研，并基于全生命周期分析和结构方程模型，核算了呼伦贝尔家庭牧场肉羊生产各环节和牧户生活的直接间接温室气体排放，并以此为研究内容，完成了学位论文《基于全生命周期分析的呼伦贝尔家庭牧场温室气体排放研究》。该论文获得了北京农学院 2021 年硕士研究生优秀学位论文。

（2）合作指导模式。在双方科研合作的基础上，由校内导师确定学位论文题目，拟定专业实践内容。实践基地提供科研平台，共享科研仪器设备，研究生的部分论文工作依托实践基地开展，结合专业实践完成学位论文。学位论文以校内导师为主进行具体指导，校外导师对研究内容和实验方案提出建议，参与论文

指导。例如：依托实践基地科研平台，一名研究生利用同位素技术开展了秸秆生物炭对设施土壤有机碳矿化及激发效应的影响研究；另一名研究生利用傅里叶变换红外光谱和13C固体核磁共振技术，开展了生物炭斥水性及对土壤持水性能影响的研究，并分别以此为内容完成学位论文。

（3）技能培训模式。对于刚录取的研究生，利用假期到实践基地进行科研能力训练，参加学术交流和科研能力培训，提升科研实践能力，掌握基本实验技术，为研究生阶段的学习和实践打好基础。例如：两名研究生利用假期参加了资源区划所肥料测试中心组织的多次科研技能培训，学习了元素分析—质谱仪（EA－MS）、气相色谱（GC）、傅里叶变换红外光谱（FTIR）、13C固体核磁共振（13C NMR）等大型仪器的使用，并在实践基地参与土壤和植物样品有机质、有效磷、铵态氮、硝态氮含量，以及氮同位素比值等分析测试工作，锻炼和提高实验技能。

在研究生联合培养实践基地的建设中，针对不同年级研究生的特点和实践需求，通过不同的实践模式，实现了学校和实践基地资源优势互补，提升了研究生的实践能力和专业水平，充分发挥了研究生实践基地的作用。

二、校外研究生联合培养实践基地建设的思考

（一）高水平科研院所作为研究生实践基地的优势

科研院所和企业作为研究生联合培养实践基地各有其优势所在。对于企业，研究生开展专业实践内容更接近生产一线，可以在实践过程中接触到实际生产中的问题，对了解行业现状和社会需求、提升职业能力、积累工作经验具有很大帮助，部分企业还可以在专业实践表现优秀的研究生中发现人才，签订就业协议，直接解决研究生的就业问题。但企业以盈利为目的，研究生受工作经验和实践技能所限，开展专业实践更主要的目的是进行学习和锻炼，在短期内无法为企业带来利润，而企业要考虑研究生在实践过程中的人身安全、生产秩序等。这也使部分企业在专业学位研究生实践基地建设时顾虑较多，合作积极性不高[3]。也有部分企业实践是依托校内导师和企业的合作项目开展，随着项目的结束，实践内容难易保证连续性和稳定性。

与企业相比，科研院所的主要工作内容是开展科学研究、技术应用和社会服务，研究生直接参加生产一线工作的机会相对较少。但科研院所尤其是高水平科研院所在学科和行业前沿动态，交叉学科探索，新技术的开发、转化与应用等方面具有明显优势，对于研究生提高专业水平、拓宽专业视野、掌握新技术具有很大帮助。通过在科研院所的实践训练，研究生可以更清晰地了解未来行业的发展

方向，培养前瞻性的思维方式，有助于制订长远的职业发展规划；在高水平科研院所进行专业实践实习的经历，也有利于增强研究生毕业后的就业竞争力。在资源优势互补方面，科研院所具备高水平的研究应用平台和专家导师队伍，可为高校培养高水平应用型人才提供有力支撑；科研院所丰富的研究课题和项目资源，也可为研究生提供高质量的实践实习内容。而高校提供的研究生资源可以缓解科研院所工作人员不足的压力，保障工作项目的顺利开展。因而，在校外研究生实践基地建设中，科研院所往往具有较高的合作积极性。

（二）校外研究生联合培养实践基地作用的发挥

校外研究生联合培养实践基地建设，首要任务是培养研究生的专业实践能力和职业能力。对于全日制研究生，学习经历主要来自课堂和书本，在学习过程中理论学习多、实践经验少，即使有课程实习和实践，也多是服务于理论学习而开展，真正结合社会需求和职业需求开展系统性专业实践的机会很少。因此，要充分发挥好校外研究生联合培养实践基地的作用，提升研究生实践教育的质量和效果。这需要高校和实践基地在研究生实践培养模式、培养环节和实践内容上充分沟通，做好理论学习和实践学习内容的衔接，设置好实践培养环节，选好专业实践内容，结合好社会职业需求，以达到培养高水平应用型人才的目的。

另外，要让研究生充分认识到开展专业实践的必要性和重要性，提高参与专业实践的积极性和主动性，而不仅仅是为了完成培养环节、拿到学分。尤其是专业学位研究生，要认识到如果在研究生阶段无法解决实践经验匮乏的问题，毕业后将难以满足用人单位的需求，降低就业竞争力[4]。专业实践活动中还要着重培养研究生的自主学习能力、创新思维能力和团队协作能力，培养研究生的职业素养和职业操守，将创新意识转化为创新思维，将理论知识转化为专业技能，将诚信品德融入个人素养，从而提升研究生的综合素质和能力。专业学位研究生更要在参与专业实践的过程，主动了解社会职业需求，找到自身专业能力的短板，有意识、有针对性地进行弥补和提升。

在校外研究生联合培养实践基地建设中，除了对研究生实践能力的培养，要体现出对研究生导师实践指导能力的提升作用。在高校中，研究生导师的主要工作任务是教学和科研，部分研究生导师（尤其是青年教师）对生产一线实际问题的了解存在欠缺，以社会需求为导向的专业实践指导能力有待提高。目前，高校在青年教师的招聘和引进中，大多青睐具有博士学位的应届毕业生或者博士后，而他们在攻读博士研究生和博士后工作期间。他们大多从事的是学术型研究工作，虽具有较强的专业知识背景和学术能力，但结合社会需求的实践经验较少。因而，在指导起专业学位研究生来，也往往按照学术型的思路来培养，缺少与研究生就业直接相关的实践技能方面的指导经验[5]。因此，校外研究生实践基地的作用不仅是满足专业学位研究生的培养，也是校内研究生指导教师（尤其是青年教师）了解社会需求、提高专业指导能力的重要途径。要充分发挥好校外研究生实践基地的经验交流作用，让青年教师走出课堂和实验室、多接触生产中的实际问题，并以此为契机加强对青年教师实践指导能力的培养和提升，为更好地指导专业学位研究生奠定基础。

此外，校外研究生实践基地还是校内、外导师进行学术交流，开展科研合作的平台。以校外研究生实践基地建设为契机，寻求与本领域高水平科研单位合作发展、共享共建，对于提升高校教师的教学、科研和社会服务能力，促进高水平应用型人才的培养，实现专业学位研究生教育的内涵式发展十分重要。

（三）校外研究生联合培养实践基地建设中存在的问题

1. 研究生联合培养长效机制的建立

目前的研究生联合培养和专业实践开展多是依托于高校和实践基地之间，或者校内、校外导师之间的科研合作或项目合作而进行，长期稳定的合作机制是保证研究生联合培养和专业实践连续性和稳定性的前提。但也应注意到，并非每一个实践基地都能保持双方长期而连续的项目合作。这会在一定程度上影响研究生专业实践基地建设的稳定性。因此，探索研究生联合培养的长效机制、拓宽合作途径和合作方式，是实现高校和实践基地长期合作共赢、保证研究生培养质量和稳定性的重要保障。

2. 研究生专业实践开展模式的探索

由于专业学位研究生多为两年制，其中半年的时间用于修完研究生课程，近半年用于准备学位论文和找工作，集中精力开展科研工作和专业实践的时间仅有一年左右，而大部分时间研究生还要完成导师安排的科研任务。如何协调好两者之间的关系，将科研工作和专业实践更好地融合，高质量完成研究生专业实践培养环节，需要根据不同专业领域和不同实践基地的特点，探索不同的专业实践开展模式，避免“一刀切”的培养方式，并通过多元化的考评机制，评价专业实践开展的效果，保证专业实践的顺利开展。

3. 研究生在专业实践中的思想和心理关注

与高校相对宽松的学习环境相比，科研院所和企业有大量的科研和生产任务，工作强度较大（甚至有的需要经常加班），部分研究生在进入实践基地开展专业实践的初期难以适应，甚至产生抱怨和抵触情绪；因此，需要及时关注研究生在校外专业实践过程中的思想和心理问题，及时进行沟通和疏导。一方面，要积极引导研究生转变思想，提高对专业实践重要性的认识，将专业实践看作踏入社会的第一步，提前适应“高强度”的工作节奏，以积极向上的心态，感受实践基地的学术氛围和企业文化，提升自己的专业能力和职业能力。另一方面，要关注研究生在专业实践中遇到的困难和问题，与实践基地积极沟通，以保障研究生的合法权益。

参考文献：

［1］王福全，陈明华，王冬霞，等．地方工科院校依托实践基地提升专业学位研究生培养质量探究［J］．辽宁工业大学学报（社会科学版），2022，24（1）：83－85，96.

［2］杨玉．专业学位研究生教育实践基地建设的逻辑与出路——基于工程硕士生教育实践基地的研究［J］．教育科学，2019，35（5）：92－96.

［3］沈鹏超．专业学位研究生校外实践基地共享新模式探析——以燕山大学为例［J］．大学教育，2019，5，174－176.

［4］石红雁，梁雄，郑三元．专业学位研究生联合培养实践基地建设若干问题研究［J］．科教导刊，2021，10：61－63.

［5］刘蓉，杨国涛，王学春，等．海南实践基地在农学类研究生培养中作用探索［J］．高等农业教育，2020，12（6）：118－121.

实践基地在研究生实践教育环节的育人功能

——以农业部转基因生物安全评价（食用）重点实验室实践基地为例*

李相阳

摘要：目的：提升实践基地在研究生实践教育环节的育人功能。方法：依托农业部转基因生物安全评价（食用）重点实验室建立实践基地，对实践基地在研究生教育中发挥的作用进行探究。结果：在项目进行期间，校外指导老师提供了技术服务；设计了课题项目，为研究生进入实践基地提供了课题支持，被选派的研究生在实践期间参与了多次培训和学术会议，发表了多篇SCI及中文核心论文。结论：实践基地在研究生的培养过程中十分重要，应当大力支持实践基地建设，规范实践基地运行模式。

2020年，教育部、国家发展改革委、财政部发布《关于加快新时代研究生教育改革发展的意见》，要求高校要按照“国家产教融合研究生联合培养基地”建设计划，大力开展研究生联合培养基地建设，着力提升实践创新能力。实践育人是实践与育人的有机融合，注重实践教育形式对人才培养的重要作用，是教育教学改革与现代人才培养的主要方向，实践基地在各教育主体之间搭建了交流沟通的平台，有助于教育要素和教育资源之间的有效整合，有助于知识向生产的转化。专业实践是重要的教学环节，充分的、高质量的专业实践是教育质量的重要保证，因此应当提供和保障开展实践的条件，建立多种形式的实践基地，注重吸

---

* 基金项目：提升实践基地在研究生实践教育环节的育人功能。作者：李相阳，1978年生，男，北京农学院食品科学与工程学院副教授，博士，从事食品安全检测技术与风险控制研究，电子邮箱：lxy2002cn@163.com。

纳和使用社会资源，合作建立联合培养基地，改革创新实践性教学模式。校外实践的基本类型包括学校与科研院所，学校与企业，学校与学校共建的综合性实践基地，院系与企业合作的专业性实践基地，积极探索实质性的、与企业和科研院所联系密切的联合培养机制有助于推动校外实践基地的建设，提高研究生的就业质量[1]。

本次“提升实践基地在研究生实践教育环节的育人功能”的项目实践依托农业部转基因生物安全评价（食用）重点实验室建立实践基地，选聘了两位研究生校外实践选聘兼职研究生指导教师，共同联合指导培养研究生；在项目进行期间，校外指导老师提供了技术服务，并为实践基地人员提供了旁听支持；设计了课题项目，为研究生进入实践基地提供了课题支持；被选派的研究生在实践期间参与了多次培训和学术会议，发表了多篇 SCI 及中文核心论文。

一、基地选择

在本次项目的实践基地选择中我们从实践基地研究方向、师资力量、硬件设施配套、整体研究氛围四个方面进行考虑。最终选择依托农业部转基因生物安全评价（食用）重点实验室进行建设本实践基地。从研究方向上，该实验室以应用基础研究为主，主要开展以下四个方向的研究：转基因生物食用安全评价技术，重点研究转基因生物非期望效应检测与评价技术，构建体外细胞评价模型，转基因微生物安全评价研究，基因编辑等新型转基因生物的安全评价技术；转基因生物分子特征解析与检测技术，重点研究基因编辑等新型转基因生物的分子特征解析与检测技术及产品研发；转基因生物风险识别与预警技术，重点研究转基因生物风险交流与科普宣传；新型产品研发，采用基因编辑技术研制新型转基因生物。从师资力量上，该实验室具备雄厚的专家资源，可以为校外指导老师专家库的建设提供强有力的支撑。从硬件设施配套上，该实验室依托中国农业大学食品科学与营养工程学院和营养与健康系建立，食品科学与营养工程学院下设四个系和七个研究中心（重点实验室），学院现有 14000 平方米的实验办公大楼。营养与健康系总建筑面积 9826 平方米，已建有流行病学与人体健康评估、分子营养、肠道健康和营养组学等平台，大型仪器装备 500 余台/套。从整体研究氛围上，该实验室具有极其浓郁的学习氛围，建立了早上打卡制度，每周组会制度，周报制度，实验室公共管理制度，公众号总结制度，形成了浓厚的学习氛围和良好的学习条件，并具备经常性提供高水平学术交流机会的能力，有利于研究生在实践中成长。

二、校外指导老师专家库建设

2020 年 7 月，习近平总书记就研究生教育工作做出重要指示，要求党和政府提升导师队伍水平，为党和国家事业发展迫切需要培养造就大批德才兼备的高层次人才，足以可见导师在研究生培养中的重要意义。导师是硕士研究生的指路人、培养第一责任人，联合培养基地双导师制能够全面提高硕士研究生的学术理论和实践应用水平。具有丰富行业经验和学术经验的校外导师可以对研究生的学习工作起到较大的指导作用[2]。在基地建设中，我们根据专业导师资格要求，在实践基地建设第二导师专家库，结合学科研究方向和科研课题的实际情况，将研究生的学习分为校内学习和基地实践两个阶段，研究生在第一学年完成校内学习后进入实践基地开展校外实践，在双导师的指导下，通过学校和实践基地的紧密合作共同完成高质量的研究生培养。

在本次实践基地建设中，选聘许文涛教授、朱龙佼副教授为兼职研究生指导老师，联合指导培养研究生。许文涛为中国农业大学营养与健康系教授、博士生导师；农业农村部农业转基因生物安全评价（食用）重点实验室副主任；农业农村部农产品贮藏保鲜质量安全风险评估实验室（北京）副主任；农业农村部农产品质量监督检验测试中心（北京）副主任。长期从事功能核酸生物传感、纳米材料及靶向药物，精准毒理/营养检测与评价技术及合成生物学及生物技术食品安全 3 个领域的研究。主持国家自然基金面上项目、重大仪器专项、转基因重大专项等国家科研项目 7 项，省部级科研项目 5 项，其他横向课题 22 项。近 5 年研究成果以第一或通讯作者在期刊发表 SCI 收录论文 81 篇，其中多篇文章成为杂志的封面文章，1 篇入选 Elsevier 亮点文章，并出版多部中英文专著。参与标准制定 20 余项，获得国家授权发明专利 100 余项，获长城食品安全科学技术一等奖、中国食品科学技术学会科技创新二等奖等科研奖励 13 项。

朱龙佼为中国农业大学营养与健康系副教授，长期从事功能核酸生物传感及纳米材料生物传感体系、营养与环境安全领域的研究。曾主持国家自然科学基金青年科学基金项目，博士后基金一等面上项目，农业部开放基金课题等。以第一作者或通讯作者在《*Analytical chemistry*》《*Microchimica Acta*》《*Sensors and actuators B*：*Chemical*》等期刊发表多篇 sci 论文。

三、实践及课题研究情况

联合培养基地的建设对更好地培养拔尖创新人才和应用性复合型人才具有重要意义。食品领域硕士是以现代农业产业链和食品产业发展为宗旨的人才和技术需求为导向，培养农业与食品产业相对接的高层次应用复合型专门人才。本学位硕士的产业结合性强、实践性强、研究性强，具有解决农业、食品产业科研、生产、管理等一线工作中实际问题的能力。在本次提升实践基地在研究生实践教育环节的育人功能项目中，2019 级研究生杨鑫和杨敏 2 名研究生被选派至实践基地参与课题项目。在实践基地学习期间，两人完成了对于实验仪器的设备使用的实践训练，掌握了核酸适配体的相关实验原理及方法，如适配体的筛选、裁剪、亲和力验证等；对于功能核酸基序以及纳米载体的表征验证，已掌握荧光分光光度计、电镜等仪器的操作方法；对于基础分子生物学实验，已掌握基因的提取及纯化、PCR、凝胶电泳等实验技能；对于实验数据处理和原理图绘制，已熟练掌握 Origin、Spss、Photoshop 等软件的使用方法，具备了实验数据处理分析能力。经过培训，两名研究生分别以银纳米抗菌材料和孔雀石绿检测方法研究为研究方向，开展课题研究。

杨敏在实践基地学习期间，对 DNA/银纳米簇介导的功能核酸生物传感器进行了深入的学习和研究，完成了毕业论文，并以第一作者身份发表了多篇高水平文章，其中发表 SCI 论文 3 篇，中文核心期刊发表论文 1 篇。2020 年，在《Food Chemistry》（IF = 7.514）上发表的《ExoIII and TdT dependent isothermal amplification（ETDA）colorimetric biosensor for ultra - sensitive detection of Hg^{2+}》[3]，该文章结合比色生物传感器和双酶环扩增反应，建立了一种超灵敏、高特异性的 Hg^{2+} 检测方法，同时，该方法扩展了文献中现有的 Hg^{2+} 检测方法。2020 年发表在中文核心期刊《生物技术通报》的《DNA/银纳米簇介导的功能核酸生物传感器研究进展》[4] 对 DNA/银纳米簇介导的生物传感器的信号输出方式进行分类，并总结了 DNA / AgNCs 在体内成像和抑菌方面的应用。2020 年发表在《Frontiers in Chemistry》（IF = 5.221）的《The Fluorescent Palette of DNA - templated Silver Nanoclusters for Biological Applications》[5] 从合成和荧光性质的角度对 DNA - AgNC 进行了综述，并总结了其在荧光传感和成像方面的生物学应用。以及 2021 年发表在《ACS Applied Materials & Interfaces》（IF = 9.229）的《Aptamer - Functionalized DNA - Silver Nanocluster Nanofilm for Visual Detection and Elimination of Bacteria》[6] 将 DNA - AgNC 与细菌适配子相结合，实现了一种视觉检测和有效消除细菌的新方法。

杨鑫在实践基地学习期间，对基于无酶恒温扩增与表面等离子共振的孔雀石绿检测方法进行了深入研究，并完成了毕业论文。在该研究中，杨鑫通过磁珠与孔雀石绿适配体的结合，特异性的识别样品中的孔雀石绿，将具有等温无酶特性的杂交链式反应作为信号放大机制，表面等离子共振仪器作为信号输出装置，制备了一种生物传感器，可以快速、灵敏，无需对样品进行繁琐的前处理，实现对孔雀石绿的高特异性检测，对保障水产品的安全，加强对食品安全的质量控制具有重要意义。该传感器在 $10^{-9} \sim 10^{-4}$ mol/L 的线性范围内，$y = 7.15 + 0.72x$（$R^2 = 0.9984$），可检测到的最低浓度为 10^{-9} mol/L（0.36 μg/kg），证明该方法可应用于孔雀石绿的定量检测。

在实践基地学习期间，两名选派研究生向指导老师提交周报并得到回复超过40次，参与实践基地组会并在组会上超过40次，并在组会上就自己的研究方向的前沿文章进行分享汇报超过5次。通过周报的提交，研究生对每周的工作进队进行归纳总结，使工作条例更加清晰。在文章汇报中，学生选取10分以上文章对其内容进行，在组会上研究生分享自己研究方向学习的高分文献，并和组内同学进行交流，提高了对文献的学习能力和演讲汇报水平。此外，通过实践基地提供的平台选派研究生参加了包括全球分析科学与生化技术博览、第十九届北京分析测试学术报告会、北京适配体交叉学会青年大组会在内的学术交流超过10次。在北京分析测试学会报告会上，研究生们听到了包括湖南大学谭蔚泓院士、中日友好医院曹彬教授、北京大学黄岩谊教授等多位顶尖学者的汇报。在北京适配体交叉学会上，听到了北京理工大学屈锋教授、北京大学杨振军教授、首都师范大学娄新徽教授、北京大学杨振军教授等十几位行业顶尖学者的汇报。通过这些报告，研究生开阔了眼界，了解了行业前沿发展方向。

四、实践基地服务本校情况

除了被选派到实践基地学习的研究生得到了全方位地锻炼，各方面水平相比于未接受实践的研究生更高。实践基地的建立还加强了共建基地双方的交流合作，在本次提升实践基地在研究生实践教育环节的育人功能项目期间，实践基地多次组织人员到我校开展以食品安全为主题的讲座。《食品安全学》是研究食品中可能存在的、威胁人类健康的有害因素及其预防措施，以提高食品的卫生质量、保护食用者饮食安全的科学。它的研究对象是食物和人，即研究食物与健康的关系，主要是研究食物中的有害成分与健康的关系。可以培养学生从预防医学和食品科学的观点出发，掌握食品安全的基本理论、基本知识和基本技能，了解学科发展方向，结合生产生活实际，合理利用食物资源，预防食品污染和食物中毒，以提高健康水平。

此外，在实践基地建设期间，双方共同开展了新型、高效农产品质量安全检测技术示范推广工作。在本项目中，利用本校和实践基地共同研发的技术和快检产品、便携快检装备，示范应用了一批针对大桃、蔬菜等农产品的质量安全检测技术和检测试纸、试剂盒。拥有自主知识产权的快检设备包括：用于重金属离子高通量检测的六合一快速筛查试纸［ZL201510293981.8］，一种12通道微流快速比色水质检测装置［ZL201510628077.8］，一种10通道重金属检测仪（Y－

SJ10ZJ，10 种重金属离子），一种便携式可以同时检测 20 种重金属离子的快速检测仪［Y－100M］，一种用于农药残留检测的酶试剂盒，7 种用于真菌毒素分析的 ELISA 试剂盒，3 种可以用于农药残留快速检测的农药残留检测仪（Y－YJLNC、Y－JZNC、Y－SJ10NCA），20 种微生物 PCR 快速检测试剂盒等。依托本项目，在平谷区示范建立了 3 间快检实验室，分布在源头一线，全过程对农产品质量安全进行监督管理。规范的检测操作步骤是检测结果准确的保证。为方便基层人员易操作、快上手，制作了产品操作流程图，通过数字顺序操作的步骤，实现了操作“傻瓜”效果。此外，设计了产品流程化操作海报和培训手册，可以实现无人指导、按图操作，达到了友好型操作。一线人员作为食品安全的“前哨兵”，应当具有良好的操作意识和操作能力。通过对一线人员进行食品安全风险因子的危害科普，提高了他们的安全意识。通过书面讲解和实际操作演示，对合作社的工作人员开展从样品采集、样品前处理、设备使用等方面的培训，使他们具备了进行快检产品操作的能力。目前此项目已开展 4 次培训，培训人数 200 人次，组织观摩 4 次，观摩人次 453 人次，组织宣传 3 次，受众 298 人次。通过此项目，双方在中文核心期刊《生物技术通报》上发表了《四环素双价适配体非酶免标记传感器》[7][8]，在《生物技术进展》上发表了《功能核酸概念的内涵与外延》[9]。

五、结论

在本实践基地建设中，双导师制度的优势得到了充分的体现，基地导师给予了参与实践的研究生充分的指导，与基地合理的成果分配。这使合作产生了丰硕的成果，因此在未来双方将在以下几个方面进行更加密切的合作，使实践基地实现长效的运行并搭建完善的沟通机制。首先，继续加强对硕士研究生的培养，使研究生在博士申请、工作申请方面具备更大优势；其次，继续合作申请课题，开展深入的科研合作；最后，不断规范化合作模式，为其他实践基地的研究生实践教育的开展提供范本。

参考文献：

［1］刘铸，金志民，宗宪春，等．生物学学术型硕士研究生科研实践基地建设模式初探［J］．黑龙江畜牧兽医，2016，（11）：246－248.

［2］燕艳，陈磊，张洪海．基于实践基地的“两阶段，双导师”制生态学专业研究生培养模式的实证研究［J］．高教学刊，2017，（24）：19－22.

［3］Xyl A.，Zhd B.，Sl B.，et al. Exo III and TdT dependent isothermal amplification (ETDA) colorimetric biosensor for ultra - sensitive detection of Hg^{2+} [J]. 316.

[4] 杨敏，李舒婷，杨文平，等. DNA/银纳米簇介导的功能核酸生物传感器研究进展 [J]. 生物技术通报，2020，36 (6)：10.

[5] Yang M., Chen X., Su Y., et al. The Fluorescent Palette of DNA - Templated Silver Nanoclusters for Biological Applications [J]. Front Chem, 2020, 8: 601 - 621.

[6] Yang M., Chen X., Zhu L., et al. Aptamer - Functionalized DNA - Silver Nanocluster Nanofilm for Visual Detection and Elimination of Bacteria [J]. 2021.

[7] 兰欣悦，刘宁宁，朱龙佼，等. 四环素双价适配体非酶免标记传感器 [J]. 生物技术通报，2021：1 - 9.

[8] 李相阳，许文涛，兰欣悦，等. 一种四环素双价适配体序列及非酶免标记检测方法 [J].

[9] 许文涛，杨敏，朱龙佼，等. 功能核酸概念的内涵与外延 [J]. 生物技术进展，2021，11 (04)：446 - 454.

全日制专业学位硕士研究生校外实践基地建设探索

——以北京农学院植物保护专业为例*

高坦坦　赵晓燕　任争光

摘要：专业学位研究生联合培养实践基地是实现全日制专业学位研究生培养目标的重要条件保障，也是应用型人才培养的主阵地。本文从分析专业学位研究生实践基地建设的重要性入手，结合植物保护专业研究生校外实践基地建设中存在的问题，提出强化“双导师制”遴选，培育产学研合作项目，建立资源共享、平台公用模式，为植物保护专业全日制专业学位硕士研究生校外实践基地建设提供可行的对策。

一、引言

我国研究生教育质量与国家发展和人民需求还有较大差距，必须加快从以学术型人才培养为主向学术型人才与应用型人才培养并重转变，加快硕士研究生教育从以学术型为主向以应用型为主转变。尤其是在经济、科技、教育等全球化大背景下，我国传统教育方式培养的学术型研究生人才在实用性、创造性、适应性等方面存在较大的局限性，不能更好地适应当今社会发展的要求。自 2009 年起，教育部开始增加招收全日制专业学位硕士研究生。在教育部下发的《关于做好全日制硕士专业学位研究生培养工作的若干意见》中指出：全日制专业学位研究生

* 基金项目：北京农学院学位与研究生教育改革与发展项目（项目编号：2021YJS024）。通讯作者：高坦坦，博士，北京农学院生物与资源环境学院讲师，主要从事植物病害生物防治研究。电子邮箱：gaotantan0537@163.com。

培养目标是培养掌握某一专业或职业领域坚实的基础理论和宽广的专业知识、具有较强的解决问题能力、能够承担专业技术或管理工作、具有良好职业素养的高层次应用型专门人才[1]。专业学位研究生教育是以专业实践为导向，强调实践应用和对知识技术的开发，目标是培养高层次应用型专门人才[2]。发展专业学位研究生也是实现教育现代化，推动产业转型升级，提高创新能力，培养复合型和应用型人才，应对国际社会激烈竞争的需要[3]。

为了区别于学术型研究生的培养，专业学位研究生的培养需要从课程建设、专业实践和学位论文三个环节做出系统改革。一是专业学位研究生的课程设置和内容要与学术型研究生不同，应偏重实践应用知识；二是专业实践需要加强，建设相应的校外专业实践基地；三是学位论文要改革，选择应用型题目，进行实践技术研发。高校可通过自身持续的努力完成课程设置和学位论文的改革，即专业型研究生与学术型研究生课程分开设置，加强相关课程的优秀案例库建设；学位论文选择应用型课题进行研究。但是校外专业实践基地的建设需要借助企事业单位和科研院所的配合才能达到目标。鉴于此，专业学位研究生专业实践基地的建设就显得尤为重要。校外研究生联合培养实践基地是有效培养研究生发现和解决问题、提升其综合素质和能力的重要载体，联合基地的建设效果也将是决定全日制硕士专业学位研究生教育质量的核心要素之一[3]。

学校植保学科围绕我校“立足首都、面向京津冀、辐射全国”的办学定位，以服务都市型现代农业为宗旨，以农产品和农林生态环境质量安全为切入点，针对北京都市型现代农业的主要生产方式——设施农业和观光农业，重点开展了主要园艺、园林植物病虫害发生机理、周年辗转发生规律、绿色防控技术，相关农用投入品的环境影响与评估等领域的研究。2010 年，学校植物保护系开始招生资源利用与植物保护全日制专业学位硕士研究生。近年来，为了更好地提升专业学位研究生的实践应用能力，使毕业生更符合社会发展的需求，我们在资源利用与植物保护（植物保护方向）专业学位研究生校外专业实践基地建设进行积极探索，取得了一定进展，已与一定数量的企业和科研单位合作建设了研究生实践基地。

二、加强专业学位研究生专业实践基地建设的重要性

（一）建设联合培养实践基地是国家对全日制专业学位研究生培养的基本要求

针对全日制专业学位研究生培养实践环节，教育部提出刚性要求，明确专业学位研究生必须到实践单位完成至少半年的实践学习，可灵活采用集中实践与分段实践相结合的方式[1]。2013 年，教育部、国家发展改革委和财政部三部委联

合下发《关于深化研究生教育改革的意见》文件，提出建立以提升职业能力为导向的专业学位研究生培养模式[4]。针对产学结合的培养需求，各高校应积极联合当地具有影响力的企事业单位和科研院所，调动合作单位的积极性，共同参与人才培养，建立研究生联合培养实践基地，组建专业化指导教师团队，以此加强专业学位研究生的实践教学环节，并推动专业学位与职业资格的紧密衔接。建设多种形式的专业型研究生联合培养实践基地使专业学位研究生在理论学习的同时可以深入实践，为今后适应职业的工作需要做好充分准备。

（二）建设联合培养实践基地是培养全日制专业学位研究生的关键环节

专业学位研究生的培养重点是以专业实践为导向，重点培养研究生的实践和应用能力。研究生实践基地建设是培养高层次应用型人才的必备条件之一，提升了研究生的专业实践能力。专业实践是研究生积累实践经验、适应未来职业发展要求的重要环节。专业学位研究生的培养采用“双导师制”，高校聘任实践基地的高水平的专家作为校外第二导师，与校内导师合作共同培养研究生，提升专业学位研究生的思想水平、政治觉悟和道德品质。根据研究生的特点和双方的合作，校内导师与校外导师共同设计研究生的个人培养计划、安排实践训练的时间和任务、指导研究生的论文选题和毕业答辩等，以使专业学位研究生的培养设计更加符合培养目标要求。高校与企事业单位和科研院所联合建设的研究生创新专业实践基地推动了实践基地在专业学位研究生培养中的积极作用，大力促进了产学研的结合，提高了研究生培养质量。

专业学位研究生普遍缺乏社会经验，毕业后不能很快地适应工作单位。通过建设实践基地，研究生进入开展实践训练，不仅可以获取课堂和书本上涉及不到的实践知识，还有机会参与技术开发创新过程。更重要的一点，通过在实践基地学习，研究生可以初步接触到社会，对社会有了新的认识，从而端正求职的心态，正确调整职业规划，提高研究生综合素质。通过实践基地的建设，双方单位加深了交流与合作，高校根据企事业人才需求不断调整人才培养目标和方案，培养出更符合社会需求的高层次人才。

三、我校植物保护专业实践基地建设存在的问题

在北京农学院，植物保护学科全面开展培养全日制专业型硕士学位研究生仅十几年的时间，经验不足，培养模式还在摸索优化过程中。专业学位研究生的培养体系在不同程度上受学术型研究生培养模式的影响。尤其，专业实践是一个薄弱环节，还需要加强建设。植物保护专业学位研究生实践基地建设常存在以下问题：

（一）专业实践环节薄弱，实践基地建设滞后于专业型研究生培养规模的扩展

近几年，北京农学院植物保护专业学位研究生的招生规模不断扩大，但是研究生的培养体系还未得到系统优化，尤其是校外专业实践基地建设发展缓慢。植物保护专业对全日制专业学位硕士研究生的培养仍然以传授理论知识为主，研究内容仍以校内第一导师的课题为主，对实践内容未实行严格考核。建设校外实践基地的数量有限，许多实践基地建设资金投入不足，没有与本专业建立紧密的合作关系，导致实践基地建设滞后于植物保护专业学位研究生实践教学需求。

（二）联合企业共建专业实践基地待加强

国家鼓励高校联合本领域具有代表性的企业建立专业实践基地，但是在实际推行过程中发现很多企业缺乏与高校共建研究生实践基地的积极性。一是进入企业实践的研究生缺乏操作经验，很难在短时间内协助公司技术人员解决公司出现的一些技术难题；二是研究生短期的实践可能会扰乱企业正常生产经营，导致企业不愿接受在读研究生的短期实践；三是企业还要负责研究生的思想教育、技术培训、成绩考核、人身安全等问题[5]。以上原因造成企业不积极与高校合作建立研究生实践基地。

（三）缺乏专业型导师和产学研合作项目

专业学位研究生的培养采用“双导师制”，但是在合作的企事业单位和科研院所中，在专业型导师和产学研项目方面存在局限性[5]。高校中第一导师大多缺乏实践经验，而企业中的技术人员，高级职称占比较少，高学历的人员更少，且技术人员平日忙于自身岗位的工作，难以参与研究生的人才培养计划制定、论文选题、实践研究等过程。科研院所符合导师资格的人员也有限，这就出现一位校外导师指导多名研究生的现象，严重影响了研究生的培养质量。有的实践基地与高校并无实质性技术合作，很多研究生进入实践基地后就按照校外导师的科研项目或者所在的技术岗位要求，从事短期性的工作，并无后期延续工作，缺乏持续性的高校—实践基地“产—学—研”合作项目。

（四）实践基地缺乏严格的管理制度

学校植保专业对于研究生实践基地的规章管理制度还处于探索完善阶段。一方面，虽然与实践基地已签订协议，但是进入基地开展实践训练的研究生数量并不多，导致实践基地单位缺乏配套的管理人员和管理制度。另一方面，学校和实践基地单位双方对导师任务、研究成果归属、青年教师培养等方面的规章制度都不完善。以上因素都将影响研究生在实践基地开展科研实训。

四、专业实践基地建设的改进措施

（一）加强校外实践基地建设

第一，扩大校外实践基地数量，满足学校植保专业学位研究生的实践需要。学校植物保护专业联合企事业单位和科研院所，以互利共赢为宗旨，构建长远发展战略，不断挖掘和扩充校外实践基地数量，为学校植保专业全日制专业学位硕士研究生搭建实践平台，确保每一位专业学位硕士研究生都可以进入实践基地开展科研实训，提高他们的实践能力。第二，组织学校植物保护专业导师深入实践基地，参与指导研究生的实践训练。鼓励学校植保专业导师积极深入实践基地考察研究生的实践课题和实践训练，根据实践环节中研究生的实践技能、实践能力和创新能力的需要，不断完善专业型研究生的课程设置体系，转变课程教学模式，校内外导师与学生共同探讨实践性课题的设计和研究，强化课程和研究课题的实践创新性[5]。

（二）确保研究生进入基地实践

植物保护专业学位研究生实践的顺利开展需要本专业教师、研究生和实践基地的相互配合。在建设校外实践基地前期，与实践基地单位签订合作协议，明确学校植物保护专业学位研究生进入实践基地需要完成的任务以及实践基地导师对研究生的培养。在后期研究生学习过程中，确保把学校植物保护专业的研究生送入实践基地进行至少6个月的实践训练，使本专业研究生在实践单位扩展专业知识，提升解决实际问题的能力。

（三）加强专业型“双导师制”建设

全日制专业学位研究生的培养质量不仅与研究生培养的各个环节密切相关，而且与导师在整个培养过程中发挥的作用密不可分[6]。校内导师与实践基地导师紧密合作，共同培养高质量的研究生。完善研究生导师遴选条件，加大在合作的企事业单位和科研院所中遴选具备指导应用型研究生能力的专家担任基地导师。双方导师合作指导专业学位研究生，增加研究生的实践创新能力和进行职业规划的能力。通过选派高校导师进入实践基地，一方面提升高校导师的专业实践能力，另一方面为基地导师讲解植保专业学位研究生的培养方案、培养目标和实践任务等，提高基地导师的专业素质，有利于他们有计划、有目标地培养研究生。鼓励基地导师进入高校与高校导师开展交流与合作，提升基地导师的专业理论知识，并让基地导师参与研究生的整个培养过程（如参与专业学位研究生的个人培养计划制定、论文开题和中期检查、实践考核、毕业论文答辩等），以进一步提高基地导师对研究生的指导能力。

（四）培育产学研合作项目

针对本专业与实践基地单位欠缺合作项目，本系教师制定了相关的措施。我们准备召开本系研究生导师和实践基地单位导师座谈会，鼓励双方单位合作人员结合各自的研究方向，共同探讨出具有应用价值的合作课题，促使高校导师的基础课题向应用课题转换，提高研究生实践训练的积极性，在实践创新方面得到锻炼和提高。在企业建立实践基地，双方合作的科研项目要围绕企业和产业需求设立科研攻关项目，通过项目合作将企业技术人员和高校导师紧密联系起来，保证校内外导师共同参与研究生培养的全过程，精心指导研究生的科研实践训练，使研究生培养更符合本行业的实际需求。

（五）完善实践基地管理制度

学校植物保护专业学位研究生与企事业单位和科研院所合作建立研究生实践基地，为达到长久合作的效果，必须建立严格的管理体系和完善的实践基地管理制度。本专业与合作单位共同加强对实践基地管理，制定长远、科学的实践教学基地建设与发展规划，以互利共赢为宗旨，签订合作协议，明确学校和合作单位双方的权利和责任，包括对研究生的管理、研究生在实践基地须完成的实践任务、青年教师的培养、知识产权的归属、师资共享、平台互用等，实现资源共享，优势互补；同时分别从本专业和合作单位遴选一定数量的人员负责专业实践基地的管理工作，确保研究生在实践基地能够顺利开展实践工作，充分发挥校外实践基地在植物保护专业全日制专业学位研究生培养过程中的积极作用。

参考文献：

[1] 教育部．关于做好全日制硕士专业学位研究生培养工作的若干意见[Z]．教研〔2009〕1号．2009-3-19.

[2] 国务院学位委员会，教育部．专业学位研究生教育发展方案（2020-2025）[Z]．学位〔2020〕20号．2020-9-25.

[3] 文冠华，姜文忠，陈宏量．抓好专业实践环节确保全日制专业学位研究生培养质量[J]．学位与研究生教育，2010（8）：1-4.

[4] 教育部，国家发展改革委．财政部．关于深化研究生教育改革的意见[Z]．教研〔2013〕1号．2013-3-29.

[5] 马凤才，郭永霞．研究生实践基地的功能及其实现［J］．高等理科教育，2014（3）：31－34.

[6] 李冬野，张义峰，陈蕊，等．全日制专业学位研究生实践基地建设研究［J］．现代商贸工业，2014（18）：93－94.

北京农学院研究生会改革现状研究*

夏 梦

习近平总书记致全国青联第十三届委员会全体会议和中华全国学生联合会第二十七次代表大会的贺信中提到，“青联和学联工作是党的青年工作的重要组成部分。各级党委和政府要加强对青年工作的领导，关心和支持青联和学联工作，为广大青年和青年学生增长才干、施展才华创造良好条件。青联和学联组织要紧跟时代步伐，把握青年工作特点和规律，深化改革创新，组织动员广大青年和青年学生坚定跟党走、奋进新时代，为党和国家事业发展作出新的更大的贡献”。

为深入学习贯彻习近平新时代中国特色社会主义思想，认真贯彻习近平总书记关于青年工作的重要思想，全面落实《关于推动高校学生会（研究生会）深化改革的若干意见》，支持和引导学生组织更好地服务青年学生成长、成才，北京农学院党委常委会于2020年第十五次会议审议通过了《中共北京农学院委员会深化学生会（研究生会）改革的实施办法》。

我校研究生会作为研究生群体的重要组成部分，在开展思想引领、烘托学术氛围、丰富校园文化等诸多方面都有着积极的促进作用。以往研究生组织的部门设置、人员比例、院校联系、活动安排等方面的工作都要根据改革要求进一步精简、细化、完善、创新。2020年11月27日，北京农学院第七届研究生代表大会顺利召开，选举产生了新一届研究生会主席团成员，部门由原来的8个精简为6个，这也是贯彻落实研究生会改革的重要一步，掀开了我校研究生会组织崭新的篇章。2021年10月24日，北京农学院第八届研究生代表大会的召开，继续推动、深化改革。

本次研究旨在调研北京农学院研究生会近两年来的改革措施和进展，针对研

---

* 基金项目：北京农学院学位与研究生教育改革与发展项目（2021YJS082）。作者：夏梦，北京农学院研究生处。

究生会在改革过程中存在的问题进行重点学习和讨论。通过探讨改革过程中的良好做法及暴露出的问题，积极寻找对策，坚持问题导向深化改革。帮助我校研究生会进一步理顺工作任务、优化组织架构、提高工作效能，深入贯彻落实《中共北京农学院委员会深化学生会（研究生会）改革的实施办法》，有序、有力地推进我校研究生会改革。

一、我校研究生群体特点

研究生的特点与本科生群体有较大不同。除了应届本科毕业生，还存在部分有过社会工作经历的往届生，生源来自不同地域、年龄跨度也较大。以北京农学院为例，截至2021年年末，全日制在校研究生为1300余人。作为一所市属高校，大部分学生为京内生源，由于学校具有首都高校的吸引力，因此来自全国各地其他省份的学生数量亦占据一部分比例。鉴于我校市属院校特点，本校本科学生升入研究生数量约为46%。我校研究生以两年制专硕为主，三年制学硕占40%左右。研究生的培养模式与本科生不同，在课程学习、科研实践、生活娱乐等方面较为自由且分散，集体意识不强，开展集体活动难度较大。导师较多地主导了研究生的学习和科研生活，班级组织、党团组织形式较为松散，而且不少导师存在重科研指导轻教育管理的理念，不支持研究生参与研究生会或其他集体活动，这也为研究生会的组织管理工作带来了阻碍。

二、北京农学院研究生会现行体制

研究生会加强组织建设，是维护内部稳定有序的基础，是服务广大研究生同学的前提。2020年11月27日，北京农学院第七届研究生代表大会顺利召开，选举产生了新一届研究生会主席团成员3人，执行主席1人，部门数量依据我校研究生会工作的实际情况由原来的8个精简为6个，分别为办公室、学术部、生活部、文体部、外联部、宣传部，研究生会干部27人。2021年10月24日，北京农学院第八届研究生代表大会召开，主席团人数及部门设置较上届维持不变，研究生会干部人数略有增加，为37人。部门设置几乎涵盖研究生学习、生活的各个方面，满足研究生的多方面需求。本届研究生会干部中党员比例和学硕比例较上一年度均有增加。由于我校研究生体量较小，因而院级研究生会的设立也具有局限性。有的学院学生人数少，暂未设立院级研究生会，仅设专人负责与校研究生会进行联络。造成校院两级研究生会缺乏必要的沟通、交流、联动。

三、我校研究生会当前存在的问题

（一）学生干部整体水平有待提升

北京农学院研究生体量较小，热心参与研究生会的人数较少。为了保证各部门干事人数，在招新时，除学业成绩实在不合格的同学之外，所有报名干事的学生均入选校级研究生会。因此，很多干事加入研究生会缺乏明确的服务意识。随着时间的推移、压力增大、学业困难等，不少学生的工作热情逐渐消退。此外，因研会干部中两年制专硕占据较大比例，换届时第一年为干事的专硕学生因担心学业、就业压力，往往不会参与第二年的研会工作。部分学生因工作投入多、轻学习，导致第二年竞选时学业成绩未能达到要求。这也导致了需要重新培养干部，整体水平有待提升的状况。

（二）“校院班”三级联动机制有待进一步加强

有些学院规模小，在校研究生只有几十人，尚未成立院级研究生会，导致校与院之间，院与院之间人员沟通不畅，信息得不到及时共享，校研究生会的活动无法在研究生群体中广泛开展。校、院之间缺乏高效便利的沟通合作机制，各自独立的管理模式导致信息互通、资源共享难以实现，更谈不上发挥共生效应，实现优势互补。

（三）研究生会干部服务同学的意愿和能力不足

北京农学院研究生会因人数少，导致工作强度大，花费时间组织的活动中，研究生参与度和积极性不高。反之，也导致研究生会干部服务同学的热情削减，组织活动的创新性和质量减弱。加上激励措施不够，干部积极性难以得到有效维持，不利于研究生会的建设与发展，从而无法在研究生群体中产生影响力。

（四）缺乏相对独立的办公地点

学校办公用地紧张，研究生会目前没有独立的办公地点，导致学生在策划活动、商讨会议时受到局限，活动组织多要借助研究生处办公室，研究生感受不佳，容易产生始终依附于教师指导的情绪，阻碍自发性工作。

四、我校研究生会组织改革与创新路径

（一）规范校研究生会队伍建设

根据北京农学院研究生群体特点加强研究生会组织建设。在干部选拔时，争

取扩大学硕研究生占比。加强与二级学院的沟通，从院级研究生组织中挖掘潜在干部，健全考核、激励制度，提高学生干部的责任意识。规范工作流程，增强研会干部归属感、组织凝聚力。

强化系统培训，增强理想信念教育和党史国情教育，提升干部思想政治水平，打牢夯实思想引领基础。明确岗位职责，抓好主责主业。学生干部首先要把学习作为第一要务，在保证学业的前提下做好研究生会工作，始终秉承全心全意为广大同学服务的宗旨。研究生会的工作应是服务而不是管理，要提升研究生会干部的服务意识，树立“以学生为中心”的理念，同时建立激励机制，让研究生会干部在服务中收获幸福感、成就感。从教师指导、被动服从，逐步转化为自我管理、自主服务，这样才能打造出更能满足我校研究生需求、大家喜爱的校园文化和活动，进而提升研究生会的凝聚力、吸引力，提高研究生群体的思想觉悟和道德水平。

（二）加强校院班三级联动

首先要加强宣传、解读《改革实施办法》中关于校院班的三级联动机制，完善院级研究生会组织建设。院研究生会应根据各学院专业特色组织活动服务本院研究生。研究生工作部对校研究生会工作予以积极的指导和反馈，帮助实现“校院班”三级联动，加强院和校两级研究生会的沟通和交流，互相学习、借鉴好的经验、做法。细分校研究生会的各类活动，根据各院特色由院研究生会承办、承接、落实。

校院班三级联动制度应充分发挥纽带作用，及时传达学校相关精神，关注学生思想倾向。维护学生正当权益，做好学生的维权服务。学生的需求可以通过班级、院级研究生会及时向校研究生会反馈，建立多层次、多形式的有效沟通机制。

（三）健全项目化工作机制

研究生会工作要围绕研究生开展。要明确工作目标、任务，细化工作机制。研究生会应结合各项工作实际情况，采取项目申报方式制定科学、可行的活动计划，以此广泛吸引对项目感兴趣的学生参与，利用招募志愿者的方式，落实研究生会工作目标。

（四）搭建新媒体“网上研会”平台

借助当前学生“手机不离手”的特点，注重搭建新媒体平台，将其作为校研究生会的沟通载体和工作平台。为提升研究生干部新媒体平台的运营水平，本学期特为相关学生申请到了免费新媒体培训课程，帮助校研会打造符合我校研究生需求、强化思想引领、服务青年成长的信息平台。根据公众号后台互动情况，及时反馈受众反应，调整服务内容和重点。

新媒体平台也是向外界展示研会工作，接受外界监督的媒介。学校可以利用新媒体平台搭建活动评价和投诉建议通道，帮助研究生会进行自我监督。

五、研究生会改革对研究生教育发展、育人的影响

研究生会既肩负着传达学校精神、协助学校职能部门对研究生进行教育管理的职责，也代表着广大研究生的利益、为全校研究生做好服务。其应该是研究生教育管理工作的有力助手，是和谐健康校园文化的倡导者，是营造校园学术氛围的重要力量。因此，校研究生会干部要先“育自己”，提升自我管理、工作创新、服务水准等方方面面。进而发挥引领作用，开展形式多样的学术活动，丰富多彩的文体活动，营造开拓创新、求真务实的文化氛围，激发研究生会在研究生教育管理中的育人能效。

参考文献：

[1] 白浚宇．全面深化改革背景下高校学生会改革与创新路径研究［J］．成才，2021.10（上）：73－74.

[2] 吴杰，施有禄．高校学生会干部培养路径探析［J］．现代交际，2021（9）：52－54.

[3] 汪家擎，高书杰．新时代推进高校学生会组织改革与建设研究［J］．现代商贸工业，2021（21）：110－111.

[4] 习近平．习近平致全国青联十三届全委会和全国学联二十七大的贺信［J］．中国共青团，2020（16）：5.

[5] 高慧．高校学生会组织改革与组织力提升策略探讨［J］．陕西教育（高教），2021（8）：49－50.

[6] 赵伯妮．学联学生会改革背景下高校学生会组织建设探析：欣赏式探询视角［J］．科教文化，2021（30）：33－35.

[7] 李允超．新形势下地方高校研究生会 在研究生教育管理中的能效发挥——以苏州科技大学研究生会为例［J］．科教导刊，2017（7）（上）：173－175.

[8] 杨蓉．高校研究生会“放管服”改革探究［J］．东华大学学报，2019（3）：301－305.

[9] 刘国娜．新形势下关于高校研究生会建设的思考［J］．开封教育学院学报，2018（38）：22－123.

[10] 崔永晶．基于无物质激励的高校学生组织管理模式探究——以兰州大学学生组织为例［J］．大学教育，2020（12）：183－193.

研究生培养管理中思想政治工作的实践*

——以北京农学院生资学院为例

申维维　尚巧霞　刘续航

摘要： 在研究生培养管理中，思想政治工作起到了引领性的作用。习近平总书记关于教育的重要论述、全国高校思想政治工作会议、全国教育大会、北京教育大会精神和学校党委要求，围绕立德树人根本任务，坚持遵循学生成长成才规律和思想政治工作规律，结合学院学科专业特点，健全全员育人、全过程育人、全方位育人的体制机制，着力培养德智体美劳全面发展的新时代知农爱农新型人才。

对在校研究生开展深入而全方位的思想政治教育，是新时代发展背景下开展研究生工作改革的重大措施，是学校落实德育基本任务，构建德、智、体综合人才培养体系的重要切入点，从当前教育改革的背景出发，在分析问题的基础上提出了思想政治教育实践工作中研究生思政管理的改革措施[1]。北京农学院生物与资源环境学院研究生培养管理坚持“厚基础、重技术、强实践”的基本思路，并不断探讨摸索研究生培养管理体系。

一、研究生培养管理中思想政治工作现状分析

（一）思想政治观念薄弱

高校中研究生群体组成复杂，不同年龄段研究生成熟度、思想层次各有差

* 基金项目：2021 年北京农学院学位与研究生教育改革与发展项目，项目编号：2021YJS062。作者：申维维，北京农学院生物与资源环境学院组织员，党支部书记，科研秘书，高校研究生教育管理，电子邮箱：545126824@ qq. com。

异，使研究生管理中心思想政治工作难以开展，致使其政治思想薄弱。以生物资源环境学院研究生为例，研究生的理论学习和科研项目都是以科研团队为单位开展，而且研究生培养模式有专硕和学硕两种，培养年限也不一样，加之有联合培养、校外联培、外出实验、实习等特殊情况，导致研究生党支部工作开展较为困难，影响了研究生思想政治工作进程[2]。另外，研究生一年级学生学业压力较大，高年级的研究生实验、毕业设计及实践压力较大，致使研究生思想政治教育的学习时间较少，研究生党支部开展思想教育活动阻力较大，导致思想政治教育工作效果不佳。久而久之，研究生党员出现党员身份认同感降低，缺乏集体意识等情况，研究生党员思想政治工作难以发挥实效性[3]。

（二）思想政治工作形式单一

高校研究生扩招导致研究生党员数量增加，同时研究生联合培养、校外实习的数量也在增加，研究生支部多以研究方向、专业划分，各专业之间存在盲区，影响了研究生思想政治工作的开展。研究生思想政治工作开展形式较为单一，多以党支部主题党日学习为主，以简单的传授形式开展，难以激发研究生参与的兴趣，导致研究生参与情绪不高，参与度与较低，使思想政治工作效果不佳[4]。

（三）思想政治工作管理弱化

研究生导师注重关注学生学业成绩、科研进度，而忽略了研究生思想政治工作的落实。研究生党支部党员流动快，人员不稳定，党支部委员换届快，党支部工作连续性受影响，研究生学业较紧张，研究生高年级在完成毕设的同时要面临就业的压力，因此给研究生思想政治工作开展带来挑战。

二、研究生培养管理中思想政治工作路径的探索

（一）强化研究生思想政治工作意识形态教育

随着网络时代的到来，当代学生一方面享受现代文明的硕果，另一方面被各种思想所左右，部分学生无法分辨真假是非，更加无法判断复杂的情况。另外，少数西方不良价值观念与文化思潮也不断消解着主流意识形态的认同。因此，高校需要加强研究生的主流意识形态教育，推动其深入学习贯彻习近平总书记系列重要讲话精神和治国理政思想，同时积极开展研究生理想信念教育，引导学生锻炼强健体魄、保家卫国、勇担时代重任、清楚个人理想与使命，从而将其培养成为德智体美劳全面发展的社会主义建设者和接班人[5]。同时，高校还要提升研究

生理论与实践应用能力，推动其多学习专业、非专业、跨学科知识，用知识武装自己，多学习党史、中国近代史、新中国史，感受祖国的强大，坚定自己的信念，以此来不断加强研究生主流意识形态教育[6]。

（二）丰富研究生思想政治工作形式

1. “感悟信仰力量，激发奋斗热情”红歌传唱活动

为了更好开展党史学习教育，生物工程研究生党支部用经典歌声讲述党史故事，通过或宛转悠扬或铿锵有力的歌声再现中国共产党100年辉煌历程。通过红歌传唱活动展示了学院师生的精神风貌，在师生中营造了庆祝建党百年华诞的热烈氛围。

2. 组织开展《中国共产党简史》诵读活动

学院党总支以党史诵读形式引领全院师生共同学习党史，做到知史爱党、知史爱国，坚定不移听党话、跟党走，立足本职勇担使命，以昂扬姿态投身全面建设社会主义现代化国家伟大实践中，以优异成绩迎接建党100周年。

3. 微党课，让党员教育“潮”起来

党课教育是对党员进行党性教育的重要形式，作为“三会一课”重要内容之一，是党员队伍建设的一项重要抓手，在党组织建设中有着十分重要的地位和作用。然而，由于受众群体、新兴媒体等因素的变化，传统的党课教育逐渐显现出形式单调、交流不够、吸引力不强等问题，因而其重要作用受到削弱。生物工程研究生党支部坚持在实践中探索，在探索中思考，围绕解决党员教育的“中枢梗”，创新建立了“微党课”党员教育长效机制，拉近党员与党课之间的距离，构建起了党员自我教育、自我提高新平台。微党课党员教育长效机制的实施，使广大党员坚定了信念、锤炼了党性、改进了作风，从广大党员在工作生活中的一言一行上切实增强研究生培养管理中思想政治工作。

三、打造研究生培养管理中思想政治工作“品牌化”“精品化”

（一）将政治建设放在首位

《中共中央关于加强党的政治建设的意见》中提出，需要将政治建设作为一切事物的统领，将政治标准与政治要求贯穿于党的纪律建设、思想建设、组织建设、作风建设、制度建设中，始终坚定不移地将防腐败斗争坚持到底[7]。因此，打造研究生培养管理中思想政治工作“品牌化”“精品化”时，必须推动从严治党横向发展与纵向发展，全面引领、带动研究生培养管理中思想政治工作质量的

全方位提高。

（二）结合专业特色，开展研究生培养管理中思想政治工作

由于研究生专业不同，其具备的特征不同，在研究生培养管理中，导师要不断地将思想政治工作融入日常的课程，使学生在潜移默化中受到影响，导师应积极主动提高自身思想政治水平，使用滋生的思想道德专业素养培育出更加吃苦耐劳、乐于奉献的研究生[8]。坚持立足行业和北京需求，助力乡村振兴，提升社会服务贡献。在乡村发展、乡村建设、乡村治理的重点工作中紧抓机遇，为乡村振兴战略取得新进展、农业农村现代化迈出新步伐贡献北农力量。

（三）重视党建与思政工作的实践性

高校在开展研究生的党建与思政工作过程中，研究生培养管理中思想政治的实践性显得尤为重要，这种实践性可依托于辅导员和导师，保证学生在开展课内学习时适当地融入实践性活动，结合不同专业的学科特点，例如资源与环境专业的学生可以适当地组织学生进行地质勘查。在艰苦困难的环境下进行学习，能够培养研究生吃苦耐劳的精神，在此基础上对其加以引导，便能够让实践活动成为培养学生爱国主义的机会，让学生充分地体验到长征精神、抗联精神，在实际的工作、学习中接受爱国教育的洗礼，能够起到事半功倍的作用。

参考文献：

[1] 王应密，叶丽融．我国研究生教育规模扩张的发展失衡与应对［J］．黑龙江高教研究，2020，38（11）．

[2] 闫弢．高校基层党建工作高质量发展研究与探索［J］．学理论，2020（10）：110－111．

[3] 任怀艺，白本锋．基于SWOT分析视角的研究生党建工作体系构建与实施研究［J］．学位与研究生教育，2018（5）：29－34．

[4] 魏宛航．提升高校硕士研究生党支部党建工作的对策探析［J］．吉林教育，2018（7）：35－37．

[5] 杨戴竹，白一龙．以党建工作为核心构建研究生思政教育新机制［J］．吉林化工学院学报，2018（6）．

[6] 郝凤艳．高校学生党支部建设与思想政治教育工作的融合对策研究［J］．呼伦贝尔学院学报，2020，28（4）：23－31．

［7］刘云，吕晨曦．新时代研究生思想政治教育路径科学化研究［J］．辽宁师范大学学报（社会科学版），2019，42（06）：33－35.

［8］赵俊．共同主体：思想政治驾驭主客体关系的实存［J］．思想教育研究，2019（5）：67－68.

高校学生党员发展全过程量化考评体系探索

——以经济管理学院为例*

邬　津　张晓凤　董利民　段玉馨　靳晓熙

摘要：党的十八大以来，党中央针对党员发展和教育管理提出了全面从严的要求并颁布了一系列文件。为了切实在基层执行好、落实细上位要求，本文以北京农学院经济管理学院党员发展、教育和管理工作为研究点，从学院特色和学生特点出发，细致梳理、总结、探索、提升、优化了大学生党员发展的全过程量化考核体系。

高校学生党员培养发展、教育管理是一项系统工作。长期以来，高校学生党员发展工作是高校学生党建工作的关键部分，但是一直以来高校党员发展的关键点主要集中在临发展前的“少数关键”选拔环节，通过辅导员、班主任、导师以及高年级学生干部的集中定性评定选拔学生中的先进分子，在此之前有意向组织靠拢的学生“毕其功于一役”；经过学生不懈努力，被发展为预备党员的学生似“高考中榜”一样再一次放松警惕，对自己的要求失之于宽、失之于严。

为了全面贯彻落实全面从严治党的要求，加强对学生中“少数关键”的教育、培养和管理，切实从学生时代拧紧信仰和思想的总开关，让高校学生党员成长成为德智体美劳全面发展的社会主义接班人和建设者，成长成为政治过硬、业

* 基金项目：中国学位与研究生教育学会农林学科工作委员会2021年研究课题（项目编号：2021-NLZX-YB31）；2021年北京农学院学位与研究生教育改革与发展项目（项目编号：2021YJS067）。作者：邬津，硕士，北京农学院经济管理学院讲师，主要研究方向为高校思政、基层党建工作；电子邮箱：wujin20080420@126.com；张晓凤，硕士，北京农学院经济管理学院党总支副书记，副教授；董利民，硕士，北京农学院研究生工作部副部长；段玉馨，硕士在读，研究生党支部书记；通讯作者：靳晓熙，硕士，北京农学院党委组织员，主要研究方向为高校党建工作；电子邮箱：jxx80@126.com。

务过硬、纪律过硬的时代建设者。学院以学院特色和学生特点为出发点，构建了从入党申请人选拔、入党积极分子选拔、发展对象确立、预备党员接收、预备党员预备期考察、正式党员管理等全过程的量化考评管理机制，让学生多年来形成的“分值”概念沁润到入党环节，从而有效提升学生党员的政治意识和思想觉悟。

一、入党申请人的选拔培养机制

有效落实党团班协同发展机制，鼓励并指派无职党员、党员发展对象或入党积极分子担任新生班主任助理，从新生入学伊始强化思想政治引领，引领大一新生认识党并积极提交入党申请书。根据高考和研究生入学考试政治成绩（复试政治审查和综合表现）选拔具有发展潜力的入党申请人作为后备力量，由班级、团支部和党支部共同培养和引领，强化思想政治引导，切实拧紧入口阀门。

二、入党积极分子选拔、培养和教育量化考评机制

（一）入党积极分子选拔量化机制

（1）党支部从团支部吸收确定积极分子，要定期实施末尾淘汰制，每期要设置20%的淘汰率，具体考察细则为：党的专项理论知识（60%）、党支部测评（20%）、团支部测评（20%）。

（2）研究生升学、专升本、转专业到我院，如果积极分子有培养考察记录可参照学校文件纳入积极分子；没有培养考察记录的，由党支部依据档案材料重新确定入党积极分子，并按照要求进行培养考察6个月后，方可确定入党积极分子。

（二）入党积极分子的培养和考察采用定性分析和定量考评相结合的机制

（1）入党积极分子实施动态定期考察，入党申请人自身每3个月提交一篇思想汇报，培养联系人每3个月培养考察一次，党支部每6个月培养考察一次。思想汇报的提交由支部考核记录在档。

（2）入党积极分子培养考察实行双线制，既要实现线下考察也要线上同步记录。

（3）入党积极分子自行下载“学习强国”App，每个月要累计学习230积分。

（4）入党积极分子要积极参加党支部的主题党日活动和理论学习。

（5）入党积极分子要积极参与学院团委、团支部组织的志愿服务活动，每个月要求2学时。

（6）入党积极分子所在宿舍成绩要达到80分以上。

三、党员发展（发展对象）量化考评机制

（一）基础定性分析

在确定发展对象之前，要先对入党积极分子进行基础的定性分析，必须在基础条件满足的情况下方可启用量化程序。

（1）严格履行政治标准，自觉践行社会主义核心价值观，入党动机端正，入党积极分子满一年，党校高级班结业。

（2）自确立积极分子以来思想汇报按季度提交党支部审核，每个季度一篇，未按照要求主动向所在党支部提交思想汇报的，不作为发展对象纳入测评名单。

（3）学习成绩优良，一年内无不及格科目（以成绩单显示成绩为准），修完规定学分。本科生学年度综合测评排名班级三分之二以内；研究生需获得二等奖学金及以上，且“研究生素质课堂”“通过”。

（4）在校期间无不良表现，未受到校内警告及以上等处分。

（5）所在宿舍卫生平均成绩达到 80 分及以上。

（6）本校本科生考取本校研究生的入党积极分子，积极分子连续培养考察由研本支部对接，可由新编入研究生支部适时确立为发展对象；其他院校新入学研究生在本科期间确立为入党积极分子，且材料齐全的可依据支部实际情况确定发展对象。

（二）核心定量分析

核心定量分析中，总评成绩公式如下。

总评成绩 = $\sum$（A + B + C）

指标 A：通过党的理论知识专项考试得分情况体现，同时设立政治表现附加分，对在诸如国庆庆祝活动、建党百年庆祝活动等相关国家级庆祝活动和世园会、冬奥会等大型志愿服务活动，新冠肺炎疫情防控等重大事件中有担当、有作为的可以经专题会研究给予政治附加分，政治表现较为突出的学生可经由支部报请党总支进行个别吸收。

A =（党的理论知识考试成绩 + 政治表现附件分）×40%

指标 B：通过对“十大育人体系”进行赋值、评议，综合 10 个方面打分情况。

$B = \sum (CPC_1 + \cdots + CPC_{10}) \times 40\%$

（1）课程育人方面：主要考核学生在校成绩（以成绩单为准）的加权平均分和学生主要课程课堂综合表现情况。其中，每年上半年发展人员参照综合测评结果，下半年发展人员核算上一学期成绩。研究生如遇无成绩空档，该部分核算参照

研究生奖学金评定的有关要求执行。第一课程综合表现通过任课教师打分赋值。

CPC_1 = 课程成绩加权平均值 + 任课教师评议平均值

（2）科研育人方面：主要针对学校本科生科研训练和研究生科研工作参与情况进行赋值，共分本科校级科研训练参与情况，本科校级科研训练参与情况，研究生科研论文发表情况赋值。其中，校级科研训练参与赋值 10 分，院级科研训练参与赋值 5 分，核心期刊论文赋值 20 分，非核心有影响因子论文赋值 8 分。

CPC_2 = 相应类别分值

（3）实践育人方面：参加各类级别比赛参照综合测评加分情况赋值。

CPC_3 = 比赛获奖情况得分

（4）文化育人方面：考核基层学生组织—宿舍的综合建设情况，以年度宿舍卫生成绩赋值，所在团支部或者班集体获得优秀可以根据级别赋值，其中市级 10 分、校级 5 分。

CPC_4 = 宿舍成绩 + 优秀组织分值

（5）网络育人方面：跟踪考查学生自媒体账号情况，未在自媒体等网络平台发布不良信息的计 5 分，重点通过学习强国 App 学习积分进行赋值，学习强国得分按照学习要求完成学习计 5 分。

CPC_5 = 相应指标得分

（6）心理育人方面：心理健康，积极向上，团结同学，尊师重教，具体以班级群众评议得分赋值（X）。

$CPC_6 = CPC_7 = \Sigma\ (X_1 + \cdots + X_x)\ \div X$

（7）管理育人方面：管理教师根据学生日常表现打分赋值（X），具体包括研究生导师、班主任、辅导员、教学管理教师等。

$CPC_7 = \Sigma\ (X_1 + \cdots + X_x)\ \div X$

（8）服务育人方面：依托“志愿北京”和学院志愿服务纳统情况，重点考核学生志愿服务活动参与情况，并进行量化赋值。志愿北京服务星级获得者，依据等级分别赋值为：五星 5 分，四星 4 分，三星 3 分，二星 2 分；学院纳统实践服务 5 分。

CPC_8 = 志愿服务分类分值

（9）资助育人方面：重点考察受国家资助和奖学金获得者发挥作用、引领后进情况。优秀 10 分，良好 8 分，合格 6 分，基本合格 3 分，由党支部书记和年级辅导员联合评议赋值（X）。

$CPC_9 = \Sigma\ (X_1 + X_2)\ \div 2$

（10）组织育人方面：依托党团班协同机制，以党团班主干力量综合评议打分赋值（X）。

$CPC_{10} = \Sigma\ (X_1 + \cdots + X_x)\ \div X$

指标 C：拟发展对象面向党建工作小组现场述职，现场打分（X），最终取成员平均分。

$$C = \sum (X_1 + \cdots + X_x) \times 20\%$$

四、党员积分管理考评机制及运用

（一）积分管理考评机制及指标

根据我院实际情况，对标党员要求、对照学生发展，以学生和党员为制定“2 +6 +33”的积分管理模式，即为 2 个体系、6 个板块、33 个指标。

2 个体系：基于大学生党员既是党员又是学生的特殊性，积分管理主要分“党员身份考核积分体系”和“学生身份考核积分体系”。

6 个板块：其中党员身份板块构建以“合格党支部建设规范，合格党员行为规范”为标尺，设置 2 个板块、14 项积分指标；以高校“十大育人”体系为标尺，设置 4 个板块、19 项积分指标，如表 1 所示。

积分标准：党员在被党组织接收后设置基础分为 60 分，在预备期以及转正后的在校期间实时积分考核机制，每一项积分指标都对应评分标准，积分采取“60 +”“60 -”的加减法模式，每季度以支部为单位进行考核排名，每年度以学院为单位进行全院考核排名。

表 1　学生党员积分管理体系

党员身份考核积分体系			
积分板块	积分指标	分值	评分标准
规范化党支部建设参与情况	“三会一课”		认真参与“三会一课”加 1 分；不参与减 3 分
	组织生活会		认真参与“组织生活会”加 1 分；不参与减 3 分
	民主评议党员		认真参与“民主评议党员”加 1 分；不参与减 3 分
	理论学习情况		每参与支部学习 1 次加 1 分，不参加减 3 分
			按照“学习强国”要求完成学习要求加 1 分，否则扣全年累计分数的 10%
	党建系统（线上）		入党申请人要按时提交思想汇报并上传“e 先锋”，按时完成加 1 分，涉及培养联系人的要按期培养积极分子，按时完成加 1 分，否则减 3 分

续表

党员身份考核积分体系			
积分板块	积分指标	分值	评分标准
争做合格党员情况	认真学习习近平新时代中国特色社会主义思想，并定期提交思想汇报		中共党员（预备党员）每一个季度提交一份手写思想汇报，加 3 分；未按时提交减 3 分
	“四个意识”“四个自信”履行情况		践行“四个意识”，坚持“四个自信”，减 3 分，否则减 3 分
	“两个维护”履行情况		做到“两个维护”加 1 分，否则减 3 分
	党的理论知识专项考试		无职党员每学期要参与党的理论知识专项考试，不及格者扣累积积分的 20%
	履职尽责情况（线下）		①入党介绍人按期考察预备党员加 1 分；未履职减 3 分 ②培养联系人按照考察培养积极分子加 1 分；为履职减 3 分
	党徽佩戴情况		按要求佩戴党徽加 1 分，不佩戴党徽减 3 分
	党费缴纳情况		按时交纳党费加 1 分，不按时缴纳减 3 分
	共产党献爱心情况		主动参与共产党献爱心活动加 1 分
	自媒体（微信、微博）面向党支部公开		主动公开自媒体接受支部监督加 1 分，否则减 3 分

党员身份考核积分体系			
积分板块	积分指标	分值	评分标准
基础学业方面	学习成绩		①学习成绩排名保持在班内 2/3 以内（研究生须获得三等奖学金以上）加 1 分，否则减 3 分； ②所修成绩有不及格科目减 3 分
	毕业实习		毕业实习合格加 1 分，否则减 3 分
	毕业论文		毕业论文通过加 1 分，否则减 3 分
	论文发表		第一作者（含通讯作者）加 1 分
素质拓展方面	评奖评优		①获得国家级奖项加 3 分 ②获得省部级奖励加 2 分 ③获得校级奖励加 1 分

续表

党员身份考核积分体系			
积分板块	积分指标	分值	评分标准
素质拓展方面	四、六级通过情况		①通过四级加 1 分 ②通过六级加 1 分
	科研训练		积极参与本科生科研训练加 1 分
	考取研究生		考取研究生加 3 分
	考取公务员		考取公务员加 3 分
	其他就业形式		毕业按时就业加 1 分，党员不积极就业在毕业综评中体现
	创业		创业获得项目支持加 1 分
日常表现方面	课堂表现		①参照党员评议打分，超过 80 分加 1 分；否则减 3 分； ②上课不服从教师安排，大声喧哗、玩手机、吃零食、睡觉减 3 分
	宿舍表现		①宿舍关系和谐稳定加 1 分 ②宿舍集体获奖本人加 1 分
	校内活动参与情况		学院组织的重大活动党员主动参与加 1 分，组织要求参与而未参与减 3 分
	校外志愿活动参与情况		主动参与校内外志愿活动加 1 分
	生活简朴、作风优良		高消费、浪费行为减 3 分；不按要求完成垃圾分类，发现一起减 3 分
遵纪守法方面	遵守国家法律情况		违反国家法律被有关机关调查的减 3 分，被有关机关处理的积分清零
	遵守校规校纪情况		违反校规校纪积分清零
	公开言论发表情况		发表不当言论减 3 分

（二）党员积分管理模式的运用

学生党员积分管理以学年为考核期，通过党员积分管理旨在提升学生党员的党性意识、靠前历练、提前积累，为将来进入社会工作创业提供政治引领和思想支撑。

（1）对考核周期积分达到 80 分以上的党员，在下一年度综合测评加分中予以体现，可作为支部组织生活会民主评议党员的参考，并可以参与本年度党内评选表彰活动。

（2）对考核周期积分低于60分的，取消其在本年度党内各级各类评先评优资格。其中，党员连续3个月无积分的，党员所在党组织要对党员本人提醒谈话，进行教育、限期整改；连续6个月积分为零的党员，民主评议应当定为不合格，限期一年改正，是预备党员的延期转正或取消预备党员资格。

（3）毕业生党员的政治审查材料由党支部出具，毕业生普通学生的政治审查材料由年级辅导员出具。各支部要将党员积分管理结果运用在毕业生综合表现中，毕业生就业政治审查等各方面要依据积分事实出具相关材料。

参考文献：

［1］付德波．新时代高校教师党支部建设的机遇、方向与路径［J］．中国高等教育，2020（Z2）：34－36.

［2］何华锋，陈云鹏．大学生党员素质教育提升路径［J］．闽江学院学报，2017，38（04）：96－101.

“三全育人”背景下高校研究生资助工作的思考*

武　丽　史雅然　杨　刚　张明婧　张烨桐　李国政

摘要： 针对“三全育人”背景下高校研究生资助工作现状、工作形式、存在问题，提出改进研究生资助工作的建议。

研究生教育是高等教育的重要组成部分，承担着培养高层次人才、创造高水平科研成果、提供高水平社会服务的重任。高校研究生资助工作是国家扶贫攻坚战略中不可缺失的环节，随着精准扶贫工作的不断深入、研究生招生规模的不断扩大，高校研究生资助管理工作也需要不断地做出改革和完善，以适应高校研究生资助面临的新环境、新机制、新情况，以更好地为贫困家庭研究生排忧解难、帮助他们顺利完成学业、消除他们的后顾之忧。

一、研究生资助工作现状

2013 年，财政部、国家发展改革委、教育部发布了《关于完善研究生教育投入机制的意见》[1]中对完善研究生教育财政拨款制度、完善研究生奖助政策体系、建立健全研究生教育收费制度等方面的内容提出了意见，以期改善研究生的生活。2017 年，党的十九大报告中提出，建设教育强国是中华民族伟大复兴的基础工程，必须把教育事业放在优先位置，加快教育现代化，办好人民满意的教育。要全面贯彻党的教育方针，落实立德树人根本任务，发展素质教育，推进教育公平，培养德智体美全面发展的社会主义建设者和接班人。加快一流大学和一

* 第一作者：武丽，北京农学院园林学院讲师，辅导员，主要从事学生教育管理工作，电子邮箱：Wuliwl1118@163.com；通讯作者：李国政，副教授，副书记、副院长，主要从事学生教育管理工作，电子邮箱：lgz-78@bua.edu.cn。

流学科建设，实现高等教育内涵式发展。健全学生资助制度[2]。2020 年，在首次全国研究生教育大会上，习近平总书记强调，研究生教育在培养创新人才、提高创新能力、服务经济社会发展、推进国家治理体系和治理能力现代化方面具有重要作用。各级党委和政府要高度重视研究生教育，推动研究生教育适应党和国家事业发展需要，坚持“四为”方针，瞄准科技前沿和关键领域，深入推进学科专业调整，提升导师队伍水平，完善人才培养体系，加快培养国家急需的高层次人才，为坚持和发展中国特色社会主义、实现中华民族伟大复兴的中国梦作出贡献。

研究生资助是一项重要的保民生、暖民心工程，事关脱贫攻坚、教育公平和社会公平。做好研究生资助工作是培养学生感恩意识，助力学生成长成才，建设高质量教育体系、办好人民满意的教育、培养德智体美劳全面发展的社会主义建设者和接班人的重要举措。因此，要深入研究“三全育人”背景下新时代研究生资助工作形式与存在问题，采取有效对策推进研究生资助工作取得新成效。

二、研究生资助工作的形式

近几年，国家针对研究生生活和学习的特点不断创新，建立了相对完善的资助体系，研究生资助工作的形式如下。

（一）国家奖学金

用于奖励学业成绩特别优秀、科学研究成果显著、社会公益活动表现突出的研究生。

（二）研究生学业奖学金

用于奖励支持研究生更好地完成学业。以北京农学院为例，硕士研究生学业奖学金分三等，奖励比例为：一等奖励比例为 10%、二等奖励比例为 20%、三等奖励比例为 30%。

（三）国家助学金

从 2014 年秋季学期起，将现有的研究生普通奖学金调整为研究生国家助学金，用于补助研究生基本生活支出。研究生国家助学金范围覆盖全国研究生招生计划内的所有全日制研究生。

（四）助教、助研和助管（以下简称“三助”）岗位津贴

高等学校要按规定统筹利用科研经费、学费收入、社会捐助等资金，设置研

究生“三助”岗位，并提供“三助”津贴。“三助”津贴主要补助学生的学习生活支出，注重酬劳，调动学生参与科学研究、教学实践、管理工作的积极性。

（五）国家助学贷款中央奖补专项资金

根据教育部、财政部《国家助学贷款奖补专项资金管理暂行办法》，符合条件的研究生都可以申请并及时获得国家助学贷款。国家助学贷款帮助并解决了学生的学费和住宿费。与此同时，国家加大对家庭经济困难学生的支持力度，进一步减轻贷款学生经济负担。国家把助学贷款还本限期从3年延长至5年，助学贷款期限从学制加13年、最长不超过20年调整为学制加15年、最长不超过22年。2020年1月1日起，新签订合同的助学贷款利率按照同期同档次贷款市场报价利率（LPR）减30个基点执行。

以北京农学院为例，经认定的家庭经济特别困难学生可以在以下项目范围内申请奖补资金补助：（1）每人最高1000元的新入学学生中秋慰问补助；（2）每人最高1000元的京外学生春节返乡路费补助；（3）每人最高1000元的北京学生春节慰问补助；（4）每人最高5000元的因突发事件导致家庭发生经济特别困难学生临时特困补助（已享受国家励志奖学金、北京市国家助学金、慈善助学金等资助的学生原则上不超2000元）；（5）每人最高10000元的内地学生赴新疆维吾尔自治区、西藏自治区就业补助；（6）每人最高3000元的家庭经济困难学生参加国内外学习培训、社会实践项目的补助。家庭经济一般困难的学生也可申请每次不高于1000元的困难补助。每名同学每年原则上只享受一次。

三、研究生资助工作存在的问题

（一）研究生资助的精准度有待加强

当前，高校的系统化建设还不够完备，而研究生群体自主性、独立性均较强，在进行每年两次的家庭经济普查时，常常由于忙于科研而忘记提交相关信息；加之后疫情时代，对疫情严重地区、贫困地区、农村地区、边远地区的家庭经济困难学生，低保户、特困救助供养、残障学生等特殊困难学生，要“对症下药”，为不同情况的学生设计不同的资助方案，做到精准资助。了解不及时和不精确，不仅会直接影响后期帮扶项目的设置和资金下发的速度，更会影响对不同情况、不同地区学生的帮扶精准度[3]。

（二）研究生资助的范围与形式有待提升

本科生的资助范围为全体在校学生，覆盖了所有困难本科生，确保没有任何一个学生因家庭困难而失学、辍学。而研究生资助范围（包含研究生科研奖励）均以全日制学生为主，非全日制学生无法享受。2018 年，非全日制的招生改革使得部分高校中存在应届生考非全日制研究生的现象。这一方面为应届生提供了继续进修的机会，另一方面也缓解了高校科研用人压力。但是在这部分研究生中有些学生没有稳定的收入来源，但需要缴付学费，尤其是农科院校的学生。

本科生的资助形式多种多样，除了国家奖学金、国家助学金、国家助学贷款中央奖补专项、勤工助学岗位等与研究生一致，研究生则少了国家励志奖学金[4]。本科生的国家励志奖学金，是针对家庭经济困难且学习成绩优异的学生参评的。以北京农学院为例，获得国家奖学金的学生不能同时获得国家励志奖学金，但本科生国家励志奖学金的金额是比学业奖学金中的特等奖学金还要高。而研究生并没有针对家庭经济困难学生提供比学业奖学金更高金额的资助补贴。

（三）研究生资助的过程及结果有待追踪

教育部在《关于加强和改进研究生培养工作的几点意见》提出：推进素质教育，突出对研究生创新能力、实践能力、创业精神的培养，增进研究生的人文素养和科学素质[5]。“资助育人”是学生资助工作相辅相成的两个方面，“资助”侧重于经济层面，而“育人”更注重学生发展层面，前者是保障，后者是发展，在促进研究生成长成才方面缺一不可。但大部分研究生资助仅关注前期学生的经济困难，并未时刻追踪资助学生的学习成绩、科研进展、心理健康状况以及受助学生最终的就业去向。

四、研究生资助工作建议

（一）完善研究生工作信息系统，利用大数据开展全程资助育人

信息的搜集与检测是信息管理机制有序运行的基础和前提。研究生的奖助学金主要来源于国家奖学金、校学业奖学金和导师助研奖学金，其他社会来源的奖助学金额度还非常小。相关制度继续完善，多方筹措款项，吸纳更多的有识之士关注研究生基本学习、工作生活等方面问题。构建集学生思想政治教育、经济资助、心理帮扶、学业辅导、就业引导等环节于一体的资助服务体系，打造招生、管理、资助、就业、心理等多部门共享的信息一体化平台，通过大数据支撑为学生精准画像，从而全方位了解学生所需，提供学生所需。

（二）准确把握研究生资助范围，规范申请和审批程序

高度重视家庭经济困难学生普查、认定和资助项目评审工作，广泛宣传，做

到全员动员、全方位收集信息。组织全体师生认真学习相关文件和制度，制订本学院家庭经济困难学生认定细则和学院工作计划，明确受资助学生主体资格，严格参照规定完成相关工作，要重视公示工作，力求做到全员覆盖。进行认定和评审结果公示时，要通过信息平台、微信等方式公布学生名单，接受师生监督，及时处理公示反馈问题，同时要保护好学生的隐私。

（三）加大宣传力度，加强学生诚信、感恩、励志教育

让每位学生都知道自己是否符合资助，确保资助对象界定准确。高校应加大研究生资助工作的宣传力度，扩大宣传范围，研究生处加强对学生进行奖学金评选、普查认定、“三助”岗位参与、助学贷款手续办理和补助、入伍资助和边远山区就业资助申请等学生资助政策的宣传和落实，正面引导学生通过合理方式解决问题，定期了解学生需求，根据学生的反馈及时进行完善。贯彻落实国家和北京市“诚信建设万里行”主题宣传活动部署，进一步强化校园诚信文化建设，提升高校诚信美誉度和大学生诚信素养，营造浓厚的校园诚信氛围，举办大学生诚信演讲比赛。参照北京市学生资助事务管理中心《关于大力开展高校学生资助诚信教育主题活动的通知》要求，开展征信知识教育。在贷款毕业生还款确认和按时缴纳学费督促等工作中对学生开展征信知识普及教育，使学生树立正确的征信意识，自觉养成良好的诚信习惯和征信意识。开展国家资助政策宣传活动。提高政治站位，高度重视，精细组织。坚持活动的育人导向，增强当代大学生的责任意识和诚信意识，引导广大青年形成正确的世界观、人生观和价值观，自觉成为明辨是非曲直、实学实干、知法守法、遵规守纪和诚信感恩的社会主义建设者和接班人，以促使增强法纪意识和树立诚信观念为活动目的，完成资助育人任务。

（四）建立资助学生档案，动态掌握学生信息

要规范材料内容，加强信息管理，及时填报和更新数据，保持书面材料与信息平台材料内容同步。要妥善进行资料存档，保留好各类纸质电子版信息，按专项经费要求做好立项前、实施中和完成后的绩效考核和接受相关审计的材料准备。完整记录每一名研究生接受的每一次资助，为公正、透明的评定和精准的资助打好基础。针对家庭经济困难的研究生建立“一人一册”的个人成长记录，为实现动态管理，切实掌握每个家庭经济困难学生的情况，跟踪学生的学习成绩，对学生的科研成果、受资助次数、受资助额度、身体信息、心理动态、参与活动、毕业后的就业信息等进行持续且及时地更新。如此长期实践，能够形成相当有意义的一手资料，同时建立对应的电子化、信息化管理系统对其进行储存，形成大数据进行横向纵向的数据对比分析，有效掌握学生的学习与生活动态。这

样既可以关注学生在获得资助后的成长和进步过程进行资助效果评估，并对日后政策的调整具有参考价值；也可以让学生更有仪式感、获得感和责任感，从而激发学生的斗志，帮助家庭经济困难的学生励志、立志，在今后的学习中更加努力。

（五）加强就业指导，持续追踪资助成效

家庭经济困难研究生的学费大多来自生源地贷款，且背负着家庭的希望，对未来职业的选择比非困难生窄，在就业地、职业选择等方面都更加务实。后疫情时代下，就业市场的形势更加严峻，企业对人才的选择更为多样化。这导致研究生困难生对未来就业感到迷茫，压力陡增。高校应加大对家庭经济困难研究生求职创业补贴的补贴力度，帮助其充分了解目前就业形势，端正就业态度，分析自身特点，根据自己的实际情况制定合理的就业计划。持续向其推送招聘信息，解读就业政策，开展简历撰写、面试能力培养、就业方向分析等就业指导工作。帮助其在毕业就业过程中消除焦虑、建立自信、找准方向，顺利完成就业。

在“三全育人”背景下，研究生资助是高校培育家庭经济困难学生成功、成才的关键一步，一切资助管理模式的完善都是为了高校在完成资助的基础上能够充分发挥育人功能，真正做到扶贫同扶志相结合，激发贫困学生的内生动力，阻断贫困代际传递。

参考文献：

[1] 财政部，国家发展改革委，教育部．关于完善研究生教育投入机制的意见［Z］.2013.

[2] 党的十九大报告辅导读本［C］．北京：人民出版社，2017.

[3] 李琼．消除绝对贫困后研究生精准资助推进路径研究［J］．南昌师范学院学报，2021，42（05）：85－89.

[4] 陈婷婷．对研究生资助工作的几点思考［J］．科技风，2019（29）：225.

[5] 教育部．关于加强和改进研究生培养工作的几点意见［J］．学位与研究生教育（2期）：68－70.

生涯教练技术在大学生就业指导中的应用探索

——一例畜牧专业研究生就业指导案例分析*

尹　伊

摘要：教练技术是一种现代人力资源管理理论，能够有效地激发人的潜能和主观能动性。教练技术运用到高校职业指导中，有助于学生在职业生涯规划过程中澄清目标、调整心态、激发潜能，促进行动。本文以生涯教练技术为理论基础，以北京农学院畜牧兽医专业研究生的一个实际案例为例，详细阐述了生涯教练技术在高校就业指导中的运用。

一、理论背景

教练技术兴起于20世纪90年代，由美国的一位网球教练为创始人发起的一种思维模式。该技术认为，将人们和自己理想工作的激情、目的、价值等关键点连接起来，用生涯管理技巧提升自我意识，澄清生活目标，提升应对能力，进行生涯管理，从而提升客户生活质量。一开始该技术被广泛应用到企业管理中，到90年代后期开始应用于生涯领域。2010年后，该技术被引入中国，逐渐完成了本土化。

在后疫情时代，为大学生就业带来了一些新的困难和挑战。有部分学生存在就业动机缺失、就业态度不积极以及对未来持观望和不确定的心态等，导致在求职过程中定位不明确、能力与职位不匹配、生涯规划不清晰等问题。在以往高校的就业指导中，负责就业的辅导员经常采用主动帮学生联系适合的工作单位、推

* 基金项目：2021年北京农学院学位与研究生教育改革与发展项目。作者：尹伊，北京农学院动科学院讲师，主要研究方向为学生就业、心理和思政，电子邮箱：jmzmgm@163.com。

荐与之能力匹配的岗位等，学生往往采用被动和等待的状态。而生涯教练技术中，作为“教练”的辅导员通过采用有效的倾听和有力的提问，澄清学生的目标、明确价值观、挖掘资源和潜力到最终促进行动，依靠的都是学生自身的力量。将学生原本“靠等要”的状态转变为“我可以”或者“我能行”的状态。这给他们带来的不仅是态度上的转变；还能让学生不断成长，明确自身的目标和价值观，挖掘自身的资源和力量，付诸行动，坚定对未来的信心，不断完善个人的能力，为今后的职业生涯道路打下坚定的心理基础。

二、案例分析

（一）背景介绍

1. 来访者信息

小吴，女，24 岁，北京农学院畜牧学专业二年级研究生。她上本科的时候学的就是这个专业，而且是在同一个学校同一个学院读的，对学院的环境、老师和同学等都非常熟悉。小吴是北京的，是家中的独女。平时父母对她支持和鼓励较多。她周末经常回家，跟父母相处和交流都很融洽。

小吴从本科期间就一直担任学生会和班级内的一些职务，作为学生助理协助处理相关学生工作，工作认真负责，得到了很多老师和同学的认可和表扬。小吴性格开朗大方，直爽单纯，能够很好地跟老师和同学们打成一片。导师对其很了解，也很信任。现在已经是研究生二年级了，无论是作为辅导员助理还是导师的学生，都被赋予了很多重要的工作和科研任务。

2. 教练关系的建立

由于我是学生助理，因而对小吴的一些想法、个性和背景等都较为了解。平时，我也经常能够在办公室见到她。她遇到什么问题也会主动找我来进行探讨。读研究生之后，由于学业方面要求比本科高，虽然也担任助理的工作，但是能够来办公室值班的时间明显比之前要少了很多。本次教练谈话之前，恰好是年前，小吴正在帮一位老师整理一些资料。我问小吴为什么放假了还没回家。小吴说有一些实验没做完而且导师还交代了很多任务。她感觉虽然做了很多工作，但总是达不到导师满意的程度，因而有些情绪。

3. 可教练性评估

小吴一直以来跟我都是相互信任的，同时她在工作和学习上也一直都有着她自己的节奏和条理。她愿意尝试和接受新的事物和挑战。她遇到的问题在研究生中很有普遍性和代表性。同时，她人缘很好，说明她有很高的情商、她身边也有很多资源。因此，她是可以教练的。

（二）教练过程

1. 确定目标

一开始，小吴说了她近期遇到的问题，就是明明做了很多工作但是导师总认为她干得不够。我提示她：“今天的谈话大概有三十分钟的时间。这个问题是你今天想跟我探讨的主要问题吗？”她沉思了一会后，突然抬眼看着我说：“老师，我认为这个问题我自己能够解决好并且我已经在着手解决了，所以我并不认为我想花时间在‘吐槽’我们导师上。”我笑着问她：“那你真正想探讨的是什么呢？”

小吴：其实导师在批评我没有做很多工作的时候，我内心真正在意的是，我做的这些工作跟我毕业之后的去向有没有什么关系？

我：那你认为这些工作跟你毕业之后的去向有什么关系呢？

小吴：我不知道，因为我不知道毕业之后我要去干什么？

我：那么，你现在困惑的是你毕业之后的去向吗？

小吴：对。其实我觉得我毕业之后无非就是几种选择。

我：那都有哪几种选择呢？

小吴：考博、考公务员、去公司工作。但是我不知道自己想选哪个。

我：所以说是毕业之后在考博、考公务员和去公司工作里面，你不知道自己想做哪个选择是吗？

小吴：是的。

我：那么，今天的谈话结束后拿到一个什么样的成果是你想要的呢？

小吴：一个有偏向性的选择。

我：一个有偏向性的选择对你来说意味着什么？

小吴：意味着我能够更好地对这个方面有一个了解，能够明确我今后行动的方向。

我：那么，怎么样就代表我们找到了这个方向呢？

小吴：我能从三个选择中排除其中一个或者两个，同时能够对我的这个选择有具体的行动。

我：那么，我们今天谈话的目标就是，关于毕业之后的去向能够从三个选择中做出选择，同时落实到具体的行动，对吗？

小吴：是的。

谈话到这里，基本上目标就已经明确了。在以往做的教练谈话过程中，有时候确定目标是最困难的部分。但这次谈话中，小吴带给我的感受是，她对未来其实已经有了一定的规划，但是不知道自己该做何选择。这也是大学生在临近毕业，对未来职业规划一个普遍性的问题。因此，在目标确立的部分，我们很快就达成了共识。接下来，就是用“逻辑层次”谈话来推进了。

我：想象一下明年的这个时候，你已经过上了你想要的生活。那将是一幅什么样的场景呢？

小吴：有一份自己得心应手的工作，工资还不错，至少能够让我花钱的时候没有太大的压力。工作内容适中，工资也适中就可以了。

我：那如果已经实现了的话，你如何看你自己呢？

小吴：我觉得自己挺不错的。

我：那别人会如何看你呢？

小吴：别人会觉得我工作挺不错的，人的状态也挺好的。

我：那你想象一下，明年的这个时候，你已经找到了这样一份“自己觉得挺好的，别人觉得工作挺不错，状态也挺好的”工作，会是一幅什么场景？你会看到什么呢？那是在哪里呢？

小吴：（能明显感受到她的停顿陷入思考）我敢肯定不是在一个办公室里面，我不喜欢坐在办公桌前的环境，感觉被困住了……（她又陷入了沉思，我静静地等待）我觉得应该是在一个实验室里面，有一排排的仪器，我穿着白大褂正在做实验，做实验的间隙我跟同事在“八卦”好玩的娱乐新闻，工作不忙的时候我还能在工位上休息。

2. 寻找资源

我：那么，如果想实现你想象中的工作场景，你都需要具备什么样能力呢？需要什么策略和方法？

小吴：需要一些实验操作能力吧。

我：还有吗？（小吴又陷入了沉思）

这时候，我利用了平衡轮的方法来协助小吴寻找资源。小吴找到了 8 个她认为重要的方面，分别是：实验操作能力（3 分）；人际关系处理能力（3 分），情绪处理能力（3 分）；时间管理能力（2 分）；写作能力（2 分）；自控力（1 分）；阅读能力（2 分）；运气（3 分）。在这个部分里面，一开始她找了 3 个后，就停顿下来。但是在我的鼓励下，她又进行了思考，陆续写出了剩下的几个。让她打分的时候，她给自己的每一项都打分较低，说明她对自己的现状和表现是有不满意的。

3. 达成行动

我：看来你已经找到了可以具体行动的方向。那么，如果让你从这 8 个方向里面选一个最想改变的，你会选哪一个呢？

小吴：实验操作能力。

我：实验操作能力你给自己打了 3 分。如果想从 3 分提高 1 分到 4 分，你认为可以做哪些尝试和努力呢？

小吴：主动、积极地参与实验，多观察师兄、师姐的具体操作。

我：你认为什么时候开始行动呢？

小吴：谈话结束，我就开始行动。

（三）教练终结

1. 评估结果

我：你认为，对你来说这次谈话最大的价值是什么？

小吴：我认为，对我来说这次谈话是一次很好、很新鲜、奇特的尝试。您并没有给我任何的建议，但是我能够对我的问题有更加清晰的认知，是借助我自己的力量去发现和解决的，我认为这个是带给我最大的价值。

2. 回顾过程

由于我们一直以来关系很好，彼此很信任。因此在这个部分我很直截了当地问她，这个过程中她有什么感受，或者对这种谈话形式有什么样的感受。她说，一开始在让她想象关于未来的时候，她觉得自己是想象不出来的，但是当我具体问她能看到什么、自己在做什么、周围的人再干什么的时候，她突然就明白了她想要的是什么、不想要的是什么。

3. 庆贺

我：感谢你能够这么信任我，那么真诚地分享你的困惑和问题给我，也为你能够找到自己未来行动的目标而开心。

4. 确定承诺

我：那么待会等你回实验室就落实你的行动，有任何的实验进展，欢迎你随时分享给我。

小吴：好的，我争取年前把实验做完，趁着过年时间整理数据，年后给您汇报我的进展。

5. 结束关系

我和小吴说："这次谈话就这样结束了，如果以后有问题，还可以随时再来找我做教练谈话。"她欣然答应了。

三、小结与反思

（一）对教练的四个信念的认识

在作为教练的过程中，最重要的是具备教练的状态，要充分树立好教练的四大信念——每个人都是 OK 的；每个行为背后都有积极的意图；人们已经具备他们所需要的所有资源；人们有能力做出改变。通过这次对话，给我感受最深的是

“人们已经具备他们需要的所有资源”。尤其是深刻地感受到了“愿景的力量”，当我感觉客户在拼命地进行自我探索、想要挖掘自身身上的力量的时候，通过对未来的想象，让她一下子就有了画面感。那一刻她是感动的，我也是感动的，我感受到了她身上那种欣欣然的力量。

（二）对教练五大行为准则的认识

在具体开展教练对话时，有五大行为准则，即信任、聚焦、好奇、正向、零建议。传统的问题解决是由评估问题开始的，确认造成问题的原因。假设问题和原因之间由直接关系，希望找到形成问题的恶性循环模式进而打破、重建。而教练技术中采用聚焦，不花时间讨论问题根源，认为问题解决与问题成因之间不见得有直接关联。评估可能的解决方案，了解当事人的才能和技巧，协助当事人反复过去与现在的成功经验。教练的提问是“好奇的”，是跟目标有关的、正向的、未来导向的。正向关注的是“可能性”而不是“缺乏什么”。至于零建议则指的是让学生自己寻找答案。

（三）对于教练技术在高校就业指导应用中的反思

作为高校负责就业指导的辅导员，教练技术是一种不同于以往单纯地给学生提供就业指导和生涯规划的谈话与思维方式。它不但能带给学生成长与进步，也能让辅导员在这个过程中得到锻炼和提升。为高校毕业生开展生涯规划能够提供一个很好的开展教练谈话的平台，而且这种谈话技术是一种需要多加练习才能转化为自我的内在语言的技术，因此必须需要更多的实践操作。

参考文献：

[1] 黄月琴．教练技术在就业指导类课程中的应用研究［J］．就业与保障，2021（03）：119－120.

[2] 李强栋，刘昀雯．运用生涯教练技术增强农业类高职学生就业能力路径探究［J］．现代农村科技，2020（10）：115－117.

学生活动能力培养对研究生就业影响的研究
——以北京农学院园林学院为例*

史雅然　武　丽　杨　刚　张烨桐　张明婧　李国政

摘要：就业是最大的民生，研究生作为高学历群体之一，有其独有的特点和优势。良好的研究生活动的开展能够让研究生积累社会经验，利于研究生更好地适应社会变化，能够对其以后的创业及就业形势产生积极的影响。本文通过分析研究园林学院研究生参加学生活动情况及就业情况，探索学生活动对研究生能力培养，以及对研究生就业的影响。

党的十九大报告再次强调："就业是最大的民生"[1]。2021年全国普通高校毕业生将达909万人，创历史新高。加之2020年尚未就业毕业生、留学归国学生等群体，预计高校群体就业人数将实际超过1000万人。研究生作为高学历群体之一，有其独有的特点和优势，然而在其就业创业过程中也存在着相应的现实问题，研究生群体的学历、年龄、经历均处于本科生和博士研究生之间。因此，研究生要如何在本、专科生和博士研究生之中合理定位、充分发挥自身优势、提高自身职业素养，成功就业和创业，是需要思考和探讨的问题。

学生活动作为校园文化的重要组成部分，是学生的第二课堂。学生活动的开展能够加强学生之间的交流，丰富学生的生活，是学生素质提升的重要载体，具有实践育人、群体规范育人、社会化育人等功能。良好的学生活动的开展，可以开阔学生的视野，锻炼组织能力、协调能力及团队精神等，能够让学生积累社会

* 基金项目：北京农学院学位与研究生教育改革与发展项目；第一作者：史雅然，北京农学院园林学院讲师，辅导员，主要从事学生教育管理工作，电子邮箱：shiyaran@ bua. edu. cn；通讯作者：李国政，副教授，副书记、副院长，主要从事学生教育管理工作，电子邮箱：lgz_ 78@ bua. edu. cn。

经验，同时发现自身的不足，有利学生自身综合素质的提高，更好地适应社会变化。对学生以后的创业及就业形势产生积极的影响，能够带动社会的发展。

一、用人单位对毕业生的需求

随着市场经济竞争日益激烈，用人单位的竞争力体现在人才的竞争力上，拥有综合能力强，具有一定创新精神人才的用人单位在市场竞争中就占有先机，因此用人单位在招聘毕业生时，更加看重他们的组织能力、创新能力等综合能力，不再是只强调高学历。在一次调查问卷中显示，企业招聘毕业生时重视的能力依次是应变能力、交际能力、专业技能、吃苦耐劳等。为使研究生毕业后顺利就业，学校应注重学生综合能力的培养[2]。

越来越多的用人单位招聘研究生毕业生，来补充用人单位的科研技术岗位等，用人单位看中研究生的实际操作能力，上岗适应快等优势。有些用人单位对在校期间参加过某些专业性比赛的学生更加青睐，用人单位唯学历论的时代已经过去，已转变为能力论时代。用人单位希望招聘来的毕业生能够在最短的时间内完成角色的转变，尽快适应企业环境，短时间内就可以独立上岗，对工作能提出新的想法。

二、学生活动的开展对研究生就业能力的影响

（一）学生活动对研究生人际交往能力的影响

用人单位需要的是具有高情商、高智商的综合型人才，研究生的选拔和培养更注重学生对专业知识的掌握，容易使研究生缺乏沟通和共情能力，忽视对平时沟通技巧的培养。学生活动的开展能够促进学生与他人的交流，有利于研究生人际交往能力的培养。在学生活动中，平等的氛围让每名参与者都能自由地表达观点，通过活动使研究生的表达能力得到锻炼，也有助面试时表现得更佳。

（二）学生活动对研究生应变能力和逻辑能力的影响

当代研究生在家庭中多数受到长辈的保护，因而独立处理事情的经验少，处理突发事件的能力较弱。而当前的社会就业形势十分严峻，研究生在就业创业中遇见的问题可能没有经验可供参考，需要独自面对，这就需要学生具有独立的思考能力和应变能力。学生活动的开展能够很好地提高学生的应变能力和逻辑能力，帮助学生更好发展[3]。

（三）学生活动对研究生组织能力的影响

学生干部在学生活动的筹备组织工作中具备了一定的组织能力。同时，每一名参加活动的研究生也都可以参与活动的组织管理工作，所以学生活动的开展也同时可以使每一名同学都作为组织者，都接触到管理的情况，提高了研究的组织管理能力。

（四）学生活动对研究生就业竞争能力的影响

学生活动中参加的研究生来自不同的专业和年级，不同的专业背景使研究生面对问题时具有不同的解决问题思路，开拓了研究生的思路。通过学生活动，研究生可以学会从不同的角度思考问题，从而改善知识结构，实现资源互补。有利于培养研究生成为复合型人才，从而提高就业竞争力[4]。

（五）学生活动对研究生心理状态的影响

社会元素是多元化的。在社会发展状态下，良好的心理状态十分重要。学生活动的开展周期短、时间紧，有利于培养学生的时间观念，培养学生的抗压能力。通过完成学生活动，同时提高学生的自信心，对良好的心理状态有积极的促进作用。为毕业后研究生在就业创业的过程中，奠定良好的心理基础，提高研究生抗挫折能力。

（六）学生活动对研究生职业规划的影响

在学生活动中，通过成功人士分享经验，可以帮助研究生客观、正确地进行职业选择，更务实地寻找发展方向。通过活动的开展，引导研究生根据自身特点明确职业生涯目标，进行职业规划，以便未来能够更好地抓住就业机会。

三、园林学院研究生学生活动的开展情况

（一）研究生文体类活动的开展

依托北京农学院园林学院团委、研究生会和团支部等团学组织，学院在研究生中开展富于思想性、教育性的文体类活动，为研究生的成长成才和综合发展服务。组织了“月读一本好书”活动 8 次，共 76 人参与活动，通过组织读书活动，帮助学生进行人格的培养及思政的培养；对督促学生多读专业类以外的书籍，通过读书开阔眼界与格局起到良好的作用；通过读书，帮助研究生形成处理事情的习惯问题，以终为始，强调养成良好的习惯的重要性。

为在研究生中深入开展党史学习教育，丰富校园文化生活，喜迎中国共产党建党100周年，筹办了“探寻红色印迹，重温峥嵘岁月”——研究生党史学习教育主题定向越野赛。将中国共产党光辉历程的红色教育与新兴体育项目定向越野相结合，通过比赛不仅锻炼了体魄，还能让研究生探寻了中国共产党经历的红色之路，激发党史学习热情，传承坚韧不拔的红色精神。

在研究生党员中组织系列党史学习教育，参观中国人民抗日战争纪念馆，观看红色电影《1921》《长津湖》，组织党史知识竞赛活动等，在学生党员中进行党性教育，发挥研究生党员群体在学生工作中的引领和示范作用；同时，对研究生团员进行思想引领和党性熏陶，为党组织储备后备力量。从而使党团建设有力开展，互相促进，做到党建带团建、团建促党建，实现党团共建共赢的新局面。

（二）研究生学术教育类活动的开展

在研究生中组织开展学术讲座、学术交流等，在研究生中形成良好的学术氛围。学生积极参与风景园林科学技术讲座、“学长引路”专题讲座、尚农大讲堂、都市现代农林进展等多类学术讲座，为研究生营造学术氛围，增加交流学习机会，提高研究生的学术能力。

鼓励研究生参与科研课题研究，通过承担科研项目，提高自己的科研能力和水平，为研究生期间的学术成果产出和论文撰写提供支撑。2021年北京农学院学位与研究生教育改革与发展项目中，有2名研究生获得立项。

在研究生新生中开展林学学科和风景园林学科专业教育。为2021级研究生新生详细介绍学科的专业背景、学科概况、学科发展、就业方向和培养计划等，使新生们进一步认识自己的学科。为新生讲解研究生相关制度并结合教育部和学校规章制度对学位授予、论文规范、答辩质量等多方面进行讲解；同时，介绍学科专业的发展前景、优秀导师带领学生参与的优秀项目、优秀毕业生的就业情况等，帮助新生更全面了解他们所要研究的领域，可以使其更好地适应研究生阶段的学习。

（三）研究生社会实践类活动的开展

组织研究生学生开展暑期社会实践、党支部红色“1+1”活动等，对北京市昌平区百善镇狮子营村进行景观规划设计，发挥园林学院风景园林专业优势和特点，为狮子营村解决实际问题，为建设美丽乡村贡献力量。通过社会实践和志愿服务活动等身体力行，在实践中得到锻炼和提升，从而全面的认识自我、评价自我、改善自我，并在其中受教育、长才干、做贡献，从而更好地适应社会，适应用人单位工作需求。

四、园林学院研究生学生活动开展对就业的影响

（一）学生活动的开展对研究生能力的培养

学生活动的开展丰富了研究生的课余文化生活，促进了研究生参与学术交流并锻炼其实践能力，帮助研究生拓宽了视野，并提高了研究生人际交往能力、语言表达能力、逻辑能力、社会适应能力、规划能力等。通过实践，将理论联系实际，以实际反哺理论，不断提高研究生的专业技术和能力的提升。

在学生活动开展过程中，活动负责人和组织者能够较参与者获得更多的锻炼与培养。通过领导组织日常活动，作为负责人的主要学生干部能够锻炼自身的组织协调能力，在实践活动中进行“演习”，带领其他学生一同开展任务，在完成任务中这些主要学生干部得到锻炼，培养了领导能力。

（二）学生活动能力培养对研究生就业的影响

2021 年，园林学院研究生毕业生就业率达到 100%。对比园林学院近三年就业进度可见（见图 1），2021 年学院毕业生就业开始时间和完成时间均早于 2019 年、2020 年，在每年 4 月就开始就业签约，6 月即毕业前，就业率显著增长，7 月基本完成毕业生就业。可见，通过学生活动的开展提高了学生各方面的能力，促进学生就业的开展。

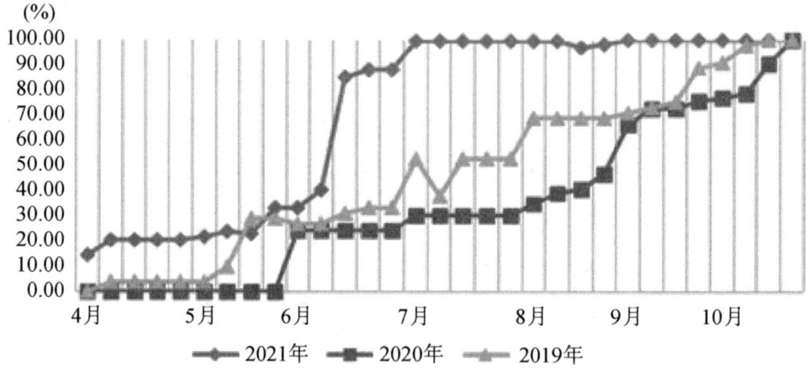

图 1　2019—2021 年园林学院研究生毕业生就业率进度

2021 年，学院研究生毕业生考取国内博士研究生 3 人、出境深造 1 人，共 4 人升学（升学率为 5.88%），高于 2019 年的升学人数 2 人（升学率为 4.44%），与 2020 年升学人数 4 人持平（升学率为 6.06%）。由此可见（见图 2），在学生中开展学术教育类活动，可以提高学生的学术热情，营造良好的学术氛围，提高

研究生学术能力和水平。

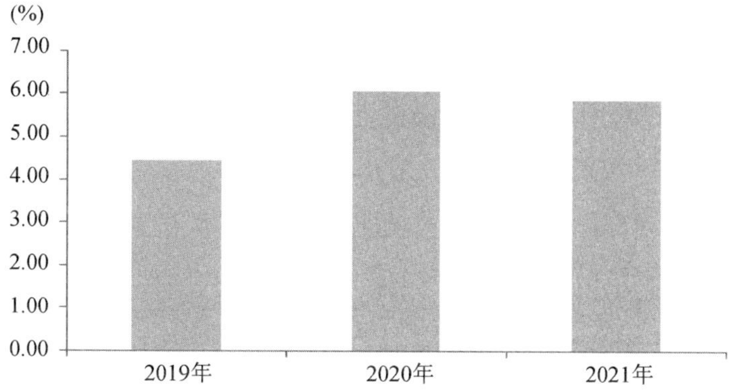

图 2　2019—2021 年园林学院研究生毕业生升学率情况对比

2021 年，毕业生共有主要学生干部 15 人，其中班团学生干部 8 人、党支部学生干部 1 人、研究生会干部 6 人。在学生干部毕业生中，考取博士研究生 1 人；单位就业 12 人，均为重点单位就业，单位就业率为 80%，重点单位就业率为 100%；录用为乡村振兴协理员 1 人。在升学率、单位就业率、重点单位就业率和基层服务率均高于学院总体水平（见图 3）。由此可见，学生干部通过更多的培养和锻炼，在就业能力方面有较高的提升，更能够找到较好的工作岗位。

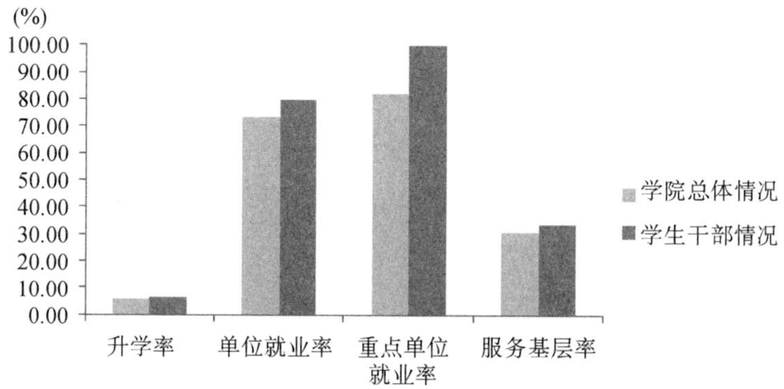

图 3　2021 年毕业生中学生干部与学院就业情况对比

五、目前学生活动存在的问题和改进措施

（一）学生活动覆盖范围不够

目前，在研究生中开展的学生活动主要以低年级学生、学生干部、学生党员

为主，对参与的学生群体有一定的局限性。学生活动应鼓励更多的学生参与其中，在未来的活动中要积极引导更多的学生群体参与各类活动，提高学生的相关能力，以促进学生就业能力的提升。

（二）学生活动内容丰富不够

学生活动形式和内容不够丰富，实践类、创业类活动开展不足。只有不断创新活动，才能吸引学生，才能调动大家积极性。学生活动应进一步加强内涵建设，创新活动形式，取消表面形式的活动，使研究生能够做到学有所用，不断提高研究生分析问题和解决问题能力，全面提高研究生的就业能力。新时代下，同时要将互联网平台运用到活动当中，利用新媒体新颖的宣传形式，营造良好的学生活动氛围。同时，加强与研究生的沟通，及时了解和掌握研究生感兴趣的活动内容和形式，多组织举办研究生所喜闻乐见的活动，形成良好的长效作用。

（三）学生活动制度完善不够

在学生活动开展过程中，有时会出现参与的学生态度不积极，存在部分学生迟到早退、自由散漫的现象。因此，要完善管理、考评制度，督促参与的学生有效参与其中；加强研究生中的文化建设，提高其对学生活动开展的认同感；完善活动参与的奖励机制，通过奖励机制提升其参与活动的积极性，促进研究生培养就业能力。

建立人才选拔和评估激励机制，对学生干部进行人员定期评估和定期选拔，使更多的研究生能够参与学生活动的各个方面，同时进一步提高学生干部的综合能力和素养。

参考文献：

［1］习近平．全面建成小康社会，夺取新时代中国特色社会主义伟大胜利——在中国共产党第十九次全国代表大会上的报告［M］．北京：人民出版社，2017.

［2］陈化，李荣香．谈专业性学生活动对高职学生就业能力的提升［J］．赤峰学院学报（自然科学版），2016，32（9）：227－228.

［3］寇建新．高校学生社团活动的现状及其对大学生就业创业的促进作用［J］．西部素质教育，2016，2（18）：189.

［4］吴丹，严海蒙．高校社团对大学生就业能力引导作用研究［J］．才智，2019（19）：26.

乡村振兴背景下农科大学生研究生社会责任教育刍议*

张子睿

摘要：在中国取得“脱贫攻坚”伟大胜利之后，党的十九大报告首次提出的“乡村振兴战略”成为未来“三农”工作的重点。应用型农科大学研究生投身创业工作，树立服务“三农”意识的社会责任感十分关键。本研究分析脱贫攻坚与乡村振兴的关系，在乡村振兴工作特点的基础上，提出在自然辩证法课程中开展研究生社会责任教育的具体措施。

2021 年 2 月 25 日上午，全国脱贫攻坚总结表彰大会举行。2021 年 2 月 25 日下午，“国家乡村振兴局”正式挂牌。机构名称变更及挂牌在时间上选择无缝衔接，目的就是实现坚决守住脱贫攻坚成果，做好巩固、拓展脱贫攻坚成果同乡村振兴有效衔接，实现“工作不留空当，政策不留空白”的工作目标。

一、脱贫攻坚与乡村振兴的关系

要实现巩固、拓展脱贫攻坚成果同乡村振兴有效衔接，就需要理解脱贫攻坚与乡村振兴的关系。

笔者认为，脱贫攻坚与乡村振兴的关系主要表现如下。

---

* 基金项目：北京农学院马克思主义学院 2021 年思政课教育教学改革研究项目《改革开放以来党的扶贫思想研究》部分研究成果；作者：张子睿，男，北京农学院马克思主义学院副教授，北京创造学会副理事长、KAB 中国项目培训师，研究方向：创造创新理论与公益创业、自然辩证法；电子邮箱：zzraikp@126. com。

（一）脱贫攻坚是乡村振兴的基础，乡村振兴是脱贫攻坚的延续

中国经济发展存在着不平衡是一个历史性问题，著名地理学家胡焕庸先生提出的“瑷珲—腾冲线”就反映这一现象。要实现全面建成小康社会，实现共同富裕，就需要解决贫困地区和贫困户的发展问题。“我们立足我国国情，把握减贫规律，出台一系列超常规政策举措，构建了一整套行之有效的政策体系、工作体系、制度体系，走出了一条中国特色减贫道路，形成了中国特色反贫困理论。”[1]正是党和国家发挥社会主义制度的优越性，才实现了脱贫攻坚工作的目标。只有实现现行标准下农村贫困人口全部脱贫，贫困县全部摘帽，贫困村全部出列，消除绝对贫困，才能补齐乡村全面发展的短板，形成乡村振兴的经济基础。中国特色社会主义乡村振兴道路，就是持续缩小城乡区域发展差距，让低收入人口和欠发达地区共享社会发展成果。乡村振兴的部分工作内容就是在脱贫攻坚工作基础上，进一步发展农村经济。因此，乡村振兴是脱贫攻坚的延续。

（二）脱贫攻坚与乡村振兴所面对的贫困问题不同

脱贫攻坚重点解决消除绝对贫困的问题，乡村振兴在衔接脱贫攻坚工作后需要重点关注相对贫困的问题。脱贫攻坚有一个明确的贫困标准，建档立卡贫困户是脱贫攻坚工作的目标群体。乡村振兴工作中所面对的需要帮扶农户的生产生活水平都是高于贫困户建档立卡标准的，而且不同地区差异很大。在经济相对不发达地区，存在一些生产生活水平与建档立卡贫困户差距不大的农户，由于家庭人均纯收入等硬性条件略高于国家规定的贫困线标准而未纳入贫困户，但可能成为实施乡村振兴战略时需要重点关注的人群。一些没有列入建档立卡贫困户的农户可能成为新的工作重点，这就需要处理好脱贫攻坚过程中出现的经济指标差距较小的非贫困村与贫困村、非贫困户与贫困户之间关系，解决因确定帮扶对象时经济差距不大而产生的心理和利益不平衡，这是实现两者间工作有效衔接的关键任务。同时，一些原来没有贫困户的地区，在开展乡村振兴过程中也需要面对相对贫困群众的帮扶问题。例如，北京等一线城市的个别郊区，也存在帮助相对贫困村和相对贫困户的群众发展经济、提高家庭人均纯收入的问题。这就需要在开展乡村振兴工作时，借鉴其他地区比较成功的脱贫攻坚的经验和做法，实现乡村振兴和解决相对贫困两项工作齐头并进。

二、乡村振兴工作的系统性特征

脱贫攻坚工作重点解决经济问题，也关注教育、医疗等与脱贫密切相关的问题。乡村振兴则是一项更加系统性的工程，需要面对农村发展中几乎所有的问

题，需要解决很多在脱贫攻坚工作阶段没有被列为重点，甚至被忽略的一系列问题。

（一）乡村振兴工作需要解决整个农村的经济发展问题

产业兴旺是解决农村一切问题的前提，在乡村振兴工作中努力推动农村产业与外部市场的有效衔接，重点发展涉农产业，实现产业振兴，形成乡村振兴的物质基础。“经过改革开放几十年的大力发展。人们的生活水平已经得到全面提高。但是人们已经不仅仅满足物质文化生活水平的提高，需求的深度和广度在不断拓展。所以，从总体来讲，在进入新时代之后，中国社会主要矛盾已经转化为人民日益增长的美好生活需求和不平衡不充分的发展之间的矛盾”[2]因此，巩固拓展脱贫攻坚成果，以脱贫攻坚阶段建立的涉农产业为基础，充分发挥政府引导性作用、市场决定性作用、涉农企业主体性作用，加快构建现代农业产业体系、生产体系、经营体系、服务体系，提高产业发展的质量与规模，推动一二三产业融合创新，不断丰富产业形态和产品结构，塑造农产品品牌，形成乡村振兴阶段农村经济发展的竞争力十分必要。

（二）乡村振兴工作需要加强农村基层党建和村民自治组织建设

农村基层党组织是乡村振兴的带头人。在开展乡村振兴工作时，农村基层党组织和村民自治组织的能力，直接关系乡村振兴实施效果，这就对农村基层党组织和村民自治组织提出了更高的要求。因此，把政治素质高、群众基础好、发展意识强、头脑思维活、热情高涨、干劲足的党员选拔到农村党支部书记岗位，由农村党支部书记带动党支部和村委会形成乡村振兴的核心力量。同时，积极研究农村经济和社会发展的新情况，培育健全村民自治组织，用党组织带动农村经济组织、社会组织，壮大农村集体经济组织，加快发展各类社会组织，形成党支部、村委会、农民经济合作社和农村社会组织共同参与乡村振兴工作的基层组织格局，形成推动乡村振兴的合力。

（三）乡村振兴工作需要加强农村文化建设

文化既是凝聚民族力量的精神纽带，推动社会发展的重要支撑；也是直接关系民生福祉，关系人的全面发展的关键要素。习近平总书记在庆祝中国共产党成立 95 周年大会上的重要讲话中指出：“坚持不忘初心、继续前进，就要坚持中国特色社会主义道路自信、理论自信、制度自信、文化自信，坚持党的基本路线不动摇，不断把中国特色社会主义伟大事业推向前进。”[3]对于“文化自信”，习近平总书记这样定义：“文化自信，是更基础、更广泛、更深厚的自信。在 5000 多年文明发展中孕育的中华优秀传统文化，在党和人民伟大斗争中孕育的革命文化和社会主义先进文化，积淀着中华民族最深层的精神追求，代表着中华民族独特的精神标识。我们要弘扬社会主义核心价值观，弘扬以爱国主义为核心的民族精神和以改革创新为核心的时代精神，不断增强全党全国各族人民的精神力量。”[4]乡村是中国传统文化的根基所在，因此，深入宣传社会主义核心价值观，认真挖掘优秀传统农耕文化蕴含的思想观念、人文精神、道德规范，培育文明乡风、良好家风、淳朴民风，丰富农村精神文化生活，提升农民文化素质、文明素养和精神风貌，提高乡村社会文明程度，是实现乡村振兴的内驱力。

（四）乡村振兴的人才需求为农科大学研究生创造了施展才华的机会

乡村振兴需要能力更加全面的人才。笔者认为可以尝试从以下几个方面入手，挖掘、培育乡村振兴所需人才。第一，积极从青年、致富能手、返乡创业者、新乡贤等群体中发展党员，进一步增强农村基层党组织的创造力、凝聚力、战斗力，努力引导农村无职务党员在乡村振兴中发挥作用。第二，大力培育乡土文化人才，努力打造文化惠民工作队伍。第三，通过相关优惠政策，吸引、引导城市不同类型人才服务乡村振兴等。通过人才引进实现研究生返乡、入乡创业是农科大学研究生施展才华的绝佳机会。

三、在自然辩证法课程中开展研究生社会责任教育探索

2008 年 9 月，石家庄三鹿集团股份有限公司生产的婴儿奶粉，被发现导致多位食用婴儿出现肾结石症状，“三聚氰胺”事件爆发。“染色馒头”“苏丹红”“地沟油”“塑化剂”等其他食品安全事件说明我国食品安全领域社会责任感缺失严重。一味追求利益不考虑后果是少数不法分子的行为引发食品安全问题的具体原因。近年来，笔者结合专业硕士自然辩证法科学技术与社会一部分教学内容重点开展了两个方面的工作。

（一）丰富教学内容，结合“科学技术与社会教学”引导学生深入思考

党的十八大以来，以习近平同志为核心的党中央，团结带领全国各族人民，紧紧围绕实现“两个一百年”奋斗目标和中华民族伟大复兴的中国梦，举旗定向、谋篇布局、攻坚克难、强基固本，开辟了治国理政新境界，形成了一系列治国理政新理念新思想新战略。习近平总书记在十八届中共中央政治局第一次集体学习时的讲话中指出：“中国特色社会主义道路，是实现我国社会主义现代化的必由之路，是创造人民美好生活的必由之路。中国特色社会主义道路，既坚持以经济建设为中心，又全面推进经济建设、政治建设、文化建设、社会建设、生态文明建设以及其他各方面建设；既坚持四项基本原则，又坚持改革开放；既不断

解放和发展社会生产力，又逐步实现全体人民共同富裕、促进人的全面发展。”[5]引导学生在理论层面思考，就可以使学生理解民族的发展方向是与乡村创业密切相关，创业只有与时代的方向紧密结合才会充满希望。课后跟踪调研显示，学生感觉这种讲授方式更能激发使命感和责任感，更能把创新创业理想与民族未来有机结合。

（二）教师选择中华民族历史上的优秀案例引导学生自学

习近平总书记指出：“如果一个民族、一个国家没有共同的核心价值观，莫衷一是，行无依归，那这个民族、这个国家就无法前进。”[6]“中华文明绵延数千年，有其独特的价值体系。中华优秀传统文化已经成为中华民族的基因，植根在中国人内心，潜移默化影响着中国人的思想方式和行为方式。今天，我们提倡和弘扬社会主义核心价值观，必须从中汲取丰富营养，否则就不会有生命力和影响力。”[7]

中华民族传统文化博大精深，思想源远流长、内容丰富、影响深远，它以其深刻的哲理性、广泛的应用性、长久的可鉴性、跨越2000多年的历史，影响着东方乃至整个世界。中国乃至东方的管理思想，莫不以中国文化为源。西方商界人士长期以来被信奉为“黄金法则”“人类行为的伟大法则”的一条准则就是儒家学派创始人孔子的一句至理名言——“己所不欲，勿施于人”。

鉴于研究生课程课时较少，教师采取发放阅读材料引导学生自学辅助教学的模式。

一方面，结合名言“科学无国界，但科学家有祖国。”设立自学主题。引导学生自学中华人民共和国成立后辗转回国的钱学森先生、为国家事业奉献毕生的邓稼先先生及1968年12月5日因乘坐的飞机失事而牺牲的郭永怀先生等归国科学家感人事迹。帮助学生理解：科学是人类智慧的结晶，是属于全人类的财富，理应为全人类服务；因此，科学无国界。但是，科学事业的发展和科学家的命运都与自己的祖国有着密切的关系，科学知识的运用却离不开具体的国家。当下综合国力的竞争集中体现为科技的竞争和人才的竞争，强化高技术应用型人才的社会责任。

另一方面，给出个人所得税税率计算纳税方法帮助学生理解“一元年薪”的奥秘。在此基础上，布置学生采取比较方法，自学陈嘉庚和卢作孚两位爱国实业家的故事，从探讨企业家精神的角度帮助学生提高社会责任感。引导学生体味陈嘉庚先生从1913年在家乡集美创办小学开始的捐赠办学经历，尤其是“宁可变卖大厦，也要支持厦大”的壮举；同时，引导学生自学陈嘉庚先生带领南洋华侨支持抗战的事迹，领悟毛泽东主席给予的“华侨旗帜，民族光辉”高度评价。在此基础上进一步地理解陈嘉庚先生提出的做人原则：公——永无止境的奉献，忠——永不动摇的爱国，毅——永不言败的坚强，诚——永不毁诺的铮铮傲骨。此外，引导学生研究卢作孚先生所领导的民生公司在抗战时期抢运各类人员、物资的情况，用统计数字说明其贡献和损失情况；分析卢作孚先生被毛泽东主席誉为旧中国实业界“四个不能忘记”人物之一的原因。帮助学生理解企业家的最高境界是报效国家，创业者的第一门功课就是爱国和回馈社会的观点，努力达成农科大学研究生社会责任教育目标。

参考文献：

[1] 习近平．在全国脱贫攻坚总结表彰大会上的讲话［N］．人民日报，2021-02-26（02）．

[2] 乔惠波，张凯．习近平新时代中国特色社会主义经济思想的学理逻辑和实践进路［J］．改革与战略，2021，37（5）：23．

[3] 习近平．在庆祝中国共产党成立95周年大会上的讲话［N］．人民日报，2016-07-02（02）．

[4] 紧紧围绕坚持和发展中国特色社会主义学习宣传贯彻党的十八大精神，习近平谈治国理政［M］．北京：外文出版社，2014（9）．

[5] 青年要自觉践行社会主义核心价值观，习近平谈治国理政［M］．北京：外文出版社，2014（168）．

[6] 青年要自觉践行社会主义核心价值观，习近平谈治国理政［M］．北京：外文出版社，2014（170）．

北京农学院师德师风建设的探索与实践*

王佳美

摘要：教师是立校之本，师德是教育之魂，国家历来重视师德师风建设工作，为加强和改进新时代师德师风建设，提升教师思想政治素质和师德素养，倡导全社会尊师重教，近年来，先后出台一系列政策建立健全师德师风长效机制。为切实提高师德师风建设水平，提升教师立德树人能力，各高校均对应制定了配套制度，落实相关举措保障师德师风建设工作。本文介绍了高校师德师风建设的背景及北京农学院师德师风建设工作的探索与实践，并结合学校发展实际展开思考。

一、背景

所谓“师者也，教之以事而喻诸德也。”立德树人是教育的根本任务，而人才培养关键在教师，教师队伍素质直接决定着学校的办学能力和水平，而师德师风建设占据教师队伍建设的首要位置。国家历来高度重视学校师德师风建设工作，党的十九大报告中指出：加强师德师风建设，培养高素质教师队伍，倡导全社会尊师重教。习近平总书记在全国高校思想政治工作会议上强调：要加强师德师风建设，坚持教书和育人相统一，坚持言传和身教相统一，坚持潜心问道和关注社会相统一，坚持学术自由和学术规范相统一，引导广大教师以德立身、以德立学、以德施教。

国家制定出台了一系列政策以指导规范学校师德师风建设工作。2005 年，教育部关于进一步加强和改进师德建设的意见，首次以专门制度文件的形式对师德建设做出要求。国家及北京市先后颁布了《关于建立健全高校师德建设长效机

* 作者：王佳美，女，北京农学院教师工作部（人事处、教师发展中心），助理研究员。

制的意见》《新时代高校教师职业行为十项准则》《中共中央国务院关于全面深化新时代教师队伍建设改革的意见》《关于加强和改进新时代师德师风建设的意见》《新时代北京高校教师职业行为十项准则》《中共北京市委北京市人民政府关于全面深化新时代教师队伍建设改革的实施意见》等一系列文件。虽然不同时期政策文件内容有所差异，但均结合时代发展对师德师风制度建设提出了具体要求，旨在构建师德师风建设制度体系和师德师风建设长效机制，以切实提升教师思想政治素质和师德素养，引导激励广大教师成为“四有”好老师，为培养德智体美劳全面发展的社会主义建设者和接班人做出新的更大贡献。

二、学校师德师风建设的探索与实践

师德兴则教育兴，教育兴则民族兴。为加强和改进学校师德师风建设，落实立德树人根本任务，学校以习近平总书记关于师德师风的重要论述为根本遵循，贯彻落实国家及北京市关于师德师风建设相关文件精神和要求部署，在师德师风长效机制建立、组织保障、理论学习、强化教育、严格考核、榜样激励、警示教育等方面开展师德师风建设工作探索，采取了多项举措。在实践工作中，注重高位引领和底线要求相结合，严管和厚爱并重，以激发教师自觉提高思想政治素质和育德育人能力的内生动力，引导教师成为大先生并做学生为学、为事、为人的示范。

（一）建立健全工作机制，提供师德师风建设制度保障

为落实国家及北京市关于师德师风建设的总体部署，加强和改进学校师德师风建设机制，形成学校良好的师德师风和教风学风，积极引导广大教师做有理想信念、有道德情操、有扎实学识、有仁爱之心的好教师，结合工作实际，学校先后制定出台了《关于建立健全北京农学院师德建设长效机制的实施办法》《新时代北京农学院教师职业行为规范》《北京农学院教师师德考核办法（试行）》《北京农学院教师师德失范行为处理办法》《北京农学院新教师入职宣誓制度》《北京农学院师德承诺制度》《北京农学院2021年开展师德专题教育工作方案》等一系列文件，建立了学校师德师风长效机制，明确了教师职业行为规范要求，规范了教师师德考核相关内容，界定了师德失范行为及其处理办法，确立了学校新教师入职宣誓和师德承诺相关要求，健全学校师德教育制度，为学校师德师风建设相关工作开展提供制度保障。

（二）组建师德工作专班，协同推进师德师风建设工作

为更好地开展师德师风建设的总体规划和统筹协调工作，学校成立了师德建

设委员会。师德建设委员会设双主任，由学校党委书记和校长共同担任，副主任由分管成员部门的校领导担任，成员由涉及师德师风建设工作的相关部门主要负责人组成。在学校各二级党组织下设立师德建设分委员会，分委员会在学校师德建设委员会的领导下负责本单位师德建设具体工作。在开展学校师德师风建设相关工作时，各相关职能部门和二级单位明确任务分工，齐抓共管，通力合作，结合本单位工作分别负责师德的考核与惩处、教师的学术规范、教师课堂教学的行为与规范、研究生导师的行为与规范、师德建设宣传、师德督查等重点工作，协同配合，落实推动学校师德师风建设工作。

（三）加强政治理论学习，提升教师思想政治素质

为引导广大教师坚定理想信念、厚植爱国情怀，学校严格落实教职工政治理论学习制度，加强教师政治理论及政策学习，提升教师的政治素养。每年年初发布学校教职工政治理论学习计划，要求教职工利用每周固定学习日，采取个人自学与集中学习相结合、线上学习与线下学习相结合的形式进行政治理论学习，指导业务实践，推动具体工作。学习重点一般为政治理论、形式政策、党风党纪、师德师风、国家、地方最新决策部署及学校重要规章制度，以准确把握政策要求，结合国家和地方需求，研究解决实际问题，提高业务能力。同时，积极利用各类新媒体组织教师政治理论学习，提升理论学习的吸引力和感染力，调动教职工参加政治理论学习的积极性。

（四）强化师德师风教育，提高教师师德师风素养

学校将师德师风教育摆在学校教师培养工作首位，采取多方式、多途径强化师德师风教育，并贯穿教师职业生涯全过程。每年对新入职教师开展专题培训，培养新教师教书育人、勇于担当的信念，在培训中落实新入职教师宣誓制度，举行新教师入职宣誓仪式，开展入职教师师德教育“第一课”；每年开设青年骨干教师培训班，精心设计学习课程，组织学校青年骨干教师开展理论学习培训活动，并以党史学习为主线，走进革命教育基地，开展具有农林特色社会实践活动，在实践中提升教师的政治素养和师德涵养，引导青年教师快速成长为学校政治素质过硬、业务能力精湛、育人水平高超的新时代高素质教师；定期举办“师享沙龙”活动，搭建教师学习沟通交流的平台；邀请校内外专家为学校教师就师德师风做专题辅导，利用线上线下资源开展师德师风系列专题培训；为便于全校教师开展师德师风学习，编排师德师风学习资料汇编，搭建学校师德师风学习专题网站，对师德师风工作开展情况进行及时报道宣传，引导教师牢固树立“学高为师，身正为范”的价值观念，激发教师践行教书育人的崇高理想。

（五）严格教师考核评价，落实师德师风第一标准

严把教师队伍入口关，在教师招聘、人才引进中严格要求拟聘人员的思想政治和品德，对存在问题的人员坚决杜绝引入；把师德师风作为评价教师的第一标准，落实教师师德平时考核和年度考核工作。平时考核注重考核教师日常师德表现和遵守纪律、履行岗位职责等情况。每年定期开展的年度师德考核工作重点考察该年度教师的理想信念、工作态度、教书育人、为人师表、学术道德等师德方面表现，为每位教师确定优秀、合格、基本合格或不合格的考核档次。注重师德考核结果的运用，将师德考核结果作为岗位聘用、职称评定、职务晋升等工作的重要依据，发挥师德考核对教师行为的约束激励作用。

（六）开展榜样选树宣传，营造尊师重教良好氛围

加强师德榜样教育，发掘师德典型，讲好身边师德故事。学校通过校园网络、橱窗板报、微信公众号等媒体平台，除了向各领域先进模范开展专题学习，注重持续挖掘、选树学校优秀教师典范，树立身边的榜样，开展各类优秀教师评选。宣传学校优秀教师先进事迹，充分发挥其示范带动作用，引导教师珍惜荣誉，自觉遵守教师职业道德规范。以每年教师节重大节庆日为契机，隆重召开教师节庆祝大会，在会上对满三十年教龄人员、荣休人员、校级及市级荣誉称号获得教师进行表彰，组织新入职教师对“成长导师”致礼活动，组织教师荣休相关仪式，传承和弘扬尊崇师道的文化理念，增强教师的光荣感、自豪感与使命感，营造尊师重教的良好氛围。

（七）加大警示教育力度，时刻筑牢教师思想防线

开展各类警示教育活动，编排师德警示教育学习材料，编印师德警示教育宣传橱窗，组织全校教师开展“师德建设与警示教育”专题学习，召开警示教育大会，引导教师以案为鉴，时刻筑起拒腐防变的思想防线，做到警钟长鸣。落实教师师德失范行为惩处机制，严格按照《北京农学院教师师德失范行为处理办法》规定，实行教师师德失范行为“一票否决”，对存在师德失范行为教师按照程序进行严肃惩处，对出现问题的各二级党组织，详细通报师德违规问题及处理结果，组织教师讨论剖析原因、对照查摆自省。同时，学校搭建师德失范曝光平台，对出现的师德失范行为进行及时曝光；以此引导教师时刻反省自身，遵纪守法，不越底线，不碰红线。

三、学校完善师德师风长效机制建设的思考

师德师风建设工作是高校一项重要性且长期性的工作，经过长期制度建设和

实践探索，学校师德师风工作取得了一定成效。新时代师德师风建设呈现新特点，面临新挑战，需要结合新形势新任务持续探索，不断完善工作机制建设，在结合时代发展和校情实际的基础上，持续提高师德师风建设工作实效。要不断创新政治理论学习形式，丰富学习内容，提高学习效果；要持续探寻形式多样、深入人心的师德教育活动，将师德教育贯穿于教师日常的教学科研工作中；要继续健全师德考核评价体系，结合新形势下教师行为凸显的新特点，细化师德负面清单，不断提高师德失范行为处理的可执行性和可操作性。

学校师德师风建设要不断探索新模式、新方法、新路径，多措并举，探索构建完善的学校党委统一领导、党政齐抓共管、院系具体落实、教师自我约束的师德师风建设常态化、长效化机制，突出全员全方位全过程师德养成。引导广大教师始终牢记为党育人、为国育才使命，模范践行“四有”好老师标准，助力学校都市特色高水平应用型现代农林大学建设。

参考文献：

[1] 赵浚．新形势下高校师德建设的长效机制探析 [J]．思想教育研究，2015 (12)．

[2] 郑晓东，肖军霞．新形势下高校师德师风建设的时代价值与实践路径 [J]．思想理论教育导刊，2019 (8)．

浅析新时代高校研究生志愿服务育人功能及实施路径*

杨 刚 翟 硕 李国政

摘要：党的十八大以来，习近平总书记多次给志愿者回信强调志愿服务对青年学生成长成才的重要性，志愿服务是高校实践育人的重要途径。研究生作为高校学生群体中的重要组成部分，利用志愿服务教育引导研究生的思想政治教育、加强实践锻炼是研究生教育教学培养的有效补充。面对当前研究生志愿服务的困境，遵循研究生的成长规律，从“六性”上下足功夫，推动志愿服务对研究生的育人功能。

志愿服务，是从西方国家的慈善服务演变过来的，随着时代的发展、慈善精神的不断传承，后来人们将具有公益性质的服务行为称为“志愿服务”。当前，虽然我们对志愿服务的含义有不同的界定或定义、侧重也有所不同。但是，志愿服务的根本内涵还是一致的，都是社会个体在不寻求回报的情况下，为了促进社会和谐发展、维护社会稳定而服务社会、回报社会的一种社会行为。社会服务具有自愿性、无偿性、公益性。在我国发布的《志愿服务条例》中对于志愿服务的定义是志愿者和志愿服务组织向社会提供自愿、免费的公益服务的一种社会行为。

党的十八大以来，党和国家都十分重视高校学生的志愿服务情况。习近平总书记多次在全国重要会议中对志愿服务工作作出部署，在多次讲话中提及志愿服务，并曾回信志愿者，鼓励他们心系祖国、怀揣梦想、扎实学识、锤炼本领、用实际行动践行“奉献，友爱，互助，进步”的志愿服务精神，有效促进社会进

* 作者工作单位：北京农学院园林学院。

步，在谱写中华民族的伟大复兴中贡献自己的力量。

近年来，高校学生参与志愿服务，在各类重大盛会、重要赛事等活动中俨然已经成为重要的力量，大到2008年北京奥运会、2019年世园会、2022年北京冬奥会和冬残奥会等，小到社区疫情防控、垃圾分类、文化宣传等，都可以看到青年学子参与，可以看到青年学子在其中通过专业知识发挥出不可替代的作用。研究生作为高校中重要的学生群体的一部分，具有高学历、专业知识扎实、自我管理好、学习能力强、自由支配时间多等特点。面对社会需求，更高学历、更高素质的、综合能力更强的研究生群体参与志愿服务，显然会更有助于志愿服务工作开展、品牌项目设立及长期化推进等，同时更能够有效补充研究生教育中的社会实践锻炼，有利于为党和国家培养好德智体美劳全面发展的社会主义合格建设者和可靠接班人。

一、高校研究生志愿服务育人功能分析

（一）理想信念塑造功能

相对本科生而言，研究生群体在思想层面更加开阔，思考问题的方式更具深度。在专业层面上科研任务相对较重，但平时课余时间相对较多、课业压力小。不过，正所谓学以致用，研究本就是要与实际相结合的。志愿服务作为高校研究生的“第二课堂”，是拓宽研究生素质教育的重要载体[1]。在社会主义核心价值观的指导下，研究生志愿者坚持发扬“奉献、友爱、团结、互助”的志愿服务精神，积极开展支教助学、社区服务、助残帮扶、赛事保障工作等实践活动，发挥青年人榜样示范作用，既培养了奉献精神也在志愿服务中实现了自我价值和社会价值。学生的社会责任感提升。学生通过参加丰富多样的志愿服务实践活动，在与服务对象的联系中厚植爱国主义情怀，明确自我价值和志愿服务的教育价值的意义，从而在志愿服务中锤炼本领，丰富精神世界，增强使命感和社会责任感。

（二）价值导向功能

面对经济社会的快速发展，让人们的价值观也有了多元化发展的趋势。研究生的思想观念趋于成熟、但未完全成熟的阶段，但是还需要进一步加强价值取向的引导[2]。志愿服务不仅能丰富研究生的社会实践经验，还能增加研究生对社会的深刻了解和认识，更重要的是可以有效地促进研究生的价值观及理念的形成，进而能引导研究生对社会产生正确、稳定的价值判断和选择，这也是志愿服务的育人功能在新时代研究生中发挥正确价值导向的积极表现。因而，高校积极用好

实践育人功能的导向作用，引导研究生的思想和行为健康发展，不断提高研究生的责任感和服务意识。

（三）精神激励功能

志愿服务的激励功能体现为一种精神动力和内在动机。研究生群体接受的高水平教育使他们的学习理解能力更强，整体素质普遍更高。从另一角度来看，研究生群体作为在校生，疏于和社会的工作交流，缺少社会工作经验。根据马斯洛需求层次理论，研究生群体基本上得到生理、安全、社交、尊重需要的满足。在自我实现需求的驱动下，志愿服务活动能充分体现研究生志愿者的个人价值，满足了研究生志愿者的个人成就感，从而引导研究生以更加饱满的热情、更加积极主动地参加到志愿服务活动中去。

二、高校研究生志愿服务存在的困境

（一）研究生志愿者服务意识淡薄，存在功利性与复杂性

开展各项志愿服务活动的初衷是“人人都是志愿者，人人都是受益者”，但在实践中发现，部分研究生参与志愿活动的动机复杂并呈现出一定的功利性。有的学生是为了获得“志愿时长”“评优资格”“入党优先权”而参加志愿服务；有的学生选择志愿服务活动，更多关注的不是如何为他人提供服务，而是关心能否更轻松完成志愿服务活动获得志愿学时。部分研究生对志愿服务的育人价值没有深刻的认知，导致学生主动参与性不高、服务意识十分淡薄、服务工作形式化，并没有真正理解志愿者精神的本质，严重影响了研究生群体的整体素质和形象[3]。

（二）志愿服务工作机制不够健全，规范性和制度性有待加强

尽管我国相继出台了《关于推进志愿服务制度化的意见》《关于支持和发展志愿服务组织的意见》《志愿服务条例》[4]，为各组织开展志愿服务给予了文件指导，但是部分高校志愿者、志愿服务组织和志愿服务管理的文件制度建设还是不够完善，工作机制和组织体系还不够完整，缺少志愿服务实践和教育的制度建设，容易造成志愿服务管理松懈、“重形式、轻内容”的局面；部分高校为了促进志愿服务实践育人功能的展现，对学生志愿服务进行量化评估，但缺乏全面系统的统筹规划，往往由学生自发完成，过程前后缺少必要的过程考核和培训。部分志愿者一方面为了完成规定的志愿服务时长要求，不得不参加一些低质量临时性的志愿服务活动，求得学时，草草收场，缺乏应有的团队精神和纪律意识，严

重地影响了志愿服务的规范化和长效化，未能实现志愿服务育人的初衷；另一方面服务的精准性和有效性大大降低，没有得到使用单位的认可，严重影响了与使用单位的互通互信，还严重浪费了志愿服务资源，更是没有达到高校与社会的协同教育效果。

（三）志愿服务类型缺乏创新，主动性和创新性不高

当前，研究生志愿服务理念与时代不同步，高校发起的部分志愿服务活动仍然停留在内容单一的志愿服务活动上，质量降低，不能充分发挥新时代背景下志愿服务理念的价值引导作用，志愿服务类型创新不高，实践育人功能发挥不足，使高校研究生不能充分发挥对社会现状的改善作用，从而让研究生参加志愿服务活动的积极性大打折扣。

三、新时代高校研究生志愿服务的实施路径

当前，我们跨入新时代，面对新征程、新起点、新发展、新目标，高校研究生志愿服务的本质还是要落实到立德树人的根本任务上来，用好志愿服务引导高校研究生进一步坚定理想信念，践行社会主义核心价值观，增强研究生的社会责任感，促进他们的身心健康，立足于培养德智体美劳全面发展的社会主义建设者和接班人上下足功夫，切实推进志愿服务的育人功能。

（一）注重研究生志愿服务的科学性和规范性，逐步完善研究生志愿服务的工作机制

要通过顶层设计加强统筹研究生志愿服务工作，强化主管部门的组织领导，推进研究生志愿服务的组织管理体系建设，有效保证志愿服务的规范、科学有序运行；利用好团学工作部门及研究生干部不断加强志愿者骨干队伍建设，培养一批志愿服务骨干，成为校园志愿服务的宣传员、组织员和管理员；结合学科建设，注重专业知识的时间锻炼，设立可持续、有实效、可推广的志愿服务项目，并结合教育教学目标，融入实践教学的任务，为志愿服务提供人员参与的充分保障；结合国家制定的志愿服务相关文件精神，推动高校的志愿服务条例和志愿者管理规范。从志愿者招募—注册登记—培训管理—奖惩激励等制度，进一步明确工作章程，为志愿服务工作提供规范；加强组织管理和监督检查制度，以组织管理、承诺及监督考核制度来强化志愿服务过程中的工作纪律和责任义务，保证志愿服务工作从组织—开展—总结的闭环管理；加强典型事迹宣传制度和工作汇报制度，以榜样的力量促进志愿服务开展，不断强化榜样对学生的引领作用，形成“明星”效应，在校园和社会产生正向影响。工作制度的制定还要遵循思想政治工作、教育教学和学生成长规律，做到从上到下、从前到后、从左到右的全方位

的制度保障，切实保证志愿服务的运行有据可依、有法可循。

（二）注重研究生志愿服务的可行性和长效性，有效搭建研究生志愿服务的实践平台

高校要积极发挥专业优势，有效利用各类的校外志愿服务资源，建立良好的互通互信，推动志愿服务实践基地的建立。志愿服务实践基地可以有效补充研究生教育教学中的社会实践环节，完善教学和实践的融合、知识和能力的融合、教学育人和实践育人的融合，有效推动高校资源和社会资源的融合，达到双方共赢发展；志愿服务实践基地有利于研究生志愿服务的专业化发展。积极发挥研究生的专业水平高、课余时间灵活、综合素质较好等优势，按照不同需求分类建立好专业志愿者队伍和通用志愿者队伍，根据不同的类别提供不同的专业服务，规范志愿服务工作，有效推动志愿服务的项目化；志愿服务实践基地有利于加强研究生志愿服务队伍建设，满足研究生教育教学培养的同时，更能实现研究生志愿者的专业化培训，同时还能不断充实实践基地的人才储备，达到志愿者的快速成长和实践基地发展的“双赢”效果。

（三）注重研究生志愿服务的可推广性和可借鉴性，不断加强研究生志愿服务的影响效果

提高志愿服务影响力需要依靠品牌志愿服务项目和典型事迹的宣传。当前，随着社会的不断进步，网络信息的快速发展，互通共享的信息更能够帮助人们激发更多的新奇创意点，要更加注重志愿服务的长效性，更要注重志愿服务的可推广性和可借鉴性，不断复盘总结完善活动，建立好志愿服务的品牌项目，扩大研究生志愿服务影响；还需要充分利用新闻报道、官方微信公众平台、微博等多种新媒体，宣传志愿服务活动和志愿者的感人故事，潜移默化地在校园形成志愿服务文化氛围，形成关心、支持和参与志愿服务的良好舆论环境，促进高校研究生志愿服务的发展；挖掘研究生志愿服务先进团队典型和个人典型，形成典型经验的同时，更要加强宣讲队伍建设，通过微视频、微团课、微党课，特色团课、特色班会、特色党课等多种形式浓郁校园志愿服务文化，增强志愿服务工作的吸引力，强化思想政治教育实践育人的成果。

参考文献：

［1］黄帅．新时代高校大学生志愿服务育人功能及实现路径探究［J］．大学，2021（34）：57－59.

［2］李清江．新时代大学生志愿服务实践育人功能及实现路径创新研究［J］．文化产业，2021（30）：108－110.

［3］孙艺婧．浅谈志愿精神下研究生支教团的科学发展［J］．学理论，2019（01）：88－91.

［4］李伟华．新时代高校志愿服务育人功能及实施路径探析［J］．北京教育（高教），2021（02）：66－68.

［5］黄凯，周芳，张悦．新时代高校志愿服务实践育人体系构建——基于服务学习理论的视角［J］．教育教学论坛，2022（01）：1－4.

［6］董润芸，耿越，丁雪．研究生与本科生志愿服务对比研究［J］．山东工会论坛，2014，20（03）：167－169.

如何通过合理有效的培养管理来降低研究生心理压力之研究

吴春阳　胡婷婷

摘要：随着我国教育事业的发展，研究生已经成为我国高校人才培养的主要群体，高校心理健康课程对于保障研究生健康成长、培养研究生综合素养具有重要的引导作用。高校应该加强与研究生的沟通，让在校研究生能够更好地应对心理压力，并在研究生培养过程中通过合理有效的管理来降低学生心理压力，为在校研究生身心健康发展奠定坚实基础。

一、引言

随着我国教育事业的发展，研究生已经成为我国高校人才培养的主要群体，且对于学生来说，研究生阶段的教育与学习对于其完善人格、远大理想的形成具有重要的促进作用，也是学生形成正确的价值观与人生观的关键时期。研究生的研究学业压力较大，还将面对生活以及就业的压力，容易出现心理问题，进而造成不良的社会影响。

研究表明，目前我国有3000万青少年处于心理的亚健康状态，其中研究生群体的心理和行为障碍占到16%～25.4%，近年来有上升趋势。研究生是社会上受到高层次教育的知识群体，是未来国家建设的栋梁。但是，近年来随着心理压力越来越大而发生自杀行为的事件不在少数，研究生心理健康状况受到越来越多人的关注。针对在校研究生心理压力的形成因素进行分析，从而更好地明确对研究生心理带来压力的因素并制定完善的缓解策略，让在校研究生能够更好地应对心理压力，为在校研究生身心健康发展奠定坚实基础。

（一）研究生心理健康状态现状

近年来，高校研究生的心理问题频繁曝光，引来社会各界的关注和关心。这一状况也间接影响研究生自身发展和高校的教育质量。研究生是21世纪国家培养的高素质人才，是祖国的未来与希望，研究生的健康成长关系到国家的命运与前途，而研究生的心理健康是研究生健康成长的重要组成部分。生活、学习、就业乃至情感问题都会成为当代研究生“压倒骆驼的最后一根稻”。在研究生繁重的课业、科研压力、就业期望等情况下部分同学可能存在抑郁、人际敏感、焦虑、自卑等情绪。虽然研究表明研究生的心理健康问题只是处于薄弱环节，但是研究生的心理健康问题应该得到应有的关注与重视。

1. 自卑心理

与本科生相比，部分研究生无论是在身体年龄还是在心理年龄上都处于相对成熟状态。研究生入校时有着更高的自我期望与目标。部分研究生爱与别人进行比较，往往看不到自身优势，喜欢用自己的缺点与别人的优点比较，久而久之，便会形成自卑心理。

2. 抑郁心理

部分研究生情感较脆弱、敏感、情绪化，一旦在生活、学习和工作等方面出现困扰和挫折时自身难以调节，容易情绪持续低落、郁闷，少数研究生会发展成为神经症性抑郁症，严重的抑郁甚至会导致产生自杀心理和行为。

3. 过度猜疑和嫉妒心理

一些研究生敏感多疑，爱猜忌，遇到争执就认为别人跟自己过不去，交往中过分敏感，爱嫉妒、抱怨和指责他人；当看到别人取得成绩时，心里便觉得不是滋味、无法忍受等。

二、硕士研究生出现心理健康问题的原因

（一）就业职业压力较大

研究生相对本科生年龄偏大，但仍属于学生的范畴，在经济上未完全独立，在完成研究生学业方面可能还需要父母的支持，对于贫困家庭的学生，不仅无法为家庭增加收入，反而给家庭带来了负担，心理上有压力。另外，由于疫情原因研究生扩招，导致研究生的就业形势十分严峻。研究生毕业生增多，可就业机会没有变多，导致研究生不能找到预期的“好工作”，甚至需要和大批本科生竞争同一个工作岗位，使研究生产生“自卑”心理，产生很大的心理压力。

（二）研究生学业压力大

学习科研是研究生的首要任务。研究生最希望提升的能力是科研能力。研究生的学习压力与大学生有所不同，研究生阶段更注重实验成果、文章发表等使研究生个体长期处于一种紧张状态。学生在入学后，学习方面往往比较被动，不能及时从本科死记硬背的学习方法上转变过来，内心或者潜意识里仍寄希望于导师指导，缺乏自主意识，不能独自完成课题，又不会主动与导师探讨，不积极参与学术实践，未能完全进入研究状态，对学习与科研往往感到迷茫导致学生产生焦虑情绪。

（三）人际交往能力欠缺

人际关系是人际交往活动过程中形成的直接的心理上的关系或心理上的距离，是人的基本需要。大多数研究生日常主要以个体学习和实验室工作为主，较少有时间与同学交流，导致同学间信任感不强，出现问题时无人倾诉。研究生不敢与导师平等交流，在交往中产生误解时不知如何处理，且导师的科研工作较为繁忙，较注重任务与学术成果交流，忽略与学生交流中的情感连接，导致研究生对与导师交往产生畏惧甚至是厌恶情绪。

（四）自我调适能力欠缺

新入学的研究生在面对全新的学习生活环境以及全新的学习方式，部分同学无法完全适应角色的转变，从本科生过渡到研究生，从基础知识的学习到研究能力的培养，这时心理上容易产生失落的情绪。另外，研究生不再是以前的“死读书”模式，即使之前十分优秀，但可能在研究生阶段平平无奇，曾经老师口中的“好学生”在研究生阶段变成“平庸之辈”，部分同学无法及时转变这种心理，心理落差极大，甚至开始抵触、后悔、放弃。

三、硕士研究生心理健康教育对策

（一）研究生入学心理健康测评

目前，我校对新生开展了心理健康普查并存档。采用研究生心理测评量表对在校研究生定期进行心理健康普查，并建立学生心理档案，通过普查筛选出可能存在心理问题的学生，及时进行心理治疗，对一些存有心理障碍的学生进行定期的心理辅导。持续关注并跟进研究生心理健康，在心理健康普查中对有心理问题的学生进行追访。目的是了解他们在心理咨询后心理发展的变化以及他们如何运用特定的方式方法来解决内心的困扰和困惑，从而提高心理咨询的水平。目前，我们十分注重对学生们的心理健康教育，每年新生入学都会进行研究生入学心理健康测评，着重关注一些入学心理就有轻度和中度问题的学生，通过导师、班干部、舍友等多种渠道了解学生动态。

（二）与学生座谈交流

定期组织学生开展学生座谈会，强化学生三观教育，及时了解学生在培养过程中遇到的困难和学业方面的困扰，提前做沟通和疏导。研究生的人生观、世界观、价值观在这个时候已经树立起来并逐渐趋于成熟。从这三个方面下手进行教育，正确良好的人生观、世界观、价值观，能对学生的行为起到规范作用，进而使他们可以保持健康的心理状态，使研究生真正成为高学历、高素质的群体。

（三）组织培训及会议交流情况

组织动科学院研究生参加“尚农大讲堂”关于研究生心理健康和危机干预。参加农林院校导师指导能力提升项目的线上培训，主要是关于《研究生心理压力和师生有效沟通》。通过多种方式和媒介对研究生同学进行咨询和疏导。针对不同年级学生心理问题的类型为中心，组织不同的培训及会议交流，辅以实例分析、心理电影、团队训练等形式对研究生进行有针对性的心理辅导。

（四）丰富学生课余生活

课余生活在当代学生的精神生活中占据着非常重要的地位。对学生来说，课余生活不仅是他们学习专业知识和技能、发挥自身优势、锻炼自身能力的第二课堂，也是展现自身精神风貌、个性特征的舞台，对学生世界观、人生观、价值观的形成产生重要影响。随着我国教育事业不断发展，社会对人才培养的要求也发生了变化，不再只是需要单纯的学习优秀者，而且需要各方面全面发展的高素质人才。

培养学生的创新意识，在实践过程中调节自己的学习心态，还能够通过不同的活动发掘不同领域的榜样，促进学生的健康成长。组织开展一些征文活动、演讲比赛、辩论赛以及文艺演出等，学生在参赛的过程中能够发现不同领域中的佼佼者，进而发现自己生活中的榜样形象，产生相互学习、共同进步的想法，促进学生的发展。

四、小结

新冠肺炎疫情使研究生就业形势雪上加霜，对毕业生的求职心态、就业价值观念等产生一定的负面影响，导致毕业生出现抑郁、焦虑、迷茫等心理问题。学校应对研究生心理健康教育管理进行创新改革以及学生自身应增强个人优化意识，克服各种压力、学会调节自我、与他人沟通。学习通过调整管理方式，优化心理健康教育模式，让在校研究生能够更好地应对心理压力，为在校研究生身心健康发展奠定坚实基础。

参考文献：

[1] 张瑜，符国帅，覃海冰，等．研究生心理健康状态的影响因素及其辅导策略［J］，科教导刊（中旬刊），2020（5）：156－157.

[2] 柯小君，杨睿．新时代背景下“95后”研究生心理健康问题及对策［J］．高教论坛，2021（10）：75－80.

[3] 刘晓庆．研究生新生入学心理健康教育探析［J］．知识经济，2019（16）：177－178.

[4] 梁瑛楠，林婵婵，沈权杰．工科高校研究生心理健康状况调查研究［J］．产业与科技论坛，2021，20（21）：80－82.

工作报告

研工部（处）2021年工作总结与2022年工作要点

2021年12月6日

2021年研究生工作部（研究生处）立足事业新起点，以研究生教育大会精神、党的十九届五中、六中全会精神为指导，坚持问题导向、责任导向、发展导向，面对疫情把保障广大师生生命安全放在首位，提高政治站位，强化责任担当，秉承“务实、高效、合作”的工作理念，深入贯彻落实学校折子工程要求，稳步实施，踏实工作，较好地完成了2021年各项工作任务。

一、加快研究生教育综合改革，全面完成折子工程

（一）优化学科布局，强化特色学科建设

完成“十四五”时期学科建设与研究生教育规划工作，总结了“十三五”时期学校学科与研究生教育工作情况，对“十四五”时期的学科与研究生教育布局作出新的规划。

适应首都经济社会和行业发展需求，立足高水平应用型大学定位及发展目标，服从和服务于党中央“四个全面”战略布局，以服务京津冀协同发展需求为导向，进一步完善学科结构布局，突出学科方向与特色，优化学科人才队伍，改善学科发展条件，增强学科竞争优势，创新学科管理机制，提高学科建设水平。分类分层，突出重点，强化优势，形成特色，立德树人，育人为先，合作开放，共享共赢，创新机制，协同发展。

（二）完成学位点合格评估，以评估促改革、以评估促发展

根据国务院学位委员会和教育部联合印发的《关于修订印发〈学位授权点合格评估办法〉的通知》《关于开展2020—2025年学位授权点周期性合格评估工

作的通知》、北京市学位委员会办公室《关于开展2020—2025年学位授权点周期性合格评估工作的通知》文件要求，结合学校研究生教育工作实际，研究制定《北京农学院2020—2025年学位授权点自我评估工作方案》，组织启动学校周期性合格评估各项工作，本轮共有7个一级学科硕士学位授权点和3个硕士专业学位授权点参评。按照评估方案2021年度计划，完成《研究生教育发展质量年度报告》和《学位授权点建设年度报告》。

（三）完成研究生培养方案修订，深化研究生分类培养改革

按照硕士学位基本要求、研究生核心课程指南和学校复合应用型人才培养目标，全面完成研究生培养方案修订。其涉及11个一级学科、6个专业学位类别、7个农业硕士领域。按照培养方案课程设置，组织进行研究生课程大纲修订，包括24个学位点的375门次课程，包括学术硕士课程177门次，专业硕士课程198门次。

完成2021年度基质研究院、古树保护与修复、科技小院硕士研究生专班招生计划。本年度科技小院专班招收研究生20名。研究生深入基层，以科技、人才、教学“三位一体”为指导目标，依托科技小院建设，在服务中培养高水平应用型人才。基质研究院专班招收研究生20名。以产业需求为导向，推进研究生分类培养改革，进一步加强校企合作和产教融合，提升研究生应用能力和就业质量，为企业培养定制型专业人才，更好地服务首都区域经济社会发展、乡村振兴和京津冀协同发展。古树保护与修复专项班招收研究生22名。结合2021年秋季学期期中检查，组织召开了基质专班和古树专班的培养进展报告会，会议主要围绕现有专班的研究生培养进展情况展开，旨在以现有专班为模板，学习、总结与创新，为拟新建的专班提供借鉴与思路。

二、深化研究生培养制度建设，加强培养质量监管

（一）深入推进研究生教育综合改革

根据国家和北京市相关文件要求，结合学校工作实际，发布《北京农学院关于加快新时代学科与研究生教育改革发展的实施方案》，扎实推进新时代学科与研究生教育改革发展，围绕学校办学特色及定位，推进学术、专硕研究生分类培养，提升研究生教育质量。

（二）进一步优化教学运行管理

根据学校会议精神和教材使用情况检查工作部署，研究生处对基础部、马克

思主义学院、经管学院、文法与城乡发展学院等 4 个涉及外语课程、思政课程、社科课程的院（部）进行了重点抽查，其他 6 个以自然科学课程为主的院（部）采取了学院自查。基础部、马克思主义学院、经管学院、文法与城乡发展学院等 4 个学院共开设研究生课程 67 门次，其中学位公共课程 11 门次、学位领域主干课 18 门次，学位专业课 7 门次、选修课 31 门次。基础部《外国语（英语)》课程涉及本次检查外国语言类使用情况，没有使用未经审定的教材等违规违法行为。

为了使研究生及时了解都市现代农林业发展的前沿动态，进一步拓宽研究视野，提升研究生综合素质，增强学校学术氛围，现围绕我校办学特色及定位，结合研究生学习科研实际情况，于 2021 年秋季学期开设“都市现代农林进展”课程。本学期计划开设 8 期，目前，已经完成 5 期。

2021 年 9 月，根据《北京农学院硕士研究生课程教学管理暂行规定（修订)》等文件要求，启动研究生课程试卷档案销毁工作。课程试卷按学年度分批销毁，试卷袋中的纸质版成绩单留存，试卷（试卷分析）销毁。将纸质版成绩单扫描，存入电脑，同时做好纸质版成绩单、电子版成绩单整理和归档工作。目前，该项工作已接近尾声，预计 12 月中旬可以完成。

根据《关于北京农学院硕士研究生课程教学管理暂行规定（修订)》和《关于北京农学院硕士研究生外语课程免修的规定（试行)》规定，2021 年春季学期共有 39 名研究生英语课程符合免修免考条件，秋季学期共有 118 名研究生英语课程符合免修免考条件。

2021 年春季学期于 3 月 1 日至 3 月 12 日进行线上教学。执行线上授课周报制度，待 3 月 15 日后调整授课方式，续接线下课堂授课。2021 年春季学期共开设研究生课程 68 门次，其中前两周共开课 52 门次，3 月 1 日（周一）开课 11 门次。开学前两周，使用的线上授课平台涉及雨课堂直播、超星平台、腾讯会议直播、好视通直播等多种线上授课平台。各门课程均通过微信群进行签到，结合直播过程中随机点名的方式确保学生全勤上课。教师上课准时，课前准备充分，讲授内容清晰，课件图文并茂，教学案例丰富，可以通过直播正常与学生互动，进行线上答疑，教学效果良好。目前将要进行 2021—2022—2 学期的选课、排课工作，全日制研究生共预计开课 61 门次，非全日制开设公共课 1 门。

（三）持续完善培养过程管理

根据《北京农学院研究生学位论文工作管理规定》要求，3 月 9 日至 3 月 26 日期间，开展 2021 届研究生学位论文预答辩工作。结合 2021 年春季期中检查，研究生督导组检查了 2020 级研究生的培养计划进行情况及课程学分修习情况。加强学业预警管理，关注在校研究生学业进展。检查了 2020 级研究生的开题报告准备情况，各学院组织开题的时间集中在5～9月。结合研究生论文工作实际情况，针对研究生开题存在的普遍问题，学校首次采取邀请相关学科、领域专家对2020级学生的开题报告进行线下再次评审，共计邀请专家15人次，完成百余篇开题报告的再次评审。

（四）进一步加强项目管理

根据《关于开展2021年北京高校、职业院校课程思政示范课程、教学名师和团队建设工作的通知》，组织开展北京农学院的研究生课程思政、教学名师和团队项目申报，全校共提交申报项目8项。根据《关于开展第三批农业硕士专业学位研究生实践教育特色基地遴选的通知》，组织开展申报，经学院推荐，共有申报项目3项。经专家评审，评选出1项进行推荐。根据《关于评选第二届“农业专业学位研究生实践教学成果奖”的通知》，组织开展申报工作，全校共申报5项。

根据《关于开展普通高等教育林草领域“十四五”规划教材建设工作的通知》要求，组织申报国家林草局“十四五”规划教材，共申报研究生教材项目1项。经国家林草局组织专家评审和网上公示，北京农学院园林学院《文旅项目策划与规划设计》入选国家林草局“十四五”规划教材。根据“中国研究生乡村振兴科技强农+创新大赛‘苏研杯’第三届科技作品竞赛”要求，组织竞赛项目申报工作，经学院推荐，共有6项符合竞赛项目要求。

完成2020年6个研究生优秀课程建设项目、8个校外实践基地建设项目结题评审工作；完成2021年10个研究生优秀课程建设项目、10个校外实践基地建设项目立项评审工作。结合期中检查工作，对2021年课程项目和基地项目进行了中期检查，目前基地建设项目有6项已经完成挂牌。完成2020年13个研究生工作站项目结题评审工作，完成2021年12个研究生工作站项目立项评审工作。

2021年完成了“345”计划第一期人才培训项目，接收了第二期人才培训项目的3名玉树州优秀年轻优秀干部，组织了师生见面会并安排了进修相关事宜。

三、完成研究生招生工作，完善学籍管理

（一）圆满完成2021年复试录取

突发新冠肺炎疫情对招生复试带来新的挑战，面对招生规模增加、新冠肺炎疫情期间改革复试的新挑战，圆满完成我校2021年738名硕士研究生复试录取工作，其中全日制646名、非全日制92名、参加复试考生900余人；完成2022年度招生先进集体评选，表彰先进单位4个。

（二）积极开展 2022 年招生宣传

受新冠肺炎疫情影响，本年度招生宣传采取线上线下结合，共组织研究生招生宣传 11 场，参与招生宣讲共计 2000 余人；组织研究生招生宣讲夏令营 1 场，共有 27 名各高校在校本科生参加；2021 级研究生招生过程中共有 34 名在校研究生参与了“以生招生”，推荐了 68 名考生报考我校。为了更多、更广泛地发动生源，继续实行以生招生政策。累计发放 2022 年招生简章 2500 册，共有 1923 人报名我校硕士研究生，比 2021 年增加 700 余人，增长 59.06%。

（三）积极筹备 2022 年研招考试组考任务

2022 年研招考试有 1443 名考生在我校参加考试，其中报考我校考生 1292 人，报考外地高校 151 人。外地考点报考我校人数 395 人，共涉及山西、河北、吉林、山东、江苏、新疆塔里木等 161 个外地考点。我校设置正式考场 62 个，涉及 51 个教室，备用考场 1 个，防疫考场 3 个，隔离考场 3 个，其中，38 个标准考场，有 24 个非标准考场；常规考场均分布在教学楼 B 座，防疫考场在教学楼 A 座，隔离考场在校医院。

（四）细化研究生学籍管理，精准管理学籍信息

进一步细化学籍管理，细化信息统计，完善休学、退学、延期、补办学生证、铁路卡充值、开取在校证明、出国备案等各类学籍申请的表格和流程 10 余项，办理学籍变动 40 人次，开取学籍证明 110 余次，办理铁路充值卡 700 余张，完成各类学生的学籍注册共计 1300 余人。配合财务处、国资处等部门提供相关学生信息，整理提供各项学生数据、名册和档案材料。

四、优化学科建设布局，规范经费管理

（一）推进学科分类分层建设管理机制

立足应用型大学办学定位，聚焦国家乡村振兴战略、北京“四个中心”功能建设、京津冀协同发展等重大需求，优化现有学科布局，完善都市农林业学科群，突出优势特色。结合“十四五”规划工作，对现有 11 个一级学科制定分类分层发展策略。

加大对现有申请博士点申报学科及“十四五”拟建博士点学科的建设力度，认真研读相关文件、了解政策导向、吃透规则，对标条件、摸清家底，着力提升园艺学、农林经济管理、兽医学为博士学位授权学科，强化林学与生态环境、食

品科学与工程、风景园林学等学科的新时代内涵及其与都市发展的契合度，培育增设首都需求旺盛、学科交叉融合的兽医专业博士等应用型学位类型。

（二）加强高精尖学科建设评价考核

根据北京市教育委员会《关于开展北京高校高精尖建设学科中期考核评估工作的通知》文件要求，结合我校高精尖学科建设实际情况，组织召开高精尖学科建设中期考核评估会，邀请专家进行论证。加强高精尖学科绩效考核工作，积极邀请专家对高精尖学科建设现状把脉，并对下一步发展提出建设性意见。结合当前学科建设成效和经验，将继续跟进北京市评估相关工作，持续做好高精尖学科建设与评估管理。

（三）完成第五轮学科评估材料上报

制定《关于做好全国第五轮学科评估参评工作的通知》，统计上报参评园艺学、作物学、兽医学、农林经济管理、林学、风景园林学、食品科学与工程 7 个学科，组织召开第五轮学科评估与专业学位水平评估工作部署会和审核工作会，在学校相关职能部门和参评学科的积极配合下，按照教育部学位中心有关文件要求，学校于 2021 年 1 月通过“学科评估信息管理系统”对评估材料进行了系统上报，圆满完成评估材料报送工作。

（四）加强经费和项目的绩效管理

完善项目日常管理和沟通交流机制。取消本年度研究生党建和社会实践项目的申报，试点“揭榜挂帅”的学生项目申请资助模式，根据团队实际情况，择优对研究生党建和社会实践活动进行资助管理。

组织完成 2021 年度学位与研究生教育改革与发展项目评审、立项、建卡和下拨工作，批准“基于科教融合的兽医学专业研究生培养的探索”等 84 个校内项目立项。

同时，设立“学位与学科建设能力提升工程”和“研究生创业与就业能力提升工程”两大类别项目，分别涵盖了研究生课程建设、思想政治建设、督导和质量监督管理、学位点评估、学位点建设、博士点申报等方面。

完成 2020 年学位与研究生教育改革与发展项目及校内学位点自评估经费等项目的结题工作。结题项目共计 97 项，其中教师项目 46 项，学生项目 51 项。根据疫情防控常态化政策，评审工作采取线上线下相结合的形式。各组评审专家通过听取项目负责人汇报、评阅结题报告、审阅绩效材料，提问交流等环节，经综合评定，教师项目中 45 项通过结题评审，7 项综合评定为优秀，1 项申请延期。学生项目中 42 项通过结题评审，7 项综合评定为优秀，8 项申请延期，1 项不合格。

进一步强化绩效目标考核，所有项目均为申报制，需接受研究生处归口管理，做好每个项目申报及结题工作。建成全方位格局、全过程闭环、全范围覆盖、全成本核算、多主体联动的全面预算绩效管理体系，实现预算和绩效管理一体化，对绩效目标实现程度和预算执行进度实行“双监控”，开展绩效评价和结果运用。

结合2021年度学位与研究生教育改革与发展项目专家评审立项情况以及学校2021年度内涵经费拨付额度，完成2021年高精尖学科、学业奖学金等市级项目的建卡等，并按照上级要求完成信息报送、事前评估、绩效考核等。

（五）优化预算申报与分配管理

按期完成2021年度学科建设与研究生教育预算申报与分配工作。按照《北京市财政局关于印发〈关于牢固树立过“紧日子”思想强化支出预算管理的措施〉的通知》有关规定，继续严格落实中央和北京市关于过“紧日子”的要求，根据学校2021年经费预算要求和计划财务处下达的经费指标，2021年学科建设与研究生教育校内预算经费总额为1043.96万元。

根据需要，分别在博士点建设、一级学科、专业学位（领域）、学位与研究生教育改革与发展项目、研究生勤工特困、学业奖学金、研究生创业与就业能力提升工程、研究生工作站、网络课程、思政工作、招生宣传、心理测评、创新创业教育、农林学科委员会项目、研究生基础课程保障、研究生督导质量和质量监督等方面进行立项资助。完成2021年研究生教育改革与发展项目的经费日常管理、支出进度监测、市专项定期进度上报等。

五、进一步规范学位授予

（一）严格学位授予审查

2021年夏季学期，我校硕士研究生学位授予工作分为两批进行，共授予硕士研究生学位516人。经学位申请、学术不端行为检测、论文盲评外审、论文答辩、校学位委员会审议等环节，第一批实际授予硕士学位484人。为进一步降低疫情对我校研究生学位授予工作的影响，进行夏季第二批学位授予工作，经学位申请、资格审查、论文查重、论文外审、论文答辩等环节，实际授予硕士学位32人。

2021年冬季学期，我校硕士研究生学位授予工作于9—12月进行。申请硕士研究生学位29人，现已完成学位申请、资格审查、论文查重、论文外审等环节。

11 月 22 日至 12 月 10 日期间，进行研究生学位论文答辩工作，并计划于 2021 年 12 月召开校学位评定委员会授予学位。

（二）完成优秀论文评选

按照《北京农学院硕士研究生优秀学位论文评选办法》，2021 年硕士研究生优秀学位论文全校总评选指标为 51 篇。现经各论文答辩委员会、学院学位评定分委员会推荐，研究生处审核，学位评定委员会审议，39 篇学位论文被评为优秀学位论文。

（三）组织召开学位委员会会议

2021 年 6 月 16 日、7 月 15 日、9 月 29 日、12 月中旬，共组织召开 4 次校学位评定委员会会议，分别主要就学士学位授予、硕士学位授予及硕士研究生优秀学位论文评选、导师遴选等议题进行了审核。根据北京市学位办要求，完成我校 2021 年 6 月、7 月、9 月、12 月授予学士、硕士学位信息采集及上报工作。

（四）加强导师遴选、培训与考核

强化导师岗位管理和考核，加强对导师考核结果的运用，把考核结果作为研究生导师年度招生资格、评优评先等工作的重要参考依据。修订《北京农学院导师遴选办法》，实行学术学位、专业学位研究生导师的分类遴选，推进专业学位研究生导师的校内、校外双导师制。加强与北京市园林绿化科学研究院的合作对接。加大校际间的培训合作力度，学校与北京林业大学联合开展 2 次导师培训工作。重点对乡村振兴、师德师风、“破五唯”背景下的研究生教育培养等方面重点开展培训，采取“线上 + 线下”结合的培训模式，邀请校内外专家学者，走进导师培训大讲堂，做到导师培训工作全覆盖。

根据《北京农学院硕士生导师工作职责规定（试行）》文件精神及《关于做好 2020—2021 年度硕士生导师考核工作的通知》文件要求，各相关二级学院成立导师考核工作领导小组，组织完成 2020—2021 年度硕士生导师考核工作。本年度应参加考核硕士生导师数为 255 人，实际参加考核人数为 255 人，合格率为 100%。

六、规范研究生思政教育管理，加强疫情防控

（一）加强疫情常态化防疫管理与思政教育

完成 2021—2022 学年秋季学期在校研究生思想动态调研，自调查实施以来

参与研究生人数共计 5200 余人。研究生虽受疫情影响，但通过教育疏导，秋季开学后的整体思想状况平稳，研究生的世界观、人生观、价值观务实进取、积极向上。每月召开一次召开研究生辅导员工作会，对研究生就业、疫情防控日常管理、心理测评和危机干预、职业能力测试、党团建设等工作进行经验交流。

开展“尚农大讲堂”讲座 14 次。本年度讲座以乡村振兴、党史和四史学习、心理健康教育为重点，配合以传统文化、人文艺术等素质课程，特邀请中国农业大学、清华大学、中国人民大学、北京林业大学、华北电力大学等学校，以及中国检验检疫科学研究院、回龙观医院、北京市百瑞律师事务所等单位的专家、学者以线上、线下相结合的方式，为研究生的综合素质提升打造坚实基础。举办“科学家精神进校园——北京农学院专场报告会”，继承和发扬老一辈科学家胸怀祖国、服务人民的优秀品质，激发研究生在学习工作中秉承科学家精神。组织研究生集中收看 2021 年全国科学道德和学风建设专题报告会直播，进一步强化了研究生学术规范意识。

组织开展研究生教育引导。精心组织安排，围绕全国两会、纪念“五四”运动 102 周年、庆祝建党 100 周年等重大节日，针对研究生进行安全教育及敏感时期思想教育。主办了“探寻红色印迹，重温峥嵘岁月”——研究生党史学习教育主题定向越野赛，各学院选拔的 100 余名研究生运动员参加了比赛。开展“学党史”知识竞赛答题活动，开展研究生“全民反诈”安全教育，组织 1047 名全日制研究生参与建党 100 周年保密知识竞赛活动。对 2021 级研究生开展新生入学教育，具体内容包括入学引导与学籍教育、民族宗教政策、安全教育、健康教育、图书资源与利用、化学品安全管理培训、创新创业、网络安全教育、爱国卫生运动、绿色学校创建、无烟校园等方面。疫情防控期间，组织 2021 届毕业生安全有序返校离校 500 余人次，组织 131 名毕业生党员参加毕业生党员教育大会。圆满完成 2021 年学校毕业典礼和学位授予仪式活动，学校本科生、研究生共计 1500 余人参与。评选出北京市优秀毕业生 27 人，校级优秀毕业生 51 人。为 511 名毕业生发放了学校毕业纪念文创物品。

制定了《北京农学院 2021 年研究生寒假留校工作方案》，抓好常态化精准化疫情防控，确保研究生的身体健康和生命安全，维护学校正常秩序和校园安全稳定。春节前夕，研工部为 211 名留校研究生准备了爱心礼包和防疫用品，对留校师生开展慰问，为有关学院师生送去新春和新年礼物。除夕当晚，研工部向 200 余名留校研究生进行了新春问候并发放了春节晚餐券。临近开学，研工部对开学返校研究生进行了摸排，制定了《2020—2021 春季学期开学工作方案》，落实好研究生返校相关工作措施，保证京内外研究生安全、有序返校，他们的学习、科研和生活进入正轨。组织研究生有序接种疫苗，共计 1583 人完成两针接种，接种率达到 95% 以上。截至 12 月 1 日，共计 1078 名研究生完成加强针接种。

（二）加强党团建设，依托项目凝聚科研活力

在学校团委的指导下，研究生团工委组织举行了第八次研究生代表大会，选举产生了新一届研究生会主席团成员。2021 年，校研究生会组织开展了无烟校园活动、垃圾分类活动、冬奥知识竞答，研究生会干部理论培训、十九届六中全会报告学习等。利用校研究生会公众号对科技小院、国家奖学金获得者、爱国卫生运动、冬奥科普、心理健康等领域做了积极宣传。

组织研究生认真学习贯彻习近平总书记系列重要讲话，针对习近平在清华大学考察时的讲话召开研讨会交流心得，围绕建党 100 周年，开展“学党史，悟思想”主题教育，以自学、集体学习等形式广泛组织学习研讨。开展研究生党支部红色“1 + 1”实践活动。推进研究生志愿服务活动，发挥研究生在服务乡村振兴中的作用。共推出北农研究生服务乡村振兴案例 12 篇，其中若干篇被全国农业专业学位研究生教育指导委员会以及中国报道网报道，共有 4 个团队获得 2021 年全国农科研究生暑期实践活动优秀成果评选二等奖。

（三）加强绿色校园、无烟校园建设

在植树节、世界无烟日、世界环境日等节点，宣传环保知识、环保动态。结合研究生实际情况，以班级或学院为单位，开展环保实践教育活动，发挥研究生主观能动性。建立了班级、年级、学院三级联动的控烟监督员机制，定期组织控烟巡查，杜绝吸烟隐患、不良行为。将绿色校园创建工作与研究生评奖评优机制相结合、在新生入学教育中渗透环保教育，让研究生在入学第一课就树立环保意识，落实绿色校园创建责任。

（四）完成研究生奖助

完成研究生“三助一辅”岗位设置、招聘和考核。通过“三助一辅”工作有效调动研究生参与学校教育、管理、科研工作的积极性，培养研究生的创新能力、实践能力和责任意识，2021 年度共有 160 名研究生从事“三助一辅”工作，提高了实践能力。

完成 2020—2021 学年的研究生各类奖学金评定、表彰和发放工作。根据北京市相关规定和学校实际，修订研究生奖助学金、评奖评优等规定 3 份，并于 2021 年 9 月实施，完成了与研究生切身利益相关的奖学金评审、表彰和发放工作，务求公平、公正、公开。本年度共评选出研究生国家奖学金 23 人、优秀研究生干部 25 人。

关注困难研究生，开展特困资助。根据教育部、财政部有关文件精神，结合学校实际，对有特殊困难的研究生给予困难补助。2021 年为 3 名研究生发放了困

难补助，共计4000元。为22名2021届毕业生、16名2022届毕业生共计38人申请了毕业生求职创业补贴，上级拨付补贴共计38000元。

完成研究生科研奖励。2021年共进行了3个季度研究生科研奖励，在校研究生共发表论文47篇，其中SCI发表7篇，核心期刊发表30篇，一般期刊10篇，获得软件著作权5项，获得专利2项，学术科技竞赛获奖作品二等奖2项，学术科技竞赛获奖作品三等奖等2项。

（五）进一步加强研究生心理健康教育

2021级研究生复试期间，共为928人次进行心理健康测查（明尼苏达多项人格测验），对筛查出异常的考生及时干预、引导，持续跟进状况。研究生会联合阳光心灵社推出心理健康专栏，帮助研究生正确认识心理健康问题，及时预防。

2021年10月，结合学校当前研究生心理健康状况实际情况，开展全日制研究生心理测评，实测1259人，需关注76人。建立重点关注人群台账，及时与二级学院沟通、跟进相关情况。

（六）开展职业规划与就业创业指导

开展“一对一”的就业指导、政策咨询服务，积极引导研究生京外就业。开展2021级全日制研究生新生的职业能力测试工作，为学生就业提前做好准备。召开2021届研究生毕业生就业座谈会，了解2021届研究生毕业生的就业意向和求职状况，完成了2021届研究生毕业生相关手续工作。

受疫情影响，研工部坚持就业工作不断线，推进网上办公方式，积极宣传就业政策，传递就业信息，“一生一策”，精准帮扶就业。通过学生微信群、辅导员工作群发布就业信息、就业政策、双选会信息及就业技巧等内容，为毕业生提供毕业信息的服务，累计达到1000余条。经过部门和二级学院的共同努力，2021届511名研究生毕业生共有505人就业，就业率为98.83%，达到学校预期目标。

（七）高度重视校园安稳，积极建设平安校园

充分利用讲座进行安全稳定教育，涉及金融安全防范、非法校园贷、非法集资、网络诈骗、电信诈骗、保护个人隐私等。9月开展2021级研究生新生的校园安全防范教育讲座，组织在校研究生安装“全民反诈”App，达到全员覆盖。加强少数民族学生思想动态工作，贯彻中央和北京市关于加强大学生思想政治教育的精神和部署，建立新疆籍少数民族研究生台账，及时掌握少数民族研究生的情况。

七、进一步完善党建工作，规范党支部建设

按照校党委总体部署，深入学习贯彻习近平新时代中国特色社会主义思想、研究生教育大会、党的十九届五中、六中全会精神，积极参加学校组织的党员集中教育日、党支部书记和党务骨干培训、中心组学习等，自主开展学习研讨、参观调研等多种形式学习教育。组织开展支部书记讲党课，不断提高党性修养，不断提高政治觉悟和政治能力。

八、工作中存在的不足

（1）应变工作有待进一步加强。受疫情形势影响，出现了新的工作方式，需要快速适应，发挥作用，要强化学生管理，严格执行各项流程，提高服务水平。

（2）研究生思政队伍建设尚需加强。学院研究生辅导员队伍不稳定，8 名研究生辅导员均为兼职，在一定程度上降低了研究生思政工作开展的有效性。

（3）导师立德树人作用还需加强。目前，导师日常管理中存在的偏重于对学生学科的培养、对研究生思想政治教育不足、导师与研究生发生矛盾现象较往年有所增加。

九、2022 年工作要点

（一）学科建设与学位管理

1. 完善“十四五”时期学科与研究生教育发展规划

面对新形势、新任务、新要求，坚持“以学科建设为龙头，全面带动研究生教育水平提升”的发展思路，创新机制，突出重点，扩大优势，彰显特色，提升水平。积极开展学位点授权审核工作，主动进行学位点动态调整，科学进行学科优化，构建学科集群，加快新兴与交叉学科建设，努力培植新的学科生长点，大力推动学科整体发展和学校综合科研能力、学术水平及人才培养质量的全面提升。

实施安排：完善学科分类分层发展机制，加快新兴与交叉学科建设，努力培植新的学科生长点。

具体要求：贯彻落实“十四五”时期学科与研究生教育发展规划各项任务。

2. 推进学科专业建设提质升级

对标一流学科建设标准，优化调整学科结构，完善学科分类分层发展机制。对标新农科，在学科内涵建设上实现新突破。探索单列多学科交叉、产教融合等人才培养计划，探索面向校内研究生开设非学历证书专题班。

针对各学位点建设实际情况和发展需求，制定《北京农学院申博学科建设实施方案》，持续跟进博士点学科建设情况。有计划、分批次地加强申博学科建设工作。进一步提升学科建设水平，优化学科方向，凝练学科特色，优化师资队伍结构，引进和培养学科领军人才，提高科研能力，加强平台建设，创新管理机制，明确院长申博第一责任人的职责，充分发挥学科带头人的作用，增强学科活力与动力。

实施安排：开展相关专业的非学历证书专题班，推进相关学位点下一轮申博筹备工作。

具体要求：设立非学历证书专题班，制定《北京农学院申博学科建设实施方案》。

3. 落实周期性合格评估年度内各项任务

根据《北京农学院2020—2025年学位授权点自我评估工作方案》，落实2022年学校周期性合格评估各项工作，有序组织各参评学位点完成学位授权点建设报告和研究生教育质量报告撰写工作，并按时限要求完成外网公示和报备。

实施安排：落实《北京农学院2020—2025年学位授权点自我评估工作方案》。

具体要求：根据工作方案完成2022年度评估各项任务。

4. 加强导师队伍建设和岗位管理考核

把导师立德树人和研究生培养第一责任人的观念贯穿到管理的各个环节。强化"双师型"研究生培养模式。优化遴选程序，落实导师分类遴选。做好导师考核，把考核结果作为研究生导师年度招生资格、评优评先等工作的重要参考依据。制订导师培训计划，做到导师培训工作全覆盖。

实施安排：制定2022年度导师遴选、考核和培训工作方案和北京市优秀研究生指导教师和团队评选推荐方案。

具体要求：完成2022年度导师遴选、考核和培训工作。做好2022年北京市优秀研究生指导教师及团队评选推荐工作。

5. 做好2022年硕士学位授予等相关工作

制定研究生学位论文形式、规范和评价标准。进一步加强研究生培养过程和学位授予环节管理。根据研究生学位授予工作日程表进行2022年夏季、冬季两次学位授予各环节工作及优秀论文评选工作。优化学位管理各环节流程，实现学位申请审核信息化，提高学位申请审核效率。

组织好校学位评定委员会会议，审核研究生硕士学位授予、普通本科学士学位授予、国际学院毕业生学士学位授予、成人高等教育学士学位授予、导师资格遴选等相关工作。做好学位授予信息报送工作。

实施安排：制定2022年度研究生学位授予工作方案和学位论文形式、规范和评价标准。

具体要求：完成研究生学位授予和信息报送工作和评价标准制定。

（二）教学培养管理

1. 进一步推进研究生分类培养

落实好《北京研究生教育质量提升行动计划（2022—2024年）》与《北京农学院关于加快新时代学科与研究生教育改革发展实施方案》，持续推进学校研究生分类培养，切实增强学术学位研究生创新能力、专业学位研究生实践能力，全面执行研究生培养方案。

实施安排：按照硕士学位基本要求、研究生核心课程指南和复合应用型人才培养目标，全面落实执行研究生培养方案，保障防控期间“教学标准不降，教学质量不减”，保障研究生教学工作正常运行，实施授课情况周报制度，结合督导工作对研究生网上授课进度和效果进行实时掌握。

具体要求：全面落实、执行研究生培养方案。

2. 进一步推进专业硕士专项化培养

推进多种形式专业学位专项化培养，强化差异培养，提升应用型人才培养质量。

实施安排：2022年3月—12月，进一步推进已有专班基质研究院、古树保护与修复、科技小院专项班研究生培养；抓好各学院新增专硕专项班培养管理机制。

具体要求：继续推进学术、专硕分类培养。完成各专项班培养环节及培养计划管理，新增若干个专硕专项班。

3. 强化培养过程管理、推进研究生实践创新提升

加强课程思政、研究生实践基地、工作站建设，抓好校外实践基地建设项目、研究生工作站项目挂牌及学生实践情况，对优秀案例进行成果展示。重点依托产教融合型企业，用于研究生实习、实验、生产实践和技术开发，提升研究生理论运用水平和专业技能，提高研究生研究能力。

实施安排：2022年3月—12月，及时跟进重点项目实施进度。加强完善校外基地管理机制，加强校外基地的校级统筹。

具体要求：及时检查校外实践基地建设项目、研究生工作站项目挂牌是否及时挂牌并发布简讯、是否有研究生实践调研、做好信息存档。

（三）招生与学籍管理

1. 做好2022年研究生复试和录取工作

做好2022年招生复试方案。改革硕士生招录和名额分配机制，招生指标向培养质量高、学术活跃度高和社会贡献力大的学科倾斜。继续在复试期间开展考生心理测试，做到100%覆盖。严格按照政策与制度要求组织复试、调剂和录取工作，落实监督检查与应急保障，确保公平、公正、公开。做好2022年度研究生招生先进评选。

实施安排：按照教育部与市教委统一部署拟于2022年3月至6月开展复试，进行指标分配、复试调剂、录取上报等。

具体要求：完成2022年硕士研究生招生指标分配与录取调剂，完成招生先进年度评选。

2. 做好2022级新生入学报到

做好2022级新生录取通知书发放、入学手续办理和报到注册工作。做好新生报到数据统计，掌握每一名新生入学情况。

实施安排：2022年6月印制录取通知书，办理入学手续，准备新生入学；9月进行入学报到。

具体要求：完成2022级新生入学各项事宜，并注册学籍。

3. 启动2023年研究生招生宣传

充分利用新媒体手段，通过公众号、互联网等多渠道、多途径开展宣传，走访周边地区进行有针对性的招生宣传，与合作企业开展相关宣传活动。继续开展以生招生、以师招生政策，调动指导教师与在校研究生积极性，鼓励各二级学院开展招生宣传。支持鼓励各学院积极发动生源，力争报名人数继续上升。

实施安排：2022年5月至10月制订宣传计划并组织进行宣传。

具体要求：完成2023年招生宣传计划。

4. 做好2023年招生考试工作

做好2023级考生报名与网上确认工作，及时上报相关数据。严格执行相关保密制度，做好各项保密保管工作。严格按照规定完成自命题、组考、阅卷等各项工作，做好命题人员、考务人员及评卷人员培训与管理，确保研招考试顺利完成。

实施安排：2022年10月至12月开展命题与组考工作；2023年1月开展阅卷工作。

具体要求：平安完成2023年研究生招生考试组考任务。

5. 做好学籍管理与服务工作

按照时间节点，做好新生、在校生、毕业生学籍注册与学历注册事项，及时更新休学、复学、退学等学籍变动信息，做好各项数据统计。根据学籍库预警学制期限即将期满人员，及时反馈学院并通知相关学生。

实施安排：2022 年 1 月开展毕业生学籍预警；6 月及 12 月开展毕业生学历注册工作；9 月—10 月开展在校生、新生注册学籍与高基报表统计；持续更新学籍异动。

具体要求：完成 2022 年度学籍数据核对、毕业生学历注册及高基报表。

（四）思政与综合事务管理

1. 做好研究生学风建设工作

推进研究生学风建设，做好 2022 年党史学习教育、爱国卫生运动、新生入学教育、毕业生教育工作，加强意识形态宣传工作，推进绿色校园、无烟校园建设。

实施安排：指导、督查研究生公寓安全卫生工作；做好毕业生教育管理工作；做好新生入学教育。

具体要求：学期初开展宿舍卫生检查；做好 2022 年毕业典礼工作；秋季学期开学开展入学引导与学籍、民族宗教政策、法制、安全、健康、图书资源与利用、化学品安全管理培训、创新创业、网络安全、爱国卫生运动等专题教育活动。

2. 做好研究生疫情常态化管理工作

提高政治站位，抓好常态化精准化疫情防控，摸清研究生底数，做好研究生出入校手续审核工作。落实好研究生返校相关工作措施，保证京内外研究生安全、有序返校。

实施安排：做好每日研究生疫情防控人员数据统计工作，每周统计研究生新型冠状病毒疫苗接种情况，做好大数据信息摸排和涉及人员应急处置工作。做好企业微信进出校系统优化工作，严格管理临时出入证的审批、办理流程。

具体要求：按照北京市和学校疫情防控有关要求，研究生疫情防控相关工作。

3. 做好研究生思想动态调查、心理健康教育工作

继续做好研究生思想状况动态调查，加强研究生心理辅导，完善多层次心理预防干预体系，不断提升学生心理健康教育成效，在新生入学教育中纳入心理健康教育模块，利用“尚农大讲堂”平台进行心理健康知识普及。做好研究生心理健康状况普查工作，建立重点关注台账，及时跟进学生状态。

实施安排：开展春秋季思想动态调查、春季研究生心理摸排、秋季研究生心理测评、建立重点关注台账。

具体要求：每学期初期进行思想动态调查，了解研究生现状；根据春季研究

生心理摸排和秋季研究生心理测评，建立重点关注台账，对比历年心理问题情况，掌握研究生心理问题呈现的趋势，建立校院班联动机制。

4. 做好研究生就业创业指导服务

提高研究生就业创业精准化指导与服务水平，推进针对性就业服务。进一步引导毕业生到基层就业。继续保持研究生毕业生就业率不低于96%。加强和改进研究生就业指导与服务工作，适应上级就业统计政策调整，做好2022届毕业生的就业推进与统计工作。

实施安排：每周推送就业招聘信息，启动就业工作周报工作，每周汇总研究生就业信息数据；

具体要求：做好毕业生就业信息审批、就业手续办理工作，在2022年6月30日、8月31日、10月31日统计节点完成就业率统计汇总。

5. 组织好尚农大讲堂讲座

利用研究生素质课堂“尚农大讲堂”特色平台，开展涵盖学术讲座、传统文化、就业创业、学风建设、乡村振兴、党史学习教育、心理健康等领域的专家讲座，提升研究生综合素质，发挥文化育人作用。

实施安排：2022年春季学期自3月22日（周二）起线下开展6~8期讲座；2022年秋季学期自第三周起线下开展6~8期讲座。

具体要求：全体研究生一年级同学须参与“尚农大讲堂”讲座，每学期末组织“尚农大讲堂”满意度调查，根据调查结果合理规划讲座内容。

6. 做好2022年度研究生奖助评选工作

完成2022年研究生奖助学金的评定和发放工作；做好研究生奖助勤工、困难帮扶等工作；组织开展研究生“三助一辅”招聘、考核工作。

实施安排：做好2022年研究生奖助学金的评选工作；完成“三助一辅”考核，启动新学年“三助一辅”岗位设置、招聘等。

具体要求：2022年7月启动2022年研究生奖助学金的评定工作，9月底完成研究生学业奖学金评选、审核、发放工作；7月底前完成“三助一辅”考核，启动新学年“三助一辅”岗位设置、招聘等。

7. 做好研究生安全稳定工作

加强研究生宿舍、实验室等安全教育，加强宿舍安全检查。做好少数民族学生安全稳定教育和相关工作。做好重要节、会及各类节假日等时间节点的安全教育管理工作。落实各项安全稳定工作预案，预防并妥善处理群体事件和突发事件。

实施安排：做好重要节、会及各类节假日等时间节点的安全教育管理，做好相关人员台账信息统计汇总工作，定期开展宿舍安全卫生检查。

具体要求：在各类重要节、会、节假日等时间节点发布安全教育管理通知，开展宿舍安全卫生检查。

8. 加强研究生服务乡村振兴成效

增强研究生志愿服务、社会实践活动服务“三农”，助力乡村振兴的效果，拓宽暑期志愿服务实践路径，开展研究生党支部红色“1+1”与社会实践活动。作为全国农科研究生志愿服务联盟成员单位，鼓励研究生利用自身学科优势，创新实践活动模式，积极参与联盟组织的服务活动。

实施安排：组织好研究生教改项目的申报、结题工作；组织好2022年优秀志愿服务团队活动申报工作；继续推进北农研究生服务乡村振兴案例的投稿宣传；开展研究生党支部红色“1+1”活动。

具体要求：对研究生教改项目的优秀成果进行宣传、展示，帮助研究生了解学科领域内的优秀服务项目；鼓励导师及研究生组建志愿服务团队，宣传良好的实践做法；结合校外实践基地、专班等工作，鼓励师生投稿中国报道网的北农研究生服务乡村振兴案例。

9. 提升研究生会、社团引导力

加强对研究生会、研究生社团的指导和建设；重点加强研究生会干部思想引领作用，充分发挥校研究生会公众号的宣传、指导作用，在学风建设、研究生综合素质提升、思想引领方面发挥积极作用。力争本届内提高公众号影响力。优化活动设计，力争活动覆盖面广、研究生关注度高。

实施安排：指导校研究生会做好冬奥会、冬残奥会后续宣传工作；组织宿舍卫生、安全检查，倡导文明宿舍建设；协助心理健康教育宣传、学生状况摸排工作；组织春季研究生文体活动；做好毕业典礼、新生入学、研究生招生考试等相关服务工作；做好第九次研究生代表大会及校研究生会换届工作。

具体要求：根据《中共北京农学院委员会深化学生会（研究生会）改革的实施办法》，合理规划校研究生会活动；按照标准、流程完成换届。

（五）政治建设与党风廉政建设

1. 进一步加强党风廉政与安全稳定工作

加强党风廉政理论与业务学习。从严治党责任层层落实，压力递次传导，做好研究生招生、学位授予、成绩审核、奖助学金等廉政风险防控。严格落实安全稳定责任制，坚持做好形势研判、工作部署、检查督导和应急管理等各项工作。

2. 完善内部制度、文化建设

加强“北京农学院研究生招生办公室”“尚农研工”微信公众号和处网站的维护，丰富发布信息，提升管理实效。坚持处例会、研究生秘书例会、研究生辅导员例会制度。继续做好研究生教育管理论文集的编辑和出版，“研究生教育质量报告”“学科建设质量报告”“研究生思想政治教育工作总结”“研究生招生质量分析报告”“研究生就业质量报告”的撰写，“学科与研究生教育纪事”“处文件汇编”“处例会纪要汇编”“尚农大讲堂”“学位与研究生教育管理文件选编”“研究生手册”的汇编工作。

3. 进一步加强自身建设管理

提高团队协作能力与创新精神，提升管理人员的教育管理水平。支持、鼓励研究生管理人员开展工作调研、学习培训和业务交流。进一步探索推进研究生管理队伍专业化和职业化建设的有效途径。

北京农学院 2021 年学科建设质量分析报告

研究生处

一、北京农学院学科发展历史概况

1991 年，学校首次得到北京市高教局专项经费资助用于学科建设。1993—2010 年，传染病及预防兽医学（原“集约化畜牧生产疫病防治”）、果树学、园林植物与观赏园艺（原“园林植物”）、作物遗传育种、农产品加工及贮藏工程（原“农产品贮藏加工”）、临床兽医学、农业经济管理相继被列为“北京市重点建设学科”。

2002 年 9 月，果树学、临床兽医学被北京市教育委员会批准为“北京市重点建设学科”。

2003 年 9 月，学校获批为硕士学位授予单位，果树学、临床兽医学 2 个学位点首先获批。

2006 年 1 月，作物遗传育种、蔬菜学、基础兽医学、农业经济管理、园林植物与观赏园艺、农产品加工及贮藏工程 6 个二级学科获批硕士学位授予权。

2008 年 4 月，农产品加工及贮藏工程、农业经济管理学科被北京市教育委员会增列为“北京市重点建设学科”。

2008 年 6 月，农业推广硕士（现更名为“农业硕士”）类别获批学位授予权，由此开始培养专业学位研究生。

2009 年 6 月，兽医专业学位类别获批硕士学位授予权。

2010 年 4 月，学校获批农业推广硕士专业学位类别下设的林业、农村与区域发展、农业信息化、养殖、植物保护 5 个领域。

2010 年 5 月，园林植物与观赏园艺学科被北京市教育委员会增列为“北京市重点建设学科”，至此学校共有 5 个北京市重点建设学科。

2011 年 3 月，食品科学与工程、作物学、园艺学、兽医学、林学、农林经济管理 6 个一级学科获批硕士学位授予权。

2011 年 8 月，国务院学位委员会对《学位授予和人才培养学科目录（2011 年）》进行调整，我校风景园林学增列为一级学科硕士学位授权点。

2014 年 5 月，我校获批风景园林硕士学位授权点及工程专业学位类别生物工程领域（现对应调整为生物与医药专业学位类别）授权点。

2016 年 4 月，在全国第四轮学科评估结果中，我校园艺学排位 C+、农林经济管理排位 C，兽医学排位 C-。

2018 年 3 月，我校生物工程、植物保护、畜牧学、工商管理 4 个一级学科及国际商务、社会工作、林业 3 个专业学位类别获批硕士学位授予权。

2018 年 7 月，我校获北京市学位委员会批准为北京市新增博士学位授予立项建设单位。

2019 年 5 月，园艺学获北京市教育委员会批准为北京高校高精尖建设学科。

截至 2021 年，学校共有 11 个一级学科硕士学位授权点（详见附表 1），7 个专业学位硕士授权类别（详见附表 2），共有 24 个硕士招生学科（类别、领域）。

目前，学校以农、工、管为主要学科门类，建立了植物科学学科群、畜牧兽医学科群、农林经济管理与文法学科群、生物技术与食品工程学科群、生态环境建设与城镇规划 5 个学科群。

二、2021 年学科建设情况总结

（一）学科建设

1. 组织开展 2020—2025 年学位点周期性合格评估

根据国务院学位委员会和教育部联合印发的《关于修订印发〈学位授权点合格评估办法〉的通知》（学位〔2020〕25 号）、《关于开展 2020—2025 年学位授权点周期性合格评估工作的通知》（学位〔2020〕26 号）要求，研究制定《北京农学院 2020—2025 年学位授权点自我评估工作方案》，组织启动学校周期性合格评估各项工作，本轮共有 7 个一级学科硕士学位授权点和 3 个硕士专业学位授权点参评。

按照评估方案 2021 年度计划，有序推动各参评学位点基本状态信息表填报、学位授权点建设报告和研究生教育质量报告撰写工作，并按时限要求完成外网公示工作。

2. 推进学科分类分层建设管理机制

立足应用型大学办学定位，聚焦国家乡村振兴战略、北京“四个中心”功能建设、京津冀协同发展等重大需求，优化现有学科布局，完善都市农林业学科群，突出优势特色。结合“十四五”规划工作，对现有11个一级学科制定分类分层发展策略。

加大对现有申请博士点申报学科及“十四五”拟建博士点学科的建设力度，认真研读相关文件、了解政策导向、吃透规则，对标条件、摸清家底，着力提升园艺学、农林经济管理、兽医学为博士学位授权学科，强化林学与生态环境、食品科学与工程、风景园林学等学科的新时代内涵及其与都市发展的契合度，培育增设首都需求旺盛、学科交叉融合的兽医专业博士等应用型学位类型。

3. 加强高精尖学科建设评价考核

根据北京市教育委员会《关于开展北京高校高精尖建设学科中期考核评估工作的通知》（京教函〔2021〕142号）要求，结合我校高精尖学科建设实际情况，组织召开高精尖学科建设中期考核评估会，邀请专家进行论证。加强高精尖学科绩效考核工作，积极邀请专家对高精尖学科建设现状把脉，并对下一步发展提出建设性意见。结合当前学科建设成效和经验，继续跟进北京市评估相关工作，持续做好高精尖学科建设与评估管理工作。

4. 完成第五轮学科评估材料上报

根据教育部学位与研究生教育发展中心（以下简称“学位中心”）《关于公布〈第五轮学科评估工作方案〉的通知》（学位中心〔2020〕43号）、《全国第五轮学科评估邀请函》（学位中心〔2020〕44号）全国第五轮学科评估工作于2020年11月正式启动。

制定《关于做好全国第五轮学科评估参评工作的通知》（研处字〔2020〕35号）。统计上报参评学科合计7个，分别是园艺学、作物学、兽医学、农林经济管理、林学、风景园林学、食品科学与工程。协调植物保护、生物工程、畜牧学、工商管理等4个2016年以后新增学科，由于培养学生不满一届，根据文件要求，本次可不参评。

组织召开第五轮学科评估与专业学位水平评估工作部署会和审核工作会，在学校相关职能部门和参评学科的积极配合下，按照教育部学位中心有关文件要求，学校于2021年1月通过“学科评估信息管理系统”对评估材料进行了系统上报，圆满完成评估材料报送工作。

5. 完善“十四五”时期学科建设与研究生教育规划

根据学校党委统一安排，完成了“十四五”时期学科建设与研究生教育规划工作，总结了“十三五”时期学校学科与研究生教育工作情况，对“十四五”时期的学科与研究生教育布局做出新的规划，具体情况概述如下。

明确指导思想为适应首都经济社会和行业发展需求，立足高水平应用型大学定位及发展目标，根据“北京农学院落实《关于统筹推进北京高等教育改革发展的若干意见实施方案》”和《首都教育现代化2035》精神，服从和服务于党中央“四个全面”战略布局，以服务京津冀协同发展需求为导向，进一步完善学科结构布局，突出学科方向与特色，优化学科人才队伍，改善学科发展条件，增强学科竞争优势，创新学科管理机制，提高学科建设水平。

确定发展原则为以下几个方面。

一是分类分层，突出重点，以国家和高校所在地区经济发展需要来确定重点学科，根据学校整体部署，明确各个学科和学位点建设的重点领域、重点方向与重点任务。

二是强化优势，形成特色，要以学科群组集合为单位，打造新的优势学科群，使各学科在可比指标上能够凸显更强的实力与优势。

三是立德树人，育人为先，以导师落实立德树人为抓手，学生创新创业能力培养为重点，不断完善研究生分类培养模式，全面提高人才培养质量。

四是合作开放，共享共赢，与京津冀农林高校、国内外高校院所广泛合作，开展联合培养硕士、博士研究生，共享共赢研究生教育改革成果。

五是创新机制，协同发展，形成交叉融合、相得益彰、互相支持的学科建设体系。

明确具体目标为：在“十四五”期间，学校将聚焦应用型大学定位和都市型农林高校的特色优势，坚持“以学科建设为龙头，加强学科统领发展作用”的发展思路，创新机制、突出重点、扩大优势、彰显特色、提升水平。积极开展学位点授权审核工作，主动进行学位点动态调整，科学进行学科优化，构建都市农林业学科群，加快新兴与交叉学科建设，努力培育新的学科生长点，大力推动学科整体发展和学校综合科研能力、学术水平及人才培养质量的全面提升。

在学科布局方面，①申请新增2个博士一级学科学位点。根据《学位授权审核基本条件》，拟建设食品科学与工程、风景园林学等2个申请博士一级学科。②申请新增1个博士专业学位授权点。根据《学位授权审核基本条件》，拟建设生物与医药专业为博士专业学位授权点。③申请新增3个硕士专业学位点。根据《学位授权审核基本条件》，拟建设电子信息硕士、工商管理硕士、法律硕士等3个专业硕士学位授权点。④提升一级学科评估等次。在教育部下一轮学科评估中，园艺学、农林经济管理、兽医学3个一级学科达到B及以上；作物学、林学、风景园林学、食品科学与工程4个一级学科达到C及以上，生物工程、植物保护、工商管理、畜牧学4个一级学科达到C－及以上。

在研究生教育方面，①稳定研究生全日制在校生规模。各类研究生在校生人数稳定在1700人，其中全日制1400人，非全日制300人，硕士研究生学术型与专业学位比例保持在1∶1.5左右。②建设研究生优秀课程。新建设50门，年均建设10门。实行项目化管理，推进教学改革，强化思政内容，提升研究生课程质量。③开设研究生实践课程。新增30门研究生实践课程。将课程设置与培养方案修订相结合，优化现有课程设置，基于区域、产业、行业需求，立足产教融合，强化专业学位研究生实践创新能力培养。④加大校外研究生联合培养实践基地支持力度。新增30个校外研究生联合培养实践基地，年均新增6个。用于研究生实习、实验、生产实践和技术开发，提升研究生理论运用水平和专业技能，提高研究生研究能力。⑤加大研究生工作站建设支持力度。新增20个研究生工作站。实行项目化管理，推进科教融合和产教融合，用于研究生短期挂职锻炼、定岗实习、成果转化应用等。⑥开设研究生培养专项班。设置6个研究生培养专班，每年招80名研究生。以产业需求为导向，推进研究生分类培养改革，采取跨学科、跨专业方式，实行多种形式专业学位硕士专项化培养，共同解决产业问题。

（二）2021年校学位办和硕士学位管理工作

1. 硕士研究生学位授予工作

2021年夏季学期，我校硕士研究生学位授予工作分为两批进行，根据《中华人民共和国学位条例》《中华人民共和国学位条例暂行实施办法》《北京农学院硕士学位授予工作实施细则（修订）》等相关规定，共授予硕士研究生学位516人。其中，2021年6月16日召开的校学位评定委员会，决定授予夏季第一批484名研究生硕士学位；2021年7月15日召开的校学位评定委员会，决定授予夏季第二批32名研究生硕士学位。

（1）夏季第一批学位申请。2021年3月15日前，完成了夏季第一批研究生学位申请工作，申请第一批硕士学位研究生518人（其中学术学位93人，全日制专业学位348人，非全日制专业学位77人）。研究生通过信息管理系统填写《研究生学位申请与资格审查材料》，由所在学院资格审查小组在线审核，学院审核其学分、论文等情况，学院通过审查后由研究生处完成审核。

①学术不端检测。2021年3月16日至4月1日，完成了研究生学位论文学术不端行为检测工作，研究生通过系统向学院提交学位论文电子稿，学院汇总交给学科与学位管理科进行学术不端检测。学位论文相似度低于15%视为检测合格，每名研究生有2次检测机会，第一次检测重复率大于50%即取消复检机会，共计检测学位论文611人次，最终18名研究生未通过学术不端检测。

②学位论文送审。2021年4月12日至4月30日期间，完成了学位论文盲评外审工作。论文盲审全部实行“双盲”评阅。论文盲审环节通过国研平台进行送审，评阅人由3名副教授（含）以上或相当职称的专家担任。学校抽检盲评论文数量总体比例不低于10%，具体数量按学科（专业、领域）分别测算，通过电脑抽签，最终确定59人由研究生处送审，其余由学院送审。经过送审，177篇

次研究生学位论文由 49 位专家进行评审。各学院共有 9 名研究生在外审环节不通过。

③学位论文答辩。2021 年 5 月 11 日至 5 月 30 日期间，夏季第一批学位论文答辩工作有序进行，本次研究生学位论文答辩，采用线下为主与线上相结合的答辩方式，答辩流程严格按照教育部、北京市教委以及学校有关规定执行。在院校各级领导、研究生导师、校内外答辩专家、研究生督导的共同努力下，圆满完成了 57 场研究生学位论文答辩。本次答辩共有来自生物与资源环境、植物科学技术、动物科学技术、经济管理、园林、食品科学与工程、计算机与信息工程、文法与城乡发展 8 个学院的学术学位、全日制专业学位和非全日制专业学位 3 种类型的 487 名研究生参加，其中 3 名研究生未通过答辩。

经过以上各环节及 6 月 16 日校学位评定委员会审核，实际授予学位硕士研究生 484 人（其中学术学位 88 人，全日制专业学位 331 人，非全日制硕士 65 人）。

（2）夏季第二批学位授予。为进一步降低疫情对我校研究生学位授予工作的影响，2021 年 6 月 17 日至 7 月 14 日期间，我校进行了夏季第二批学位授予工作，申请夏季第二批硕士学位研究生 36 人（其中学术学位 6 人，全日制专业学位 17 人，非全日制专业学位 13 人）。经学位申请、资格审查、论文查重、论文外审、论文答辩等环节，7 月 15 日校学位评定委员会审核，实际授予 32 人（其中学术学位 6 人，全日制专业学位 17 人，非全日制硕士 9 人）硕士学位。

（3）冬季学位申请。2021 年冬季学期，我校硕士研究生学位授予工作由 2021 年 9—12 月进行。9 月 24 日前，完成了研究生冬季学位申请工作，我校申请硕士研究生学位 29 人，其中学术学位 3 人、全日制专业学位 17 人、非全日制专业学位 9 人。其中 19 人通过资格审核，进入学位申请下一环节。2021 年 9 月 27 日至 10 月 15 日，完成了冬季研究生学位论文学术不端行为检测工作，18 名研究生通过了学术不端检测，1 人未通过。2021 年 10 月 18 日至 11 月 12 日期间，由研究生处进行送审，完成了论文外审工作，参加送审研究生 18 人，结果为全部通过。2021 年 11 月 22 日至 12 月 10 日，进行研究生学位论文答辩工作。2021 年 12 月 30 日，召开校学位评定委员会授予冬季硕士研究生学位 17 人。

2. 优秀学位论文评选工作

按照《北京农学院硕士研究生优秀学位论文评选办法》（北农校发〔2014〕51 号），2021 年硕士研究生优秀学位论文全校总评选指标为 51 篇。现经各论文答辩委员会、学院学位评定分委员会推荐，研究生处审核，通过候选优秀学位论文共计 39 篇，其中生物与资源环境学院 6 篇、植物科学技术学院 6 篇、动物科学技术学院 8 篇、经济管理学院 6 篇、园林学院 5 篇、食品科学与工程学院 6 篇、计算机与信息工程学院 1 篇、文法与城乡发展学院 1 篇。

6月16日，经学位评定委员会审议，审核通过《大豆品种北农103早花主效基因的定位和候选基因克隆》等39篇学位论文被评为优秀学位论文（详见附表3）。

3. 校学位办日常管理

2021年6月16日、7月15日、9月29日、12月中旬共组织召开4次校学位评定委员会会议，分别主要就学士学位授予、硕士学位授予及硕士研究生优秀学位论文评选、导师遴选等议题进行了审核。

2021年6月16日上午，学校在第三会议室召开了校学位评定委员会会议。会议由校学位评定委员会主席周剑平校长主持，校学位评定委员会委员参加了会议。校学位评定委员会委员审议了以下议题：①听取教务处关于2021年夏季学士学位授予情况的汇报并进行审核，决定授予2021届张泓威等1537名、2020届奎永豪等2名学生，共1539名学生学士学位，2021年学士学位授予率为92.09%。②听取教务处关于《北京农学院全日制本科生学士学位授予工作实施细则（修订）》情况的汇报，各位委员结合我校文件修订原因及内容，针对当前本科生学位授予管理过程中的问题与会委员围绕修订条目展开热烈讨论，提出了建设性的意见。③听取研究生处关于2021年夏季第一批硕士学位授予情况的汇报并进行审核，决定授予学术学位88人，其中全日制专业学位331人、非全日制硕士65人，共484名研究生硕士学位。④听取研究生处关于2021年硕士研究生优秀学位论文评选工作的汇报并进行审核，各学院院长针对本学院研究生优秀学位论文的评选过程进行了详细说明，经过投票最终评选刘洁等39名研究生的学位论文为校级硕士研究生优秀学位论文。⑤听取研究生处关于2021年版硕士研究生培养方案修订工作的汇报并进行审核，本次培养方案修订工作共涉及11个一级学科、6个专业学位类别、7个农业硕士领域，学位评定委员会委员针对培养方案修订过程中的问题进行了讨论。

2021年7月15日上午，学校在第三会议室召开了校学位评定委员会会议。会议由校学位评定委员会主席周剑平校长主持，校学位评定委员会委员参加了会议。校学位评定委员会委员听取了研究生处何忠伟处长关于2021年夏季第二批硕士学位授予情况的汇报，根据《北京农学院硕士学位授予工作实施细则（修订)》规定，经过审核并投票，同意授予32人硕士学位。

2021年9月29日上午，学校在第三会议室召开了校学位评定委员会会议。会议由校学位评定委员会主席周剑平校长主持，校学位评定委员会委员参加了会议。会议进行了三项议题：①听取教务处关于2021届秋季学士学位授予情况汇报并进行审核。经会议讨论、无记名投票通过，决定授予117名普高本科毕业生学士学位。②听取研究生处关于《北京农学院硕士研究生优秀学位论文评选办法》文件修订的汇报并进行审核。③听取研究生处关于《北京农学院硕士生导师遴选管理办法》文件修订的汇报并进行审核。

根据北京市学位办要求，完成我校 2021 年 6 月、7 月、9 月、12 月授予学士、硕士学位信息采集及上报工作。

4. 北京市硕士研究生学位论文抽检

学位论文抽检是北京市教委监督学位授予单位学位与研究生教育质量的一项重要措施，自 2014 年正式启动并成为常态化工作以来，每年抽检一次，抽检学位论文的比例逐年上升。

北京市教育委员会公布了 2020 年抽检的硕士学位论文通讯评议结果，2020 年北京地区总体抽检学位论文 5622 篇，“存在问题学位论文”108 篇，占比为 1.92%。

我校被抽检的学位论文涉及 16 个一级学科（类别领域）的 36 篇（学术学位 15 篇，专业学位 13 篇，非全日制专业学位 8 篇）硕士学位论文，根据《关于反馈 2020 年北京地区硕士学位论文抽检通讯评议结果的通知》反馈，其中 35 篇硕士学位论文最终评议结果通过，1 篇硕士学位论文被认定为“存在问题学位论文”（占比为 2.78%）。另外 3 篇硕士学位论文评议结果有 1 份不合格专家意见（详见附表 4）。此次学位论文抽检评议出现“存在问题学位论文”，是我校历年学位论文抽检中首次出现此类情况，各学院应予以高度重视，采取相应措施，提高研究生培养质量。

为进一步加强硕士研究生学位论文质量管理，提升硕士学位授予质量，根据国务院学位委员会、教育部《关于加强学位与研究生教育质量保证和监督体系建设的意见》（学位〔2014〕3 号）及《博士硕士学位论文抽检办法》（学位〔2014〕5 号）文件精神，结合《北京农学院硕士研究生学位论文抽检结果处理办法》（学位〔2020〕5 号）文件要求，现对相关导师、学院做出如下处理。

（1）抽检结果通知相关学院学位评定委员会。“存在问题学位论文”的抽检评议结果及时通知论文作者、导师及所在学院，学院负责人对导师及相应学科进行约谈。

（2）研究生处对相关学院进行约谈，要求“存在问题学位论文”所在学院进行限期整改，在规定时间内向研究生处提交本学院整改方案。

（3）对“存在问题学位论文”的导师，停止其相应类别研究生招生资格 3 年。

（4）对“存在问题学位论文”的学院，减少 1 年所在学院 2 个相应类别研究生招生指标。

（5）3 年内，将“存在问题学位论文”导师所指导的所有硕士学位论文在学位答辩前全部由研究生处送审。

（6）3 年内，提高“存在问题学位论文”所在学院与学科硕士学位论文学位答辩前校级抽查比例。

（7）“存在问题学位论文”答辩委员会主席 3 年内不得再担任研究生学位论文答辩委员会主席。

导师作为研究生培养的第一责任人，进一步树立质量意识和责任意识，加强培养和指导，确保我校学位授予质量的稳步提高。

（三）2021 年导师管理工作

1. 加强研究生导师队伍建设

强化导师岗位管理和考核，加强对导师考核结果的运用，把考核结果作为研究生导师年度招生资格、评优评先等工作的重要参考依据。

修订《北京农学院导师遴选办法》，实行学术学位、专业学位研究生导师的分类遴选，推进专业学位研究生导师的校内、校外双导师制。加强与北京市园林绿化科学研究院的合作对接。

2. 优化导师培训工作模式

加大校际间的培训合作力度，学校与北京林业大学联合开展 2 次导师培训工作。重点对乡村振兴、师德师风、“破五唯”背景下的研究生教育培养等方面重点开展培训，采取“线上 + 线下”结合的培训模式，邀请校内外专家学者，走进导师培训大讲堂，做到导师培训工作全覆盖。

3. 组织开展导师年度考核工作

根据《北京农学院硕士生导师工作职责规定（试行）》（研处字〔2017〕40 号）文件精神及《关于做好 2020—2021 年度硕士生导师考核工作的通知》（研处字〔2021〕20 号）文件要求，各相关二级学院成立导师考核工作领导小组，组织完成 2020—2021 年度硕士生导师考核工作。本年度应参加考核硕士生导师数为 255 人，实际参加考核人数为 255 人，合格率为 100%。

4. 导师遴选工作

根据《关于印发〈北京农学院硕士生导师遴选办法〉的通知》（北农校发〔2021〕85 号），研究生处组织进行了 2021 年新增硕士生导师资格遴选工作。本次申请共分为 2 批次，研究生处共收到 40 名校内外人员（其中 3 名校内人员、37 名校外人员）申请研究生导师资格的相关材料。经各相关学院分学位评定委员会审议，人事处、科技处等相关部门对申请材料协作审核，35 人（其中 2 名校内人员、33 名校外人员）符合条件，经 2021 年 12 月 30 日校学位评定委员会审议，35 人符合条件被遴选为我校硕士生导师。

三、2022 年工作思路

（一）贯彻落实“十四五”时期学科与研究生教育规划任务

面对新形势、新任务、新要求，在下一步的工作中，按照规划内容，坚持“以学科建设为龙头，全面带动研究生教育水平提升”的发展思路，创新机制，突出重点，扩大优势，彰显特色，提升水平。积极开展学位点授权审核工作，主动进行学位点动态调整，科学进行学科优化，构建学科集群，加快新兴与交叉学科建设，努力培植新的学科生长点，大力推动学科整体发展和学校综合科研能力、学术水平及人才培养质量的全面提升。

（二）制定北京农学院申博学科实施方案

根据申博学科实施方案内容，压实责任，持续跟进博士点学科建设情况，有计划、分批次地加强申博学科建设，第一批将启动园艺学、兽医学、农林经济管理 3 个学位点申博工作，第二批将启动食品科学与工程、风景园林、生物与医药 3 个学位点申博工作。针对学科发展短板和需求制定了《北京农学院申博学科建设实施方案》，旨在进一步提升学科建设水平，优化学科方向，凝练学科特色，优化师资队伍结构，引进和培养学科领军人才，提高科研能力，加强平台建设，创新管理机制，明确院长申博第一责任人的职责，充分发挥学科带头人的作用，增强学科活力与动力。

学科建设经费实行项目制，每个学科填写学科建设项目任务书，明确学科建设内容和使用方向，不允许按人头分或一般性日常性支出。学科建设经费根据各学科的发展目标任务设置分类发展专项，以专项建设形式补短板、促提升。强化预算与绩效管理，组织外部专家对学科自主确定的建设任务和经费使用计划进行专家论证，对不符合学科建设方向的坚决扣减，扣减部分用于对实施进展好的学科给予补充（奖励性）支持。年底组织学科建设绩效评估，根据绩效结果分配第二年经费额度。

（三）跟进第五轮学科评估后续工作

积极联络学位中心，跟进第五轮学科评估结果。总结本轮评估工作填报情况，并就第五轮学科评估简况表出现的新变化进行总结归纳，梳理出需要补充和完善的材料，把工作做实做细，找到问题，弥补短板，为今后学科建设工作提供支撑。

（四）落实周期性合格评估年度内各项工作

根据《北京农学院2020—2025年学位授权点自我评估工作方案》，组织启动学校周期性合格评估各项工作，本轮共有7个一级学科硕士学位授权点和3个硕士专业学位授权点参评。

按照评估方案2022年度内容，有序推动各参评学位点学位授权点建设报告和研究生教育质量报告撰写工作，按时限要求完成外网公示工作。

（五）做好研究生学位授予管理及学位办日常工作

优化加强学位管理各环节流程，实现推进优化学位申请审核信息化，为研究生提供更便捷的学位申请方式，为导师提供更便利的线上审核条件，以提高学位申请审核效率。

根据研究生学位授予工作日程表进行2022年夏季、冬季两次学位授予各环节工作及优秀论文评选工作。组织校学位委员会会议，审核研究生硕士学位授予、普通本科学士学位授予、国际学院毕业生学士学位授予、成人高等教育学士学位授予、导师资格遴选等相关工作；做好学位授予信息报送工作。

（六）加强导师队伍建设，强化考核培训

进一步加强研究生导师队伍建设，优化导师队伍结构，提升导师指导水平，保证研究生培养质量，优化遴选程序，导师遴选坚持以立德树人为宗旨，充分发挥导师是研究生培养第一责任人的作用。全面考察申请人的政治素质、师德师风与业务素质，通过遴选工作优化资源配置，提高导师队伍质量。通过导师遴选，助推学科建设与研究生教育工作，促进实现“十四五”规划目标，激发教师科研、教学活力。

持续优化导师培训方案，结合本年度培训工作经验，提前做好下一年度导师培训方案，采取“线上＋线下”结合的模式，做到导师培训工作全覆盖。

加强研究生导师队伍建设，提高研究生培养质量，继续做好导师考核各项工作，并加强对导师考核结果的运用。把考核结果作为研究生导师年度招生资格、评优评先等工作的重要参考依据，强化导师立德树人及研究生培养第一责任人的观念。

附表 1　　北京农学院一级学科硕士学位授权点获批时间表

序号	学科门类	一级学科（代码）	获批时间
1	工学	食品科学与工程（0832）	2011 年 3 月
2	农学	作物学（0901）	2011 年 3 月
3	农学	园艺学（0902）	2011 年 3 月
4	农学	兽医学（0906）	2011 年 3 月
5	农学	林学（0907）	2011 年 3 月
6	管理学	农林经济管理（1203）	2011 年 3 月
7	工学	风景园林学（0834）	2011 年 8 月
8	工学	生物工程（0836）	2018 年 3 月
9	农学	植物保护（0904）	2018 年 3 月
10	农学	畜牧学（0905）	2018 年 3 月
11	管理学	工商管理（1202）	2018 年 3 月

附表 2　　北京农学院专业学位硕士授权类别获批时间表

序号	专业学位类别（代码）	获批时间
1	农业（原“农业推广”，0951）	2008 年 6 月
2	兽医（0952）	2009 年 6 月
3	生物与医药（原“工程”，0860）	2014 年 5 月
4	风景园林（0953）	2014 年 5 月
5	国际商务（0254）	2018 年 3 月
6	社会工作（0352）	2018 年 3 月
7	林业（0954）	2018 年 3 月

附表 3

北京农学院 2021 年硕士研究生优秀学位论文名单

序号	学号	姓名	性别	学院	类别	学科（类别/领域）	指导教师	学位论文题目
1	201830211006	刘洁	女	植物科学技术学院	学硕	作物学	谢皓	大豆品种北农 103 早花主效基因的定位和候选基因克隆
2	201830212009	乔菡	女	植物科学技术学院	学硕	园艺学	沈元月	乙烯以 ABA 依赖的方式调控无花果果实成熟的分子机理
3	201830212016	程昊	女	植物科学技术学院	学硕	园艺学	张杰	mdm－miR7125 调控苹果果实花色素苷合成机制
4	201830311012	吴富鑫	男	动物科学技术学院	学硕	兽医学	蒋林树	苦参碱对牛源无乳链球菌毒力及其毒力基因的影响
5	201830311020	李祯	女	动物科学技术学院	学硕	兽医学	刘凤华	枸芪粗提物对川藏黑猪脂质抗氧化性的影响
6	201830411003	袁艳云	女	经济管理学院	学硕	农林经济管理	刘芳	京津冀一体化奶业发展布局优化研究
7	201830512004	朱文鹏	男	园林学院	学硕	林学	赵和文	美国红枫“秋日梦幻”生根过程中关键 miRNAs 及其靶基因的鉴定与分析
8	201830611014	潘迪	女	食品科学与工程学院	学硕	食品科学与工程	马挺军	粮仓熏蒸残留磷化氢的等离子体降解过程研究
9	201830611018	任柳阳	女	食品科学与工程学院	学硕	食品科学与工程	吕莹	热处理过程中鸭蛋蛋黄腥味物质的鉴定及其形成机制
10	201930123103	丁俊	女	生物与资源环境学院	专硕	生物工程	王顺利	基于粉煤灰粒径调控的新型基质的开发与应用
11	201930123111	李小凤	女	生物与资源环境学院	专硕	生物工程	张国庆	基于交配型基因的蛹虫草单孢菌株分离与杂交育种研究

续表

序号	学号	姓名	性别	学院	类别	学科（类别/领域）	指导教师	学位论文题目
12	201930123125	王巍	女	生物与资源环境学院	专硕	生物工程	刘悦萍	生长素应答基因 PpIAA5 – ARF8 对桃果实成熟软化的调控作用
13	201930121104	陈琳涵	女	生物与资源环境学院	专硕	资源利用与植物保护	刘云	基于 ENVI – met 的不同尺度城市绿地冷岛效应研究
14	201930121122	王佳	男	生物与资源环境学院	专硕	资源利用与植物保护	尚巧霞	我国部分省市草莓种苗病毒种类检测与序列分析
15	201930221128	王斌	男	植物科学技术学院	专硕	农艺与种业	赵久然	玉米叶片早衰基因 ZmPLS1 的精细定位
16	201930221135	杨琦智	男	植物科学技术学院	专硕	农艺与种业	陈青君	基于桃木屑的大球盖菇高产配方与工艺的研究
17	201930221136	于璐佳	男	植物科学技术学院	专硕	农艺与种业	田佶	光和乙烯协同调控苹果果实花色素苷积累的研究
18	201930322102	蔡丽蓉	女	动物科学技术学院	专硕	兽医	张华	载 BLfcin 壳聚糖纳米粒温敏水凝胶的制备、表征及体外抑菌作用研究
19	201930322125	项茹雪	女	动物科学技术学院	专硕	兽医	姚华	犬乳腺肿瘤病例资料分析及 SNW1 在乳腺组织中的表达
20	201930321110	潘予琮	女	动物科学技术学院	专硕	畜牧	蒋林树	基于指纹图谱技术的苜蓿和燕麦草中黄酮类营养活性物质分析与评价
21	201930321112	王翌翀	男	动物科学技术学院	专硕	畜牧	郭凯军	北京地区奶牛场生产性能分析及优化方案研究
22	201930321118	赵琛	女	动物科学技术学院	专硕	畜牧	李艳玲	柑橘类植物精油的抗菌、抗氧化活性及对大肠杆菌感染小鼠的保护作用研究

续表

序号	学号	姓名	性别	学院	类别	学科（类别/领域）	指导教师	学位论文题目
23	201930421101	蔡辛娟	女	经济管理学院	专硕	农业管理	肖红波	基于非洲猪瘟背景下养猪场生物安全防控评价研究
24	201930421121	朴杨	女	经济管理学院	专硕	农业管理	刘笑冰	北京市北部山区造林工程对农户收入影响研究
25	201930421129	吴欣玥	女	经济管理学院	专硕	农业管理	黄映晖	北京农业绿色全要素生产率测算及影响因素分析
26	201930425102	范泽新	男	经济管理学院	专硕	国际商务	刘芳	人民币汇率波动对中国乳制品进口贸易的影响研究
27	201930425106	李嘉琦	男	经济管理学院	专硕	国际商务	刘瑞涵	中国农业上市公司外汇风险暴露研究
28	201930524114	罗聪	女	园林学院	专硕	风景园林	付军	存量背景下北京城市高架桥下附属空间景观设计研究——以新兴桥为例
29	201930524116	马歆如	女	园林学院	专硕	风景园林	张维妮	基于可持续发展理念的城市湿地公园规划设计研究——以常熟市南湖湿地公园为例
30	201930524124	张思佳	女	园林学院	专硕	风景园林	贾海洋	基于北京市新总规背景下浅山区休闲农业园景观规划设计——以顺义某园区为例
31	201930527111	石金鹏	女	园林学院	专硕	林业	王文和	百合超低温保存技术的研究
32	201930621104	崔鲁彬	男	食品科学与工程学院	专硕	食品加工与安全	孙运金	滑动弧放电等离子体的杀菌机理及在砂糖桔保鲜中的研究
33	201930621105	何川	男	食品科学与工程学院	专硕	食品加工与安全	仝其根	蛋液制品风味提升的研究

续表

序号	学号	姓名	性别	学院	类别	学科（类别/领域）	指导教师	学位论文题目
34	201930621132	张文雨	女	食品科学与工程学院	专硕	食品加工与安全	綦菁华	叶下珠乙醇萃取物的特性研究
35	201930621133	张瑶	女	食品科学与工程学院	专硕	食品加工与安全	高秀芝	生菜发酵过程中微生物多样性研究及发酵菌株冻干发酵剂的优化
36	201930721111	田浩	男	计算机与信息工程学院	专硕	农业工程与信息技术	张仁龙	基于改进 SEIR 模型的 COVID－19 疫情可视化监测及趋势预测研究
37	201930821126	张童	女	文法与城乡发展学院	专硕	农村发展	申强	北京市平谷大桃种植户电商参与度提升路径研究
38	201830231207	王路路	女	生物与资源环境学院	非全日制	资源利用与植物保护	刘云	基于全生命周期分析的呼伦贝尔家庭牧场温室气体排放研究
39	201830332101	张润东	男	动物科学技术学院	非全日制	兽医	姚华	三维重建技术在小型猪肺段切除手术中的应用

附表 4

北京农学院 2020 年研究生学位论文抽检结果

序号	学院	姓名	类型	导师姓名	学科（类别）	论文题目	专家一	专家二	专家三	专家四	专家五
1	植科学院	林淼	学术	潘金豹	作物学	青贮玉米品质性状全基因组关联分析	良好	优秀	良好		
2	植科学院	刘靖崧	学术	万平	作物学	小豆种质资源类黄酮含量测定及全基因组关联分析	良好	良好	优秀		
3	植科学院	谷思	学术	邢宇	园艺学	FvM4k1 参与调控草莓器官大小的机制	良好	良好	良好		
4	植科学院	张文强	学术	陈青君	园艺学	双孢蘑菇蛋白添加剂评价及豆粕蛋白增产机制的多组学研究	优秀	良好	良好		
5	植科学院	宗召莉	学术	郭巍	园艺学	棉铃虫对苹果的危害及其 HaDuox 基因的分析	一般	良好	良好		
6	植科学院	谷晓娇	学术	沈元月	园艺学	草莓稳定遗传转化体系的建立及 FvCHLH 和 FvRIPK1 的功能分析	优秀	优秀	良好		
7	动科学院	吕莫然	学术	刘爵 陈武	兽医学	猪圆环病毒 3 型核酸胶体金检测方法的建立与应用	优秀	良好	良好		
8	动科学院	胡新宇	学术	郭勇	兽医学	Egr3 及 Mgst1 在程序化冷冻前后小鼠囊胚与休眠胚胎间差异表达的研究	良好	良好	优秀		
9	动科学院	李佩珊	学术	张涛	兽医学	PRRSV 感染对猪肺 MVECs 蛋白表达谱的影响及中药成分对部分蛋白分子的干预作用	优秀	良好	优秀		
10	经管学院	张华颖	学术	何忠伟	农林经济管理	我国重大动物疫情公共风险利益主体协同研究	优秀	良好	一般		
11	园林学院	方昕	学术	马晓燕	风景园林学	基于区域历史文化特征的北京老城区口袋公园活力提升研究	良好	良好	优秀		

续表

序号	学院	姓名	类型	导师姓名	学科（类别）	论文题目	专家一	专家二	专家三	专家四	专家五
12	园林学院	孙德顺	学术	马晓燕	风景园林学	基于 LUCC 的国家公园生态服务价值研究——以钱江源国家公园为例	一般	良好	良好		
13	园林学院	于洋	学术	王文和	林学	亚洲百合杂交后代性状遗传分析及 EST－SSR 标记开发和分子身份证构建	良好	良好	良好		
14	食品学院	陈丽伟	学术	杜斌	食品科学与工程	姜黄素光敏抗菌薄膜的制备及其在冷鲜肉保鲜中的应用	良好	良好	良好		
15	食品学院	魏文广	学术	杜斌	食品科学与工程	纤维素基可降解食品抗菌膜的制备及其在冷鲜肉保鲜中的应用	良好	良好	优秀		
16	生资学院	赵智渊	专硕	柳春梅	生物工程	喹啉噻唑类化合物的合成	良好	一般	良好		
17	植科学院	姜曼	专硕	王绍辉	农艺与种业	不同苗龄嫁接番茄生长发育的研究	良好	良好	良好		
18	植科学院	代月星	专硕	秦岭	园艺	几种主要果树组培苗的扩繁及扦插生根体系的优化	不合格	良好	一般	一般	一般
19	植科学院	姚红艳	专硕	谷建田	农艺与种业	三种功能水溶肥对叶菜生长、产量和品质的影响	良好	良好	良好		
20	植科学院	何泽明	专硕	谢皓	农艺与种业	大豆黑色种皮候选基因的表达分析与克隆	良好	一般	良好		
21	动科学院	胡迪	专硕	张永红	兽医	黄芪、板蓝根、淫羊藿体内外抗 PRRSV 的作用研究	良好	良好	良好		
22	经管学院	薛冬蕊	专硕	刘瑞涵	农业管理	北京城区草莓消费者市场细分研究	良好	良好	一般		
23	园林学院	武帅	专硕	黄凯	风景园林	满族文化在北京市乡村景观中的应用研究——以怀柔区长哨营满族乡老西沟村为例	一般	不合格	一般	良好	一般

续表

序号	学院	姓名	类型	导师姓名	学科（类别）	论文题目	专家一	专家二	专家三	专家四	专家五
24	园林学院	毛圣雯	专硕	付军	风景园林	基于社区活力的北京老旧社区街道景观微更新研究——以天通苑为例	良好	良好	一般		
25	食品学院	蒋越	专硕	潘立刚	食品加工与安全	基于氢氧稳定同位素分析的桃果原汁掺水鉴别研究	一般	一般	一般		
26	食品学院	高逸	专硕	高秀芝	食品加工与安全	芽孢杆菌菌肥对生菜及土壤微生物影响的研究	优秀	良好	良好		
27	计信学院	徐佳莹	专硕	宁璐	农业工程与信息技术	基于板栗苗期蒸腾特性的灌溉模型研建	不合格	一般	一般	良好	一般
28	计信学院	韩静瑶	专硕	张仁龙	农业工程与信息技术	基于灰色神经网络实现多因素玉米产量预测	良好	良好	一般		
29	动科学院	肖翔	非全	倪和民	兽医	不同稀释液及添加β－烟酰胺单核苷酸对常温猪精的影响	良好	一般	良好		
30	经管学院	揣宏超	非全	陈娆	农村与区域发展	北京市昌平区农村社区养老服务研究——基于昌平区农村实地调研	一般	良好	良好		
31	经管学院	鲁洁	非全	邓蓉	农村与区域发展	非洲猪瘟和新冠肺炎对中国养猪业的影响研究	一般	良好	良好		
32	园林学院	刘盼盼	非全	冷平生	林业	百花山森林资源及其生态旅游开发应用	一般	良好	优秀		
33	园林学院	杜进昭	非全	王先杰	林业	北京市门头沟矿山废弃地植被恢复研究	一般	一般	一般		
34	园林学院	李铁彪	非全	冷平生	林业	东城区公园绿地植物多样性分析	良好	良好	一般		
35	计信学院	侯兴科	非全	姚山	农业信息化	河南联通行业应用 VPDN 平台研究	良好	良好	不合格	一般	不合格
36	文发学院	张耀天	非全	李巧兰	农业科技组织与服务	京郊“村转居”社区居民社区教育现状及发展对策研究	一般	一般	良好		

北京农学院2021年研究生教育发展质量年度报告

研究生处

一、总体概况

（一）学位授权点基本情况

北京农学院紧密围绕首都乡村振兴战略和都市型现代农业发展需求，积极开展农林科技创新和科学研究，努力打造和完善都市型现代农林高级人才的培养，全面建成高水平应用型大学。

2003年获得硕士学位授予权后，学校独立开展研究生教育已经走过十余个年头。目前，学校共有园艺学、兽医学、作物学、林学、风景园林学、食品科学与工程、农林经济管理、生物工程、植物保护、工商管理、畜牧学11个一级学科硕士学位授权点，形成了都市型现代农林学科布局。有农业硕士、兽医硕士、风景园林硕士、工程硕士、社会工作硕士、国际商务硕士、林业硕士7个专业学位类别13个招生领域。构成植物科学学科群、畜牧兽医学科群、农林经济管理与文法学科群、生物技术与食品工程学科群、生态环境建设与城镇规划学科群，服务首都区域发展。

学校紧密围绕首都乡村振兴战略和都市型现代农业发展需求，积极开展农林科技创新和科学研究，努力打造和完善都市型现代农林科技创新体系。近年来，学校承担了国家重点研发计划、国家自然科学基金等一批高水平国家级项目。都市型现代农业理论研究、生物种业研究、肉牛转基因体细胞克隆技术、中兽药和生物农药等在国内行业处于领先水平。近年来，学校共获得省部级及以上科技成果奖励40余项，重点解决了一批北京乃至全国都市农业、现代农业发展中的重大问题和关键技术。

（二）学科建设情况

1. 组织开展2020—2025年学位点周期性合格评估

根据国务院学位委员会和教育部联合印发的《关于修订印发〈学位授权点合格评估办法〉的通知》（学位〔2020〕25号）、《关于开展2020—2025年学位授权点周期性合格评估工作的通知》（学位〔2020〕26号）文件要求，研究制定《北京农学院2020—2025年学位授权点自我评估工作方案》，组织启动学校周期性合格评估各项工作，本轮共有7个一级学科硕士学位授权点和3个硕士专业学位授权点参评。

按照评估方案2021年度计划，有序推动各参评学位点基本状态信息表填报、学位授权点建设报告和研究生教育质量报告撰写工作，并按时限要求完成外网公示工作。

2. 推进学科分类分层建设管理机制

立足应用型大学办学定位，聚焦国家乡村振兴战略、北京“四个中心”功能建设、京津冀协同发展等重大需求，优化现有学科布局，完善都市农林业学科群，突出优势特色。结合“十四五”规划工作，对现有11个一级学科制定分类分层发展策略。

加大对现有申请博士点申报学科及“十四五”拟建博士点学科的建设力度，认真研读相关文件、了解政策导向、“吃透”规则，对标条件、摸清家底，着力提升园艺学、农林经济管理、兽医学为博士学位授权学科，强化林学与生态环境、食品科学与工程、风景园林学等学科的新时代内涵及其与都市发展的契合度，培育增设首都需求旺盛、学科交叉融合的兽医专业博士等应用型学位类型。

3. 加强高精尖学科建设评价考核

根据北京市教育委员会《关于开展北京高校高精尖建设学科中期考核评估工作的通知》（京教函〔2021〕142号）文件要求，结合我校高精尖学科建设实际情况，组织召开高精尖学科建设中期考核评估会，邀请专家进行论证。加强高精尖学科绩效考核工作，积极邀请专家对高精尖学科建设现状把脉，并对下一步发展提出建设性意见。结合当前学科建设成效和经验，将继续跟进北京市评估相关工作，持续做好高精尖学科建设与评估管理工作。

4. 完成第五轮学科评估材料上报

根据教育部学位与研究生教育发展中心（以下简称“学位中心”）《关于公布〈第五轮学科评估工作方案〉的通知》（学位中心〔2020〕43号）、《全国第五轮学科评估邀请函》（学位中心〔2020〕44号）全国第五轮学科评估工作于2020年11月正式启动。

制定《关于关于做好全国第五轮学科评估参评工作的通知》（研处字

〔2020〕35 号）。统计上报参评学科合计 7 个，分别是园艺学、作物学、兽医学、农林经济管理、林学、风景园林学、食品科学与工程。协调植物保护、生物工程、畜牧学、工商管理等 4 个 2016 年以后新增学科，由于培养学生不满一届，根据文件要求，本次可不参评。

组织召开第五轮学科评估与专业学位水平评估工作部署会和审核工作会，在学校相关职能部门和参评学科的积极配合下，按照教育部学位中心有关文件要求，学校于 2021 年 1 月通过“学科评估信息管理系统”对评估材料进行了系统上报，圆满完成评估材料报送工作。

5. 完善“十四五”时期学科建设与研究生教育规划

根据学校党委统一安排，完成了“十四五”时期学科建设与研究生教育规划工作，总结了“十三五”时期学校学科与研究生教育工作情况，对“十四五”时期的学科与研究生教育布局做出新的规划。

明确指导思想为适应首都经济社会和行业发展需求，立足高水平应用型大学定位及发展目标，根据“北京农学院落实《关于统筹推进北京高等教育改革发展的若干意见实施方案》”和《首都教育现代化 2035》精神，服从和服务于党中央“四个全面”战略布局，以服务京津冀协同发展需求为导向，进一步完善学科结构布局，突出学科方向与特色，优化学科人才队伍，改善学科发展条件，增强学科竞争优势，创新学科管理机制，提高学科建设水平。

确定发展原则为以下几个方面。

一是分类分层，突出重点，以国家和高校所在地区经济发展需要来确定重点学科，根据学校整体部署，明确各个学科和学位点建设的重点领域、重点方向与重点任务。

二是强化优势，形成特色，要以学科群组集合为单位，打造新的优势学科群，使各学科在可比指标上能够凸显更强的实力与优势。

三是立德树人，育人为先，以导师落实立德树人为抓手，以学生创新创业能力培养为重点，不断完善研究生分类培养模式，全面提高人才培养质量。

四是合作开放，共享共赢，与京津冀农林高校、国内外高校院所广泛合作，开展联合培养硕士、博士研究生，共享共赢研究生教育改革成果。

五是创新机制，协同发展，形成交叉融合、相得益彰、互相支持的学科建设体系。

明确具体目标为：在“十四五”期间，学校将聚焦应用型大学定位和都市型农林高校的特色优势，坚持“以学科建设为龙头，加强学科统领发展作用”的发展思路，创新机制、突出重点、扩大优势、彰显特色、提升水平。积极开展学位点授权审核工作，主动进行学位点动态调整，科学进行学科优化，构建都市农林业学科群，加快新兴与交叉学科建设，努力培育新的学科生长点，大力推动学科整体发展和学校综合科研能力、学术水平及人才培养质量的全面提升。

在学科布局方面，①申请新增2个博士一级学科学位点。根据《学位授权审核基本条件》，拟建设食品科学与工程、风景园林学等2个申请博士一级学科。②申请新增1个博士专业学位授权点。根据《学位授权审核基本条件》，拟建设生物与医药专业为博士专业学位授权点。③申请新增3个硕士专业学位点。根据《学位授权审核基本条件》，拟建设电子信息硕士、工商管理硕士、法律硕士等3个专业硕士学位授权点。④提升一级学科评估等次。在教育部下一轮学科评估中，园艺学、农林经济管理、兽医学3个一级学科达到B及以上；作物学、林学、风景园林学、食品科学与工程4个一级学科达到C及以上，生物工程、植物保护、工商管理、畜牧学4个一级学科达到C－及以上。

在研究生教育方面，①稳定研究生全日制在校生规模。各类研究生在校生人数稳定在1700人，其中全日制1400人，非全日制300人，硕士研究生学术型与专业学位比例保持在1：1.5左右。②建设研究生优秀课程。新建设50门，年均建设10门。实行项目化管理，推进教学改革，强化思政内容，提升研究生课程质量。③开设研究生实践课程。新增30门研究生实践课程。将课程设置与培养方案修订相结合，优化现有课程设置，基于区域、产业、行业需求，立足产教融合，强化专业学位研究生实践创新能力培养。④加大校外研究生联合培养实践基地支持力度。新增30个校外研究生联合培养实践基地，年均新增6个。用于研究生实习、实验、生产实践和技术开发，提升研究生理论运用水平和专业技能，提高研究生研究能力。⑤加大研究生工作站建设支持力度。新增20个研究生工作站。实行项目化管理，推进科教融合和产教融合，用于研究生短期挂职锻炼、定岗实习、成果转化应用等。⑥开设研究生培养专项班。设置6个研究生培养专班，每年招80名研究生。以产业需求为导向，推进研究生分类培养改革，采取跨学科、跨专业方式，实行多种形式专业学位硕士专项化培养，共同解决产业问题。

（三）完成研究生招生工作，完善学籍管理

1. 圆满完成2021年复试录取

突发新冠肺炎疫情对招生复试带来新的挑战，面对招生规模增加、疫情期间改革复试的新挑战，圆满完成我校2021年738名硕士研究生复试录取工作，其中全日制646名，非全日制92名，参加复试考生900余人；完成2022年度招生先进集体评选，表彰先进单位4个。

2. 积极开展2022年招生宣传

受疫情影响，本年度招生宣传采取线上线下结合，共组织研究生招生宣传11场，参与招生宣讲共计2000余人；组织研究生招生宣讲夏令营1场，共有27

名各高校在校本科生参加；2021 级研究生招生过程中共有 34 名在校研究生参与了“以生招生”，推荐了 68 名考生报考我校。为了更多、更广泛地发动生源，继续实行以生招生政策。累计发放 2022 年招生简章 2500 册，共有 1923 人报名我校硕士研究生，比 2021 年增加 700 余人，增长 59.06%。

3. 积极筹备 2022 年研招考试组考任务

2022 年研招考试有 1443 名考生在我校参加考试，其中报考我校考生 1292 人，报考外地高校 151 人。外地考点报考我校人数 395 人，共涉及山西、河北、吉林、山东、江苏、新疆塔里木等 161 个外地考点。我校设置正式考场 62 个，涉及 51 个教室，备用考场 1 个，防疫考场 3 个，隔离考场 3 个。其中，38 个标准考场，有 24 个非标准考场。常规考场均分布在教学楼 B 座，防疫考场在教学楼 A 座，隔离考场在校医院。

4. 细化研究生学籍管理，精准管理学籍信息

进一步细化学籍管理，细化信息统计，完善休学、退学、延期、补办学生证、铁路卡充值、开取在校证明、出国备案等各类学籍申请的表格和流程 10 余项，办理学籍变动 40 人次、开取学籍证明 110 余次，办理铁路充值卡 700 余张，完成各类学生的学籍注册共计 1300 余人。配合财务处、国资处等部门提供相关学生信息，整理提供各项学生数据、名册和档案材料。

（四）毕业及学位授予工作

1. 严格学位授予审查

2021 年夏季学期，我校硕士研究生学位授予工作分为两批进行，共授予硕士研究生学位 516 人。经学位申请、学术不端行为检测、论文盲评外审、论文答辩、校学位委员会审议等环节，第一批实际授予硕士学位 484 人。为进一步降低疫情对我校研究生学位授予工作的影响，进行夏季第二批学位授予工作，经学位申请、资格审查、论文查重、论文外审、论文答辩等环节，实际授予硕士学位 32 人。

2021 年冬季学期，我校硕士研究生学位授予工作于 9 月至 12 月进行。申请硕士研究生学位 29 人，现已完成学位申请、资格审查、论文查重、论文外审等环节。11 月 22 日至 12 月 10 日，进行研究生学位论文答辩工作，并计划于 2021 年 12 月召开校学位评定委员会授予学位。

2. 完成优秀论文评选

按照《北京农学院硕士研究生优秀学位论文评选办法》，2021 年硕士研究生优秀学位论文全校总评选指标为 51 篇。现经各论文答辩委员会、学院学位评定分委员会推荐，研究生处审核，学位评定委员会审议，39 篇学位论文被评为优秀学位论文。

3. 组织召开学位委员会会议

2021 年 6 月 16 日、7 月 15 日、9 月 29 日、12 月中旬共组织召开 4 次校学位评定委员会会议，分别主要就学士学位授予、硕士学位授予及硕士研究生优秀学位论文评选、导师遴选等议题进行了审核。根据北京市学位办要求，完成我校 2021 年 6 月、7 月、9 月、12 月授予学士、硕士学位信息采集及上报工作。

（五）开展职业规划与就业创业指导

开展“一对一”的就业指导、政策咨询服务，积极引导研究生京外就业。开展 2021 级全日制研究生新生的职业能力测试工作，为学生就业提前做好准备。召开 2021 届研究生毕业生就业座谈会，了解 2021 届研究生毕业生的就业意向和求职状况，完成了 2021 届研究生毕业生相关手续工作。

受新冠肺炎疫情影响，研工部坚持就业工作不断线，推进网上办公方式，积极宣传就业政策，传递就业信息，“一生一策”，精准帮扶就业。通过学生微信群、辅导员工作群发布就业信息、就业政策、双选会信息及就业技巧等内容，为毕业生提供毕业信息的服务，累计达到 1000 余条。经过部门和二级学院的共同努力，2021 届 511 名研究生毕业生共有 505 人就业，就业率为 98.83%，达到学校预期目标。

（六）研究生导师队伍建设

学校拥有一支年龄结构合理、学术水平较高、实践应用能力较强的硕士生导师队伍。现有硕士研究生导师 487 人，其中校内导师 292 人，校外导师 195 人（外籍导师 5 人）。兼职博士生导师 18 人。教师中享受国务院政府特殊津贴 3 人，教育部教学指导委员会委员 4 人，长江学者奖励计划、国家杰出青年科学基金、科技部创新领军人才入选人员 1 人，教育部新世纪优秀人才 1 人，北京市百千万人才工程人选 2 人，科技北京百名领军人才 1 人，北京高校思想政治理论课特级教授 1 人，北京市委组织部高层次创新创业人才 9 人，长城学者培养计划入选人员 8 人，北京市教学名师 8 人，北京市优秀教师 8 人，北京市现代农业产业技术体系岗位专家 20 人，岗位专家数位居北京市涉农单位之首。还有 200 余人次先后入选各级各类人才工程。

二、研究生党建与思想政治教育工作

（一）加强思政教育与疫情常态化防疫管理

完成 2021—2022 学年秋季学期在校研究生思想动态调研，参与研究生人数共计5200余人。研究生虽受疫情影响，但通过教育疏导，秋季开学后的整体思想状况平稳，研究生的世界观、人生观、价值观务实进取、积极向上。召开每月一次研究生辅导员工作会，对研究生就业、疫情防控日常管理、心理测评和危机干预、职业能力测试、党团建设等工作进行经验交流。

开展“尚农大讲堂”讲座14次。本年度讲座以乡村振兴、党史和四史学习、心理健康教育为重点，配合以传统文化、人文艺术等素质课程，特邀请中国农业大学、清华大学、中国人民大学、北京林业大学、华北电力大学等学校以及中国检验检疫科学研究院、回龙观医院、北京市百瑞律师事务所等单位的专家、学者以“线上、线下”相结合的方式，为研究生的综合素质提升打造坚实基础。举办“科学家精神进校园——北京农学院专场报告会”，继承和发扬老一辈科学家胸怀祖国、服务人民的优秀品质，激发研究生在学习工作中秉承科学家精神。组织研究生集中收看2021年全国科学道德和学风建设专题报告会直播，进一步强化了研究生学术规范意识。

组织开展研究生教育引导。精心组织安排，围绕全国两会、纪念五四运动102周年、庆祝建党100周年等重大节日，针对研究生进行安全教育及敏感时期思想教育。主办了“探寻红色印迹，重温峥嵘岁月”——研究生党史学习教育主题定向越野赛，各学院选拔的100余名研究生运动员参加了比赛。开展“学党史”知识竞赛答题活动，开展研究生“全民反诈”安全教育，组织1047名全日制研究生参与建党100周年保密知识竞赛活动。对2021级研究生开展新生入学教育，具体内容包括入学引导与学籍教育、民族宗教政策、安全教育、健康教育、图书资源与利用、化学品安全管理培训、创新创业、网络安全教育、爱国卫生运动、绿色学校创建、无烟校园等方面。疫情防控期间，组织2021届毕业生安全有序返校离校500余人次，组织131名毕业生党员参加毕业生党员教育大会。圆满完成2021年学校毕业典礼和学位授予仪式活动，学校本科生、研究生共计1500余人参与。评选出北京市优秀毕业生27人，校级优秀毕业生51人。为511名毕业生发放了学校毕业纪念文创物品。

制定了《北京农学院2021年研究生寒假留校工作方案》，抓好常态化精准化疫情防控，确保研究生的身体健康和生命安全，维护学校正常秩序和校园安全稳定。春节前夕，研工部为211名留校研究生准备了爱心礼包和防疫用品，对留校师生开展慰问，为有关学院师生送去新春和新年礼物。除夕当晚，研工部向200余名留校研究生进行了新春问候并发放了春节晚餐券。临近开学，研工部对开学返校研究生进行了摸排，制定了《2020—2021春季学期开学工作方案》，落实好研究生返校相关工作措施，保证京内外研究生安全、有序返校，他们的学习、科研和生活进入正轨。组织研究生有序接种疫苗，共计1583人完成两针接种，接种率达到95%以上。截至12月1日，共计1078名研究生完成加强针接种。

（二）加强党团建设，依托项目凝聚科研活力

在学校团委的指导下，研究生团工委组织举行了第八次研究生代表大会，选举产生了新一届研究生会主席团成员。2021 年，校研究生会组织开展了无烟校园活动、垃圾分类活动、冬奥知识竞答，研究生会干部理论培训、党的十九届六中全会报告学习等。利用校研究生会公众号对科技小院、国家奖学金获得者、爱国卫生运动、冬奥科普、心理健康等领域做了积极宣传。

组织研究生认真学习贯彻习近平总书记系列重要讲话，针对习近平在清华大学考察时的讲话召开研讨会交流心得，围绕建党 100 周年，开展“学党史，悟思想”主题教育，以自学、集体学习等形式广泛组织学习研讨。开展研究生党支部红色“1+1”实践活动。推进研究生志愿服务活动，发挥研究生在服务乡村振兴中的作用。共推出北农研究生服务乡村振兴案例 12 篇，其中若干篇被全国农业专业学位研究生教育指导委员会以及中国报道网报道。共有 4 个团队获得 2021 年全国农科研究生暑期实践活动优秀成果评选二等奖。

（三）加强绿色校园、无烟校园建设

在植树节、世界无烟日、世界环境日等节点，宣传环保知识、环保动态。结合研究生实际情况，以班级或学院为单位，开展环保实践教育活动，发挥研究生主观能动性。建立了班级、年级、学院三级联动的控烟监督员机制，定期组织控烟巡查，杜绝吸烟隐患、不良行为。将绿色校园创建工作与研究生评奖评优机制相结合、在新生入学教育中渗透环保教育，让研究生在入学第一课就树立环保意识，落实绿色校园创建责任。

（四）进一步加强研究生心理健康教育

2021 级研究生复试期间，共为 928 人次进行心理健康测查（明尼苏达多项人格测验），对筛查出异常的考生及时干预、引导，持续跟进状况。研究生会联合阳光心灵社推出心理健康专栏，帮助研究生正确认识心理健康问题，及时预防。

2021 年 10 月，结合学校当前研究生心理健康状况实际情况，开展全日制研究生心理测评，实测 1259 人，需关注 76 人。建立重点关注人群台账，及时与二级学院沟通、跟进相关情况。

（五）高度重视校园安稳，积极建设平安校园

充分利用讲座进行安全稳定教育，涉及金融安全防范、非法校园贷、非法集资、网络诈骗、电信诈骗、保护个人隐私等。9 月，开展 2021 级研究生新生的校

园安全防范教育讲座，组织在校研究生安装“全民反诈”App，达到全员覆盖。加强少数民族学生思想动态工作，贯彻中央和北京市关于加强大学生思想政治教育的精神和部署，建立新疆少数民族研究生台账，及时掌握少数民族研究生的情况。

三、研究生培养相关制度及执行情况

（一）课程建设与实施情况

研究生课程体系紧密围绕学校的人才培养目标，坚持“复合型、应用型、创新型”的培养机制定位，应用型与学术型人才培养并重的理念。从培养方案的内容、课程体系的设置到课程开设结构均体现了学校的培养特色。

按照硕士学位基本要求、研究生核心课程指南和复合应用型人才培养目标，全面修订研究生培养方案，改革教学内容与方式。涉及 11 个一级学科、6 个专业学位类别、7 个农业硕士领域。按照培养方案课程设置，组织进行研究生课程大纲修订，包括 24 个学位点的 375 门次课程，包括学术硕士课程 177 门次，专业硕士课程 198 门次。

学术学位研究生课程重点介绍学科前沿动态，讲授科学原理与研究方法，切实增强学术学位研究生创新能力。专业学位研究生课程中加强案例教学。重视案例编写，鼓励教师将编写教学案例与基于案例的科学研究相结合，开发和形成基于真实情境、符合案例教学要求的高质量教学案例。加强授课教师与学生的双向交流，引导学生独立思考、主动参与、团队合作，建立以学生为中心的案例教学模式。

从 2014 年开始，学校重点建设一批优秀研究生课程。到目前为止，共有优秀课程建设项目 82 项。为进一步强化专业课程育人导向，突出价值引领，使各类课程与思想政治理论课同向同行，形成协同效应。我校在 2019 年底组织实施“研究生‘课程思政’示范课程建设项目”，组织召开研究生“课程思政”建设研讨会，组织 2020 年研究生“课程思政”示范课程项目的申报和项目立项。最终立项项目数为 8 项。2021 年，研究生课程思政示范课程结合研究生改革发展项目，作为研究生优秀课程建设的重要内容，立项 10 项。

为使研究生及时了解都市现代农林业发展的前沿动态，进一步拓宽研究视野，提升研究生综合素质，增强学校学术氛围，现围绕我校办学特色及定位，结合研究生学习科研实际情况，于 2021 年秋季学期开设“都市现代农林进展”课程。

于 2021 年春季学期 3 月 1 日至 3 月 12 日进行线上教学。执行线上授课周报制度，待3月15日后调整授课方式，续接线下课堂授课。2021年春季学期共开设研究生课程68门次，其中前两周共开课52门次，3月1日（周一）开课11门次。开学前两周，使用的线上授课平台涉及雨课堂直播、超星平台、腾讯会议直播、好视通直播等多种线上授课平台。各门课程均通过微信群进行签到，结合直播过程中随机点名的方式确保学生全勤上课。教师上课准时，课前准备充分，讲授内容清晰，课件图文并茂，教学案例丰富，可以通过直播正常与学生互动，进行线上答疑，教学效果良好。目前将要进行2021—2022—2学期的选课、排课工作，全日制研究生共预计开课61门次，非全日制开设公共课1门。

（二）导师选拔培训、师德师风建设情况

落实导师是研究生培养第一责任人的要求，引导研究生导师将思想教育与专业教育有机统一，涵养立德树人的良好校风。持续建设实践经验丰富、热心教书育人的校外导师队伍。

强化导师岗位管理和考核，加强对导师考核结果的运用，把考核结果作为研究生导师年度招生资格、评优评先等工作的重要参考依据。修订《北京农学院导师遴选办法》，实行学术学位、专业学位研究生导师的分类遴选，推进专业学位研究生导师的校内、校外双导师制。加强与北京市园林绿化科学研究院的合作对接。加大校际间的培训合作力度，学校与北京林业大学联合开展2次导师培训工作。重点对乡村振兴、师德师风、“破五唯”背景下的研究生教育培养等方面重点开展培训，采取“线上+线下”结合的培训模式，邀请校内外专家学者，走进导师培训大讲堂，做到导师培训工作全覆盖。

根据《北京农学院硕士生导师工作职责规定（试行）》文件精神及《关于做好2020—2021年度硕士生导师考核工作的通知》文件要求，各相关二级学院成立导师考核工作领导小组，组织完成2020—2021年度硕士生导师考核工作。本年度应参加考核硕士生导师数为255人，实际参加考核人数为255人，合格率为100%。

（三）学术训练、学术交流情况

为了适应国家研究生教育改革和发展需要，提高我校研究生教育水平和培养质量，增强研究生实践动手和科研创新能力，搭建学校服务地方经济建设和社会发展平台，创新高层次专业人才培养模式，建设高层次人才培养基地，促进“产学研”联盟的形成，加大联合研究生培养力度。2016年，学校发布了《北京农学院研究生联合培养实践基地建设与管理办法》。

为建设和完善以提高创新能力和实践能力为目标的研究生培养模式，全面提高研究生的实践能力，学校重视研究生实践教学工作，尤其是专业学位硕士研究

生的实践教学工作。2014 年至今，已建成研究生工作站 54 个，研究生校外实践基地 75 个，科技小院 11 个。依托教授工作站、产业扶贫站、科技小院等平台，组建跨学科社会服务团队，鼓励农业硕士研究生积极融入京津冀协同发展实践，为促进农业高质高效、乡村宜居宜业、农民富裕富足贡献智慧力量。

聘请行业专家参与到专业硕士研究生的培养过程中，完善产教融合联合培养质量评价机制，加强人才培养与行业企业用人需求对接，提升研究生实践创新能力。在实践教学内容上面，由传统的“单一型”向“综合型”转变，在实践教学方法上由传统的“示范型”向“开发型”转变，把课堂设在基地，让学生步入田间地头，在实践中学习，提升实践能力，避开纸上谈兵，提高专业硕士研究生培养的实用性。在校研究生参与授权专利 46 项、软件著作权 24 项，在全国性研究生科技创新竞赛、技能设计大赛、学科竞赛中获得奖项 38 项。

（四）研究生奖助情况

完成研究生“三助一辅”岗位设置、招聘和考核。通过“三助一辅”工作有效调动研究生参与学校教育、管理、科研工作的积极性，培养研究生的创新能力、实践能力和责任意识，2021 年度共有 160 名研究生从事“三助一辅”工作，提高了实践能力。

完成 2020—2021 学年的研究生各类奖学金评定、表彰和发放工作。根据北京市相关规定和学校实际，修订研究生奖助学金、评奖评优等规定 3 份，并于 2021 年 9 月实施，完成了与研究生切身利益相关的奖学金评审、表彰和发放工作，务求公平、公正、公开。本年度共评选出研究生国家奖学金 23 人、优秀研究生干部 25 人。

关注困难研究生，开展特困资助。根据教育部、财政部有关文件精神，结合学校实际，对有特殊困难的研究生给予困难补助。2021 年为 3 名研究生发放了困难补助，共计 4000 元。为 22 名 2021 届毕业生、16 名 2022 届毕业生共计 38 人申请了毕业生求职创业补贴，上级拨付补贴共计 38000 元。

完成研究生科研奖励。2021 年共进行了三个季度研究生科研奖励，在校研究生共发表论文 47 篇，其中 SCI 发表 7 篇，核心期刊发表 30 篇，一般期刊 10 篇，获得软件著作权 5 项，获得专利 2 项，学术科技竞赛获奖作品二等奖 2 项，学术科技竞赛获奖作品三等奖等 2 项。

四、研究生教育改革情况

（一）深入推进研究生教育综合改革

根据国家和北京市相关文件要求，结合学校工作实际，发布了《北京农学院关于加快新时代学科与研究生教育改革发展的实施方案》，扎实推进新时代学科与研究生教育改革发展，围绕学校办学特色及定位，推进学术、专硕研究生分类培养，提高研究生教育质量。

（二）人才培养模式改革

为建设和完善以提高创新能力和实践能力为目标的研究生培养模式，全面提高研究生的实践能力和科研创新能力，2014 年开始设立北京农学院学位与研究生教育改革专项，专项包含学位授权点建设与人才培养模式创新、研究生优秀课程建设、研究生校外联合培养实践基地建设、研究生党建、研究生创新科研、研究生社会实践、研究生管理队伍建设等 7 大类，共支持项目 813 项，其中研究生项目 400 余项，占比达到 50% 以上，经费达到 277. 3 万元。这些项目的设立，很大程度上加快教学改革的速度。

加强人才培养与行业企业用人需求对接，提升研究生实践创新能力。学校依托新农村建设基地、都市农业研究所、乡村治理研究中心等智库平台以及农业农村部华北都市农业重点实验室、兽医学北京市重点实验室、北京市果树良种繁育工程技术研究中心等 22 个省部级科研平台和 1 个国家大学科技园，培养指导研究生共同参与农业农村部、北京市相关委办局等单位研究产教融合课题近 40 项。依托教授工作站、产业扶贫站、科技小院等平台，组建跨学科社会服务团队，柔性引进荷兰瓦格宁根大学 Ton 院士等海内外人才 12 人，形成“引进人才 + 校内骨干 + 博士后 + 研究生”的科研团队，以国际化、高端化、产业化为目标服务首都生态环境建设，强化“政产学研用”协同创新，研究生全面参与乡村振兴战略实施，学校把技术转移中心、大学科技园、首都农产品安全产业技术研究院作为开展科技成果转化的重要平台进行建设，打造政府、农业高校、科研院所、企业“四位一体”的农业技术推广体系，打通科技成果转化堵点，提高成果转化效率，把成果转化与研究生培养紧密结合。

学校积极探索建立基地建设长效机制，积极探索多种形式的联合培养机制，促进科教融合，为研究生培养、就业、创业提供多样化的实践锻炼平台。探索建立基地建设长效机制。积极探索多种形式的联合培养机制，促进科教融合和产教融合，为研究生培养、就业、创业提供多样化的实践锻炼平台。主动适应产业需求，发挥学校多学科优势，依托产业研究院平台，推进创新链和产业链对接，探索建立按产业链设计研究生培养模式的专项班。充分发挥合作单位在研究生培养过程中的积极性、主动性和创造性，共同制定培养目标、建设相关课程、参与培养过程、评价培养质量，建立产学有机融合的协同育人模式。

（三）探索专业硕士专班培养

学校创新专业硕士研究生培养模式，以产业需求为导向，推进多种形式专业学位硕士专项化培养。在基质研究、古树保护与修复、科技小院、优秀科技创新团队等专项班的基础上不断加大专业硕士研究生专项培养力度，争取逐步实现专项化培养全覆盖。目前，专项班已招生 84 人，占每年专硕招生比例 22%。依托多个学位点，单列多科交叉融合的复合型人才招生计划。依托科研单位、企业、产业研究院等校外部门，单列产教融合人才招生计划。秉承专业硕士专项班“成熟一个，建设一个”的发展原则，计划 3 ~ 5 年内所有专业硕士实行专项化培养。

学校以“专项培养 + 实践项目”相结合的模式，加强专业研究生实践教学，推进多种形式专业学位硕士专项化培养，实施基质研究、古树保护与修复、科技小院、优秀科技创新团队等专项班，在生产一线育人，“培养—就业、研究—应用、专家—农民、技术—产业”零距离。设立实践专项，帮助学生拓宽实践路径、逐步提升学生的“三农”情怀，强化学农、知农、爱农的意识。不断探索高水平应用型大学专业硕士研究生的实践创新发展方向。鼓励研究生积极参与学校社会推广服务项目，如新型营养基质、“生态桥”工程关键技术、大庄科乡种植香草等。探索单列多学科交叉、产教融合等人才培养计划，聚焦都市型现代农业发展需求，积极推动将实践育人与服务首都乡村振兴相结合，拓宽人才培养渠道，逐步实现专业硕士研究生培养专项化全覆盖，使得农业硕士研究生实践参与率达到 100%，解决了研究生下地难的问题。

（四）国际合作

我校研究生教育全方位、多层次、宽领域国际交流与合作格局日益完善，先后与美、英、澳、日、新等 17 个国家 35 个高等院校和机构建立友好合作关系。中英、中澳合作办学项目高质量推进，与英、美、日、新等国家相关高校的“3 + 1”联合培养项目不断拓展。启动“一带一路”沿线国家和地区来华留学生学历教育及硕士项目学历教育试点培养方案，获批北京市“一带一路”政府奖学金项目。

目前，我校与英国、波兰、日本有关学校加强合作，与英国哈珀亚当斯大学开展“1 + 1”研究生合作项目，与日本麻布大学、波兰波兹南大学开展了研究生交流学习项目，先后有 11 名学术学位研究生赴瓦赫宁根大学、赫尔辛基大学、魁北克大学等攻读博士学位。

五、教育质量评估与分析

（一）优化学科布局，强化特色学科建设

完成“十四五”时期学科建设与研究生教育规划工作，总结了“十三五”

时期学校学科与研究生教育工作情况，对“十四五”时期的学科与研究生教育布局做出新的规划。

适应首都经济社会和行业发展需求，立足高水平应用型大学定位及发展目标，服从和服务于党中央“四个全面”战略布局，以服务京津冀协同发展需求为导向，进一步完善学科结构布局，突出学科方向与特色，优化学科人才队伍，改善学科发展条件，增强学科竞争优势，创新学科管理机制，提高学科建设水平。分类分层，突出重点，强化优势，形成特色，立德树人，育人为先，合作开放，共享共赢，创新机制，协同发展。

（二）完成学位点合格评估，以评估促改革、以评估促发展

根据国务院学位委员会和教育部联合印发的《关于修订印发〈学位授权点合格评估办法〉的通知》《关于开展2020—2025年学位授权点周期性合格评估工作的通知》、北京市学位委员会办公室《关于开展2020—2025年学位授权点周期性合格评估工作的通知》文件要求，结合学校研究生教育工作实际，研究制定《北京农学院2020—2025年学位授权点自我评估工作方案》，组织启动学校周期性合格评估各项工作，本轮共有7个一级学科硕士学位授权点和3个硕士专业学位授权点参评。按照评估方案2021年度计划，完成《研究生教育发展质量年度报告》和《学位授权点建设年度报告》。

（三）完成第五轮学科评估材料上报

根据教育部学位与研究生教育发展中心（以下简称“学位中心”）《关于公布〈第五轮学科评估工作方案〉的通知》（学位中心〔2020〕43号）、《全国第五轮学科评估邀请函》（学位中心〔2020〕44号）全国第五轮学科评估工作于2020年11月正式启动。

制定《关于做好全国第五轮学科评估参评工作的通知》（研处字〔2020〕35号）。统计上报参评学科合计7个，分别是园艺学、作物学、兽医学、农林经济管理、林学、风景园林学、食品科学与工程。协调植物保护、生物工程、畜牧学、工商管理等4个2016年以后新增学科，由于培养学生不满一届，根据文件要求，本次可不参评。

组织召开第五轮学科评估与专业学位水平评估工作部署会和审核工作会，在学校相关职能部门和参评学科的积极配合下，按照教育部学位中心有关文件要求，学校于2021年1月通过“学科评估信息管理系统”对评估材料进行了系统上报，圆满完成评估材料报送工作。

（四）学位论文抽检情况

根据国务院学位委员会、教育部印发的《博士硕士学位论文抽检办法》和

国务院教育督导委员会办公室《关于做好2020年硕士学位论文抽检工作的通知》（国教督办函〔2020〕47号）要求，北京市教育委员会对2020年北京地区硕士学位论文进行了随机抽检。

我校被抽检的学位论文涉及16个一级学科（类别领域）的36篇（学术学位15篇，专业学位13篇，非全日制专业学位8篇）硕士学位论文，根据《关于反馈2020年北京地区硕士学位论文抽检通讯评议结果的通知》反馈，其中35篇硕士学位论文最终评议结果通过。

六、改进措施

2021年度学校研究生教育事业取得较大进展，但仍存在一些问题。学科建设与研究生教育水平有待提升，学科建设内涵需要丰富，特色需要凸显，研究生培养创新模式仍需完善，教学方法需要改进，校企合作的实践体系需要加强。分类培养方案和学位审核标准尚需在实践中进一步完善，国际化培养水平有待进一步提升，质量评价机制有待不断完善。

（一）学科建设与学位管理

1. 落实北京农学院申博学科实施方案

根据申博学科实施方案内容，压实责任，持续跟进博士点学科建设情况，有计划、分批次地加强申博学科建设，第一批将启动园艺学、兽医学、农林经济管理3个学位点申博工作，第二批将启动食品科学与工程、风景园林、生物与医药3个学位点申博工作。针对学科发展短板和需求制定了《北京农学院申博学科建设实施方案》，旨在进一步提升学科建设水平，优化学科方向，凝练学科特色，优化师资队伍结构，引进和培养学科领军人才，提高科研能力，加强平台建设，创新管理机制，明确院长申博第一责任人的职责，充分发挥学科带头人的作用，增强学科活力与动力。

2. 跟进第五轮学科评估后续工作

积极联络学位中心，跟进第五轮学科评估结果。总结本轮评估工作填报情况，并就第五轮学科评估简况表出现的新变化进行总结归纳，梳理出需要补充和完善的材料，把工作做实做细，找到问题，弥补短板，为今后学科建设工作提供支撑。

3. 贯彻落实“十四五”时期学科与研究生教育规划任务

面对新形势、新任务、新要求，在下一步的工作中，按照规划内容，坚持“以学科建设为龙头，全面带动研究生教育水平提升”的发展思路，创新机制，突出重点，扩大优势，彰显特色，提升水平。积极开展学位点授权审核工作，主动进行学位点动态调整，科学进行学科优化，构建学科集群，加快新兴与交叉学科建设，努力培植新的学科生长点，大力推动学科整体发展和学校综合科研能力、学术水平及人才培养质量的全面提升。

4. 落实周期性合格评估年度内各项工作

根据《北京农学院2020—2025年学位授权点自我评估工作方案》，组织启动学校周期性合格评估各项工作，本轮共有7个一级学科硕士学位授权点和3个硕士专业学位授权点参评。

按照评估方案2022年度内容，有序推动各参评学位点学位授权点建设报告和研究生教育质量报告撰写工作，并按时限要求完成外网公示工作。

5. 加强项目与经费管理

结合2022年度学位与研究生教育改革与发展项目专家评审立项情况以及学校2022年度内涵经费拨付额度，做好校内项目的立项及建卡等相关工作。完成2022年学业奖学金等项目的建卡相关工作和2022年基本科研业务费转换工作，按照上级要求完成信息报送、事前评估、绩效考核等相关工作。

6. 加强导师队伍建设，强化导师考核结果运用

进一步加强研究生导师队伍建设，优化导师队伍结构，提升导师指导水平，保证研究生培养质量，优化遴选程序，导师遴选坚持以立德树人为宗旨，充分发挥导师是研究生培养第一责任人的作用。全面考察申请人的政治素质、师德师风与业务素质，通过遴选工作优化资源配置，提高导师队伍质量。通过导师遴选，助推学科建设与研究生教育工作，促进实现“十四五”规划目标，激发教师科研、教学活力。

加强研究生导师队伍建设，提高研究生培养质量，继续做好导师考核各项工作，并加强对导师考核结果的运用。把考核结果作为研究生导师年度招生资格、评优评先等工作的重要参考依据，强化导师立德树人及研究生培养第一责任人的观念。

持续优化导师培训方案，结合本年度培训工作经验，提前做好下一年度导师培训方案，采取“线上＋线下”结合的模式，做到导师培训工作全覆盖。

7. 加强2022年硕士学位授予，优化环节管理

根据研究生学位授予工作日程表进行2022年夏季、冬季两次学位授予各环节工作及优秀论文评选工作。继续优化加强学位管理各环节流程，实现推进优化学位申请审核信息化，为研究生提供更便捷的学位申请方式，为导师提供更为便利的线上审核条件，提高学位申请审核效率。组织校学位委员会会议，审核研究生硕士学位授予、普通本科学士学位授予、国际学院毕业生学士学位授予、成人高等教育学士学位授予、导师资格遴选等相关工作；做好学位授予信息报送工作。

（二）教学培养管理

1. 进一步推进研究生分类培养

深化研究生分类培养改革，切实增强学术学位研究生创新能力、专业学位研究生实践能力，全面修订研究生培养方案。

2. 加强研究生培养过程管理，优化学位点质量保障体系

强化培养过程管理，重点关注开题报告、期中检查、预答辩等关键环节，发挥督导作用，完善研究生教务管理系统教学培养各项功能，保障研究生教学有序运行，加强研究生培养过程质量控制。

3. 进一步推进专业硕士专项化培养

推进多种形式专业学位专项化培养，强化差异培养，提升应用型人才培养质量。

4. 推进研究生实践创新提升

加强完善校外基地管理机制，加强校外基地的校级统筹。重点依托产教融合型企业，用于研究生实习、实验、生产实践和技术开发，提升研究生理论运用水平和专业技能，提高研究生研究能力。

（三）招生与学籍管理

1. 做好2022年研究生复试和录取工作

做好2022年研究生招生复试方案。继续在复试期间开展考生心理测试，做到100%覆盖。严格按照政策与制度要求组织复试、调剂和录取工作，落实监督检查与应急保障，确保公平、公正、公开。做好2022年度研究生招生先进评选和奖励发放。

2. 做好2022级新生入学报到

做好2022级新生录取通知书发放、入学手续办理和报到注册工作。做好新生报到数据统计，掌握每一名新生入学情况。

3. 启动2023年研究生招生宣传

充分利用新媒体手段，通过公众号、互联网等多渠道、多途径开展宣传，走访周边地区进行有针对性的招生宣传，与合作企业开展相关宣传活动。继续开展以生招生、以师招生政策，调动指导教师与在校研究生的积极性，鼓励各二级学院开展招生宣传。支持鼓励各学院积极发动生源，力争报名人数继续上升。

4. 做好2023年招生考试工作

做好2023级考生报名与现场确认工作，及时上报相关数据。严格执行相关保密制度，做好各项保密保管工作。严格按照规定完成自命题、组考、阅卷等各项工作，做好命题人员、考务人员及评卷人员培训与管理，确保研招考试顺利完成。

5. 做好学籍管理与服务工作

按照时间节点，做好新生、在校生、毕业生学籍注册与学历注册事项，及时更新休学、复学、退学等学籍变动信息，做好各项数据统计。根据学籍库预警学制期限即将期满人员，及时反馈学院并通知相关学生。

（四）思政与综合事务管理

1. 继续开展“尚农大讲堂”

完善研究生“尚农大讲堂”特色平台，通过“线上”与“线下”相结合等形式，开展具有专业特色的学术论坛、学术讲座、技能竞赛等，繁荣研究生学术文化。继续支持各相关学院开展具有专业特色的学术论坛、学术讲座、技能竞赛等，繁荣研究生学术文化。

2. 深化研究生“三全育人”工作

做好2022年研究生新生开学典礼、新生引航工程、毕业典礼、毕业季管理。加强意识形态工作，强化课堂、讲座、论坛、社团等管理。加强对研究生会、研究生社团的指导和建设；重点加强研究生会干部思想引领作用，充分发挥学校研究生会公众号的宣传、指导作用，力争本届内提高公众号影响力。优化活动设计，力争活动覆盖面广、研究生关注度高。

3. 提升研究生综合素质

继续做好研究生思想状况动态调查，坚持开展研究生心理健康教育工作。以研究生社会实践为重点，完善相关工作机制，创新研究生培养机制，提升研究生综合素质。

4. 做好2022年度研究生奖勤助贷事务管理

完成2022年度研究生奖助学金的评定和发放工作。做好研究生奖助贷困难帮扶等工作，不断完善与研究生培养制度改革相适应的奖助体系。组织开展研究生“三助一辅”招聘、培训及考核工作。

5. 做好研究生就业创业指导服务

提高研究生就业创业精准化指导与服务水平，推进针对性就业服务。进一步引导毕业生到基层就业。继续保持研究生毕业生就业率不低于96%。加强和改进研究生就业指导与服务工作，适应上级就业统计政策调整，做好2022届毕业生的就业推进与统计工作。

6. 做好研究生安全稳定工作

加强研究生宿舍、实验室等安全教育，加强宿舍安全检查。做好少数民族学生安全稳定教育和相关工作。做好重要节、会、敏感节点维稳及各类节假日安全教育管理工作。落实各项安全稳定工作预案，预防并妥善处理群体事件和突发事件。

北京农学院2021年研究生招生质量分析报告

研究生处

一、招生情况

（一）学院与学科分布

1. 全日制研究生

2021年度研究生招生学科、类别（领域）共24个（学术学位11个，专业学位13个），实际招生人数646人，比2020年增加60个招生指标，增长10.24%，其中学术学位硕士和专业学位硕士分别占招生总人数的37.00%和63.00%。

近三年学校整体招生情况良好，各学院录取人数稳步提升（见图1），呈现了一个良好的发展态势。但一志愿生源所占比例较低（见表1），尤其是学术学位，生源严重紧缺，部分专业全部依靠调剂生源。

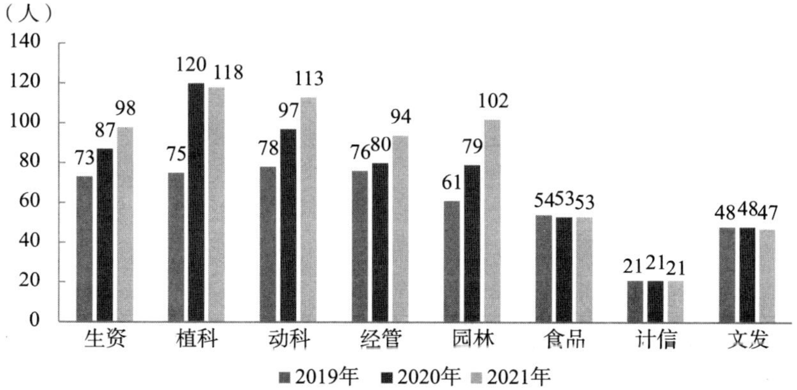

图1　近三年全日制研究生录取学院分布图

表 1 **近三年全日制硕士研究生录取统计表**

学院	学位类别	学科/类别（领域）	2021 年			2020 年			2019 年		
			一志愿上线人数（人）	录取人数（人）	一志愿录取率（%）	一志愿上线人数（人）	录取人数（人）	一志愿录取率（%）	一志愿上线人数	录取人数（人）	一志愿录取率（%）
生资	学术学位	生物工程	0	8	0.00	0	11	0.00	0	7	0.00
		植物保护	2	18	11.11	2	17	11.76	2	6	33.33
	专业学位	生物与医药	33	34	88.24	27	29	93.10	22	32	68.75
		资源利用与植物保护	36	38	92.11	26	30	86.67	25	28	89.29
植科	学术学位	作物学	3	7	42.86	0	12	0.00	1	6	16.67
		园艺学	4	49	8.16	6	54	11.11	5	28	17.86
	专业学位	农艺与种业	40	62	62.90	48	54	88.89	25	41	60.98
动科	学术学位	兽医学	9	53	16.98	9	13	69.23	15	23	65.22
		畜牧学	1	18	5.56	4	40	10.00	1	6	16.67
	专业学位	畜牧	4	17	23.53	11	19	57.89	13	19	68.42
		兽医	29	25	100.00	25	25	100.00	23	30	76.67
经管	学术学位	农林经济管理	0	17	0.00	0	17	0.00	2	13	15.38
		工商管理	0	11	9.09	0	6	0.00	0	6	0.00
	专业学位	农业管理	59	39	100.00	64	43	100.00	41	40	100.00
		国际商务	3	27	11.11	0	14	0.00	0	17	0.00
园林	学术学位	风景园林学	6	19	26.32	2	12	16.67	0	7	0.00
		林学	1	21	4.76	4	21	19.05	6	9	66.67
	专业学位	风景园林	27	32	84.38	65	25	100.00	24	26	92.31
		林业	20	30	66.67	16	21	76.19	5	19	26.32
食品	学术学位	食品科学与工程	4	18	22.22	2	25	8.00	6	17	35.29
	专业学位	食品加工与安全	39	35	91.43	50	28	100.00	39	37	100.00
计信	专业学位	农业工程与信息技术	12	21	52.38	16	21	76.19	11	21	52.38
文发	专业学位	农村发展	42	24	100.00	43	26	100.00	32	28	100.00
		社会工作	16	23	69.57	24	22	100.00	20	20	100.00
合计			390	646	60.37	444	585	75.90	318	486	65.43

2. 非全日制研究生

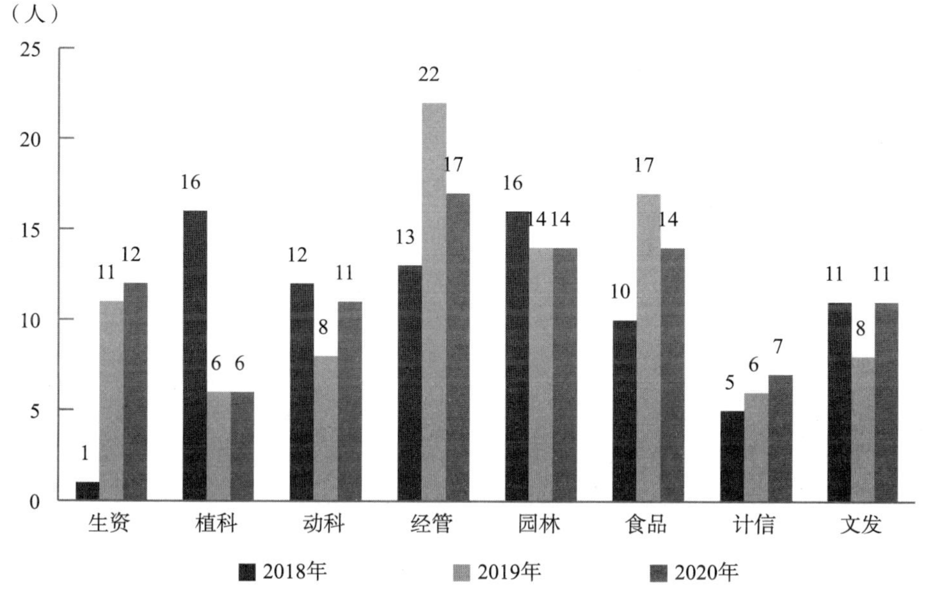

图 2　近三年非全日制研究生录取各学院分布图

2021 年非全日制硕士研究生录取人数为 92 人，与 2020 年相比保持不变，但仍存在部分专业招生人数过少的现象，增加了培养的成本，不利于研究生教学正常运行，具体情况见表 2。

表 2　　近三年非全日制硕士研究生录取统计表　　单位：人

学院	专业领域	2021 年	2020 年	2019 年
生资	生物与医药	6	6	6
	资源利用与植物保护	5	6	6
植科	农艺与种业	—	6	5
动科	兽医	12	11	8
经管	农业管理	31	17	22
园林	风景园林	5	14	14
食品	食品加工与安全	9	14	17
计信	农业工程与信息技术	3	7	6
文发	农村发展	21	11	8
合计		92	92	92

（二）考生来源成分分析

1. 全日制研究生

2021 年，在考生来源方面，应届本科毕业生共 439 人，占总人数的 67.96%，非应届人员 207 人，占总人数的 32.04%；638 人通过普通全日制学习完成本科学历，占总人数的 98.76%，同等学力的考生有 5 人，占总人数的 0.77%。

表 3　　近三年全日制硕士研究生录取统计表（考生生源成分）　　单位：人

类　型	2021 年	2020 年	2019 年
应届本科毕业生	439	429	343
高等教育教师	0	0	1
中等教育教师	0	1	0
科学研究人员	0	2	1
其他在职人员	25	25	22
其他人员	182	128	119
合计	646	585	486

表 4　　近三年全日制硕士研究生录取统计表（取得最后学历的学习形式）　　单位：人

类　型	2021 年	2020 年	2019 年
普通全日制	638	581	482
成人教育	3	1	2
自学考试	4	3	2
网络教育	1	0	0
合计	646	585	486

本年度一志愿录取人数为 335 人，占总录取人数的 51.86%，其中，学术型研究生一志愿录取率为 12.55%、全日制专业学位研究生一志愿录取率为 74.94%，一志愿录取率较 2020 年有所下降（见表 5）。

表 5　　近三年全日制硕士研究生一志愿生录取率

年份	录取率（%）
2021 年	51.86
2020 年	56.58
2019 年	62.55

2. 非全日制研究生

2021 年共录取了 92 名非全日制硕士研究生。在考生来源方面，科学研究人员 1 人，占总人数的 0.15%；应届本科毕业生共 10 人，占总人数的 10.87%；其他在职人员共 51 人，占总人数的 55.43%；其他人员共 30 人，占总数的 32.61%（见表 6）。

表 6　　近三年非全日制硕士研究生录取统计表

（考生生源成分）

单位：人

类　型	2021 年	2020 年	2019 年
应届本科毕业生	10	9	29
应届成人本科毕业生	0	1	1
科学研究人员	1	4	2
其他在职人员	51	48	46
其他人员	30	30	14
合计	92	92	92

在录取的考生中，本科共计学历 82 人，占总人数的 89.13%，其中 64 人通过普通全日制学习完成本科学历，占总人数的 69.57%，9 人通过成人教育完成本科学历，占总人数的 9.78%；同等学力考生 10 人，占总人数的 10.87%（见表 7）。

表 7　　近三年非全日制硕士研究生录取统计表

（取得最后学历的学习形式）

单位：人

类　型	2021 年	2020 年	2019 年
普通全日制	64	79	84
成人教育	9	7	4
网络教育	5	3	2
自学考试	14	3	2
合计	92	92	92

（三）考生来源地区分布

1. 全日制研究生

从考生来源地区来看，2021 年录取的 646 名全日制硕士研究生考生中，共来自 31 省市，来源最多的是北京考生，共 325 人，占 50.31%；其他考生来源比较多的地区是河北、山东、河南、山西（见图 3）。

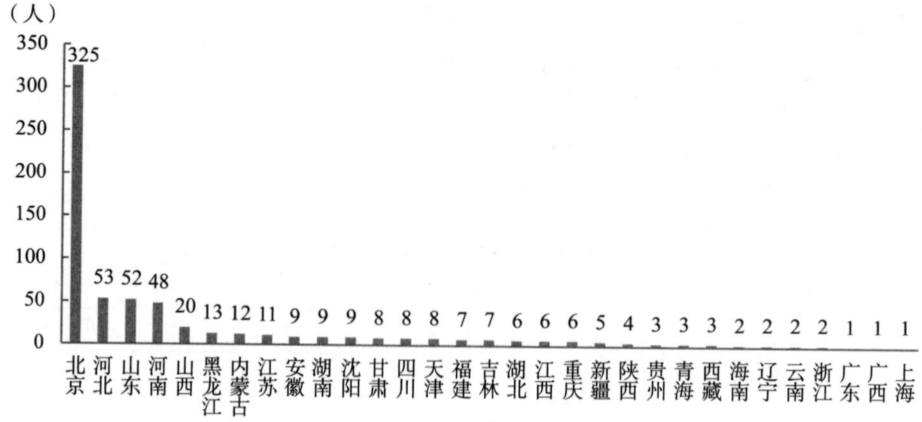

图3　2021 年全日制研究生录取来源地区分布图

2. 非全日制研究生

从考生来源地区来看，2021 年录取的 92 名非全日制硕士研究生考生中，共来自 18 个省市，来源最多的是北京考生，共 34 人，占 36.96%；其余考生来源比较多的地区是河北、河南、山东、山西等，其他省份考生来源较少（见图 4）。

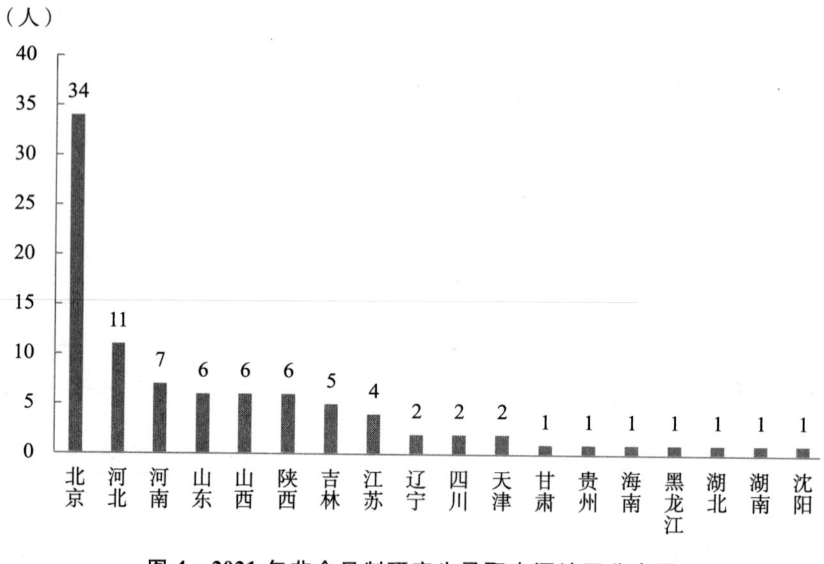

图4　2021 年非全日制研究生录取来源地区分布图

（四）考生来源院校分布

1. 全日制研究生

2021 年录取的全日制硕士研究生考生从来源院校分布来看，本科毕业于北京农学院的考生共294人，占总人数的45.51%，相比2020年下降2.01%；外校生源人数为352人，占总人数的54.49%，其中来自“985”“211”院校的考生共45人，占总人数的6.97%。

表8　　近三年全日制硕士研究生院校分布

院校分布	2021年		2020年		2019年	
	人数（人）	比例（%）	人数（人）	比例（%）	人数（人）	比例（%）
北京农学院	294	45.51	278	47.52	271	55.76
“985”“211”院校	45	6.97	14	2.39	13	2.67

2. 非全日制研究生

2021年录取的非全日制硕士研究生考生从来源院校分布来看，本科毕业于北京农学院的考生共11人，占总人数的28.26%，外校生源是非全日制研究生的主要来源，占到88.04%，其中来自“985”“211”院校的考生共14人，占总人数的15.22%（见表9）。

表9　　2021年非全日制硕士研究生院校分布

院校分布	人数（人）	比例（%）
北京农学院	11	28.26
“985”“211”院校	14	15.22

（五）考生性别比例

1. 全日制研究生

2021年录取的全日制研究生中，男生205人，占31.73%；女生441人，占68.27%。近三年所录取的考生中，男女所占比例失调且基本保持不变（见图5）。

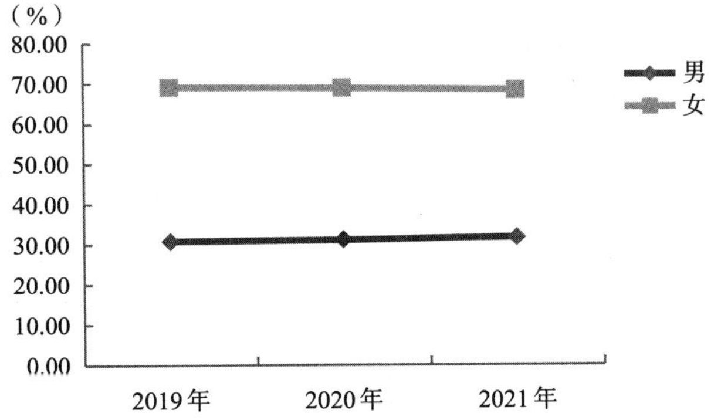

图5　近三年全日制研究生男女生录取比例

2. 非全日制研究生

相比于全日制研究生，近三年非全日制研究生录取男女比例基本持平（见表10），本年度略微向女生倾斜。

表 10　　近三年非全日制研究生录取考生性别比例

性别	2021 年	2020 年	2019 年
男	41.30%	48.91%	40.22%
女	58.70%	51.09%	59.78%

（六）以生招生政策成效显著

2021 年继续实行“以生招生”政策，利用在校研究生宣传研究生招生相关政策，发动在校考生推荐师弟、师妹、同学等报考学校研究生，本年度共推荐 68 名考生参加了考试，在提高一志愿报考率上起到了积极的作用。

二、工作经验

2021 年疫情防控常态化，硕士研究生招生考试面临着不同于往年的重点、难点，需要更为细致、全面的准备和科学的防疫部署，确保硕士研究生招生考试工作平稳顺利进行。

1. 领导重视，齐心协力

2021 年疫情防控常态化对研究生招生带来前所未有的影响。一方面，我校全面贯彻落实北京市教育考试院关于做好 2021 年硕士研究生招生考试组考工作的各项工作部署，在北京市疫情防控工作总体要求和学校疫情防控应急处置工作机制基础上，进一步明确职责任务，增强卫生健康、疫情防控等方面应急处置力量，加强了考试组织、疫情防控及突发事件处置工作，经过各部门的不懈努力，本年度顺利完成了 977 名考生的组考工作，未出现任何事故。另一方面，我校今年招生规模继续增加，招生指标增加了 60 个，同时国家调剂政策做了调整，生源的压力进一步增加，在研究生处与各学院的共同努力下，积极发动生源，圆满完成了 738 个招生指标任务。

2. 创新形式，提高水平

新冠肺炎疫情常态化推动了我校研究生招生信息化的成果，使我校充分认识到了招生信息化发展的趋势，推动了招生信息化基础建设。疫情期间在线复试的实践充分证明，招生信息化要实现发展离不开基础设施的完善。“后疫情时代”，在线常态化，就需要学校进一步加强信息化基础建设。“后疫情时代”要着力提升招生工作人员的信息化素养，加强信息技术的培训，提高对信息技术的认识和理解，掌握基础的理论，更好地指导信息化招生实践。

3. 严明纪律，加强监管

严格落实北京市与学校疫情防控工作要求，加强安全防护，降低感染风险，确保广大师生和工作人员的生命安全和身体健康。同时，严明工作纪律，加强了复试的过程监管，严防复试弄虚作假、徇私舞弊，严肃查处违规违纪行为，确保了复试录取公平公正，做到全面衡量、综合评价、择优录取，确保招生质量。

三、存在问题

1. 学术型硕士研究生生源紧缺

我校 2021 年学术型硕士研究生招生指标为 268 个，报考人数为 86 人，上线人数为 30 人，上线人数远远满足不了招生指标，需要调剂大量生源，生源质量参差不齐。

2. 调剂政策发生变化

2021 年，教育部规定调入专业与第一志愿报考专业相同或相近，且在同一学科门类范围内，同时要求初试科目与调入专业初试科目相同或相近。其中，初试全国统一命题科目应与调入专业全国统一命题科目相同。一些学科不能接收跨学科考生的调剂，尤其是“08 工科”生源受到了限制。

四、工作建议

（1）加强与中国农科院合作招生，鼓励学院与中国农科院联合培养研究生，实行“双导师制”。做好 2022 年与中国农科院合作招生工作。

（2）做好 2022 年度招生宣传，创新宣传模式、加大宣传力度，精确投放宣传资料，重点针对学术型进行宣传。

（3）全面梳理各环节风险点，细化完善管理流程，完善各项政策制度，填补漏洞，严格执行安全保密制度，狠抓人员、设备和保密室管理，采取有力措施，确保管理到位。

2021 年度学校研究生招生工作已经落幕，通过总结经验，完善制度，使招生工作思路更加清晰。将再接再厉，齐心协力，认真做好生源工程，为学校研究生质量把好第一关、为学校建设高水平都市型农林大学贡献力量。

北京农学院2021年研究生思想政治教育工作总结

研工部

2021年，研工部在校党委的正确领导下，在各部门的大力支持和部门全体工作人员的共同努力下，深入贯彻落实党的十九大和十九届六中全会精神，坚持以党史学习教育为主线，紧紧围绕学校的发展目标，进一步加强和改进研究生思想政治教育与管理服务工作，不断完善全员育人、全方位育人、全过程育人的工作体系，为培养研究生拔尖创新人才，不断提高研究生培养质量提供强有力的思想保证。

一、深入开展研究生思想理论教育和价值引领工作

（一）进一步深化价值引领，开展研究生思想状况调研

完成了2021—2022学年秋季学期在校研究生思想动态调研，充分把握研究生的思想动态状况，自调查实施以来参与研究生人数共计5200余人。研究生虽受疫情影响，但通过教育疏导，秋季开学后的整体思想状况平稳，研究生的世界观、人生观、价值观务实进取、积极向上。每月召开一次研究生辅导员工作会，对研究生就业、疫情防控日常管理、心理测评和危机干预、职业能力测试、党团建设等工作进行经验交流。各学院加强研究生思想政治教育，发挥研究生党员的先进作用，使研究生充分认可党员在思政教育上的引领作用。

经管学院注重加大育人文化和社会主义核心价值观的宣传力度，组织研究生开展了党史沙龙活动，通过青年党员讲党史讲述了党的百年历史、百年奋斗和百年成就，引领研究生以强农兴农为己任，坚定理想信念。

食品学院充分利用线上和线下资源，加强全体党员学习。线上学习包括“2021年全国高校基层党组织书记党史学习教育专题网络培训班”、市委组织部

党支部云课堂直播、学习强国 App 等。

（二）组织开展学习宣传各类思想政治教育活动

精心组织安排，围绕全国两会、纪念五四运动 102 周年、庆祝建党 100 周年等重大节日，针对研究生进行安全教育及敏感时期思想教育。主办了“探寻红色印迹，重温峥嵘岁月”——研究生党史学习教育主题定向越野赛，各学院选拔的 100 余名研究生运动员参加了比赛。开展“学党史”知识竞赛答题活动，开展研究生“全民反诈”安全教育，组织 1047 名全日制研究生参与建党 100 周年保密知识竞赛活动。对 2021 级研究生开展新生入学教育，具体内容包括入学引导与学籍教育、民族宗教政策、安全教育、健康教育、图书资源与利用、化学品安全管理培训、创新创业、网络安全教育、爱国卫生运动、绿色学校创建、无烟校园等方面。

生资学院开展“永远跟党走”主题教育活动，开展《中国共产党简史》诵读，组织研究生党员临摹《党章》字帖、红歌合唱，参观首都博物馆、“伟大征程——庆祝中国共产党成立 100 周年特展”，开展“微党课宣讲”等活动。动科学院举办了建党百年知识竞赛、冬奥知识竞赛、119 消防安全日活动、第九届宠物文化节等活动。

疫情防控期间，组织 2021 届毕业生安全有序返校离校 500 余人次，组织 131 名毕业生党员参加毕业生党员教育大会。圆满完成 2021 年学校毕业典礼和学位授予仪式活动，学校本科生、研究生共计 1500 余人参与。评选出北京市优秀毕业生 27 人，校级优秀毕业生 51 人。为 511 名毕业生发放了学校毕业纪念文创物品。

（三）建设“尚农大讲堂”教育平台，提高研究生综合素质

开展“尚农大讲堂”讲座 14 次。本年度讲座以乡村振兴、党史和四史学习、心理健康教育为重点，配合以传统文化、人文艺术等素质课程，特邀请中国农业大学、清华大学、中国人民大学、北京林业大学、华北电力大学等学校以及中国检验检疫科学研究院、回龙观医院、北京市百瑞律师事务所等单位的专家、学者以线上、线下相结合的方式，为研究生的综合素质提升打造坚实基础。举办“科学家精神进校园——北京农学院专场报告会”，继承和发扬老一辈科学家胸怀祖国、服务人民的优秀品质，激发研究生在学习工作中秉承科学家精神，不断探索，坚持创新，以更加昂扬的精神状态投身祖国的各项建设事业中。组织研究生集中收看了 2021 年全国科学道德和学风建设专题报告会直播，进一步强化了研究生学术规范意识。各学院组织举办专题学术活动，累计邀请 30 位校外专家开展学术讲座，共同探讨学术前沿问题。

计信学院严格落实“导师是研究生培养第一责任人”的要求，强化研究生导师立德树人职责。加强师德培训，对研究生导师遵循教育规律、创新指导方式、潜心研究生培养方面给予全面指导和支持。要求研究生导师在科研团队中为研究生讲授“开学第一课”，定期开展“导师与学生面对面”活动，帮助研究生增强“四个意识”、坚定“四个自信”、做到“两个维护”。

（四）完善组织建设，扎实开展各项日常工作

在学校团委的指导下，研究生团工委组织举行了第八次研究生代表大会，选举产生了新一届研究生会主席团成员。组织研究生认真学习贯彻习近平总书记系列重要讲话，针对习近平在清华大学考察时的讲话召开研讨会交流心得，围绕建党100周年，开展“学党史，悟思想”主题教育，以自学、集体学习等形式广泛组织学习研讨。2021年，校研究生会组织开展了无烟校园活动、垃圾分类活动、冬奥知识竞答，研究生会干部理论培训、党的十九届六中全会报告学习等。利用校研究生会公众号对科技小院、国家奖学金获得者、爱国卫生运动、冬奥科普、心理健康等领域做了积极宣传。植科学院结合学院特色，积极培育研究生会绿色文化，联合学院党支部开展宿舍文化节和五彩宿舍打造活动、宿舍绿色阳台、绿色有我——科技楼桶前值守、垃圾分类、绿植送养等系列活动。园林学院组织研究生开展“月读一本好书”读书汇报会8次，其中2次以党史学习教育为主题。

（五）做好疫情常态化管理研究生保障工作

2021年寒假，制定了《北京农学院2021年研究生寒假留校工作方案》，抓好常态化精准化疫情防控，确保研究生的身体健康和生命安全，维护学校正常秩序和校园安全稳定。各学院建立了研究生疫情防控信息台账，做好人员动态情况摸排。

2021年春节前夕，研工部为211名留校研究生准备了爱心礼包和防疫用品，对留校师生开展慰问，为有关学院师生送去新春和新年礼物。除夕当晚，研工部向200余名留校研究生进行了新春问候并发放了春节晚餐券。临近开学，研工部对开学返校研究生进行了摸排，制定了《2020—2021春季学期开学工作方案》，落实好研究生返校相关工作措施，保证京内外研究生安全、有序返校，他们的学习、科研和生活进入正轨。

组织研究生有序接种新冠疫苗，共计1583人完成两针接种，接种率达到95%以上。截至2022年1月，共计1360名研究生完成加强针接种。

二、鼓励先进，落实研究生奖助制度，提升研究生创新实践能力

（一）结合我校实际继续开展研究生“三助一辅”工作

做好研究生“三助一辅”岗位设置、招聘和考核工作。通过“三助一辅”工作有效调动研究生参与学校教育、管理、科研工作的积极性，培养研究生的创新能力、实践能力和责任意识，2021 年度共有 160 名研究生从事“三助一辅”工作，提高了实践能力。

（二）关注困难研究生，开展特困资助

根据教育部、财政部有关文件精神，结合学校实际，对有特殊困难的研究生给予困难补助。今年为 3 名研究生发放了困难补助，共计 4000 元。为 22 名 2021 届毕业生、16 名 2022 届毕业生共计 38 人申请了毕业生求职创业补贴，上级拨付补贴共计 38000 元。

（三）奖助学金评定工作

完成 2020—2021 学年的研究生各类奖学金评定、表彰和发放工作。根据北京市相关规定和学校实际，修订研究生奖助学金、评奖评优等规定 3 份，并于 2021 年 9 月实施，完成了与研究生切身利益相关的奖学金评审、表彰和发放工作，务求公平、公正、公开。本年度共评选出研究生国家奖学金 23 人，优秀研究生干部 25 人。

继续做好研究生科研奖励工作。2021 年，研工部按照《科研奖励办法》共进行了四个季度研究生科研奖励，本年度在校研究生共发表论文 75 篇，其中发表 SCI 8 篇，核心期刊 36 篇，一般期刊 31 篇，专利、软件著作权 10 项，学术科技竞赛获奖作品 6 项。

（四）鼓励研究生开展党建和社会实践项目研究

疫情期间，开展研究生党支部红色“1 + 1”实践活动。植科学院 2021 年园艺研究生第一党支部被评选为“全国样板党支部”，农学研究生党支部和园艺研究生第一党支部获得“北京高校红色‘1 + 1’示范活动”荣誉。推进研究生志愿服务活动，发挥研究生在服务乡村振兴中的作用。共推出北农研究生服务乡村振兴案例 12 篇，其中若干篇被全国农业专业学位研究生教育指导委员会以及中国报道网报道。共有 4 支团队获得 2021 年全国农科研究生暑期实践活动优秀成果评选二等奖。

三、多措并举，开展研究生就业精准指导

开展“一对一”的就业指导、政策咨询服务，积极引导研究生京外就业。开展2021级全日制研究生新生的职业能力测试工作，为学生就业提前做好准备。召开2021届研究生毕业生就业座谈会，了解2021届研究生毕业生的就业意向和求职状况，完成了2021届研究生毕业生相关手续工作。

受疫情影响，研工部坚持就业工作不断线，推进网上办公方式，积极宣传就业政策，传递就业信息，“一生一策”，精准帮扶就业。通过学生微信群、辅导员工作群发布就业信息、就业政策、双选会信息及就业技巧等内容，为毕业生提供毕业信息的服务，累计达到1000余条。经过部门和二级学院的共同努力，2021届511名研究生毕业生共有505人就业，就业率为98.83%，达到学校预期目标。园林学院积极开展毕业生相关工作，对毕业生进行思想政治教育。为毕业生进行就业指导和培训，推送就业信息，组织毕业生双选会、宣讲会、就业动员会的召开，帮助学生树立正确的就业观，鼓励毕业生响应国家号召，到西部、到基层、到京外服务和就业。文发学院开展“无接触”就业手续办理服务，畅通沟通渠道，开展线上就业政策解读、求职力提升、简历制作和面试技巧等培训，邀请校友分享求职经验交流活动、组织学生参加龙头企业进校园招聘活动。

四、重视校园安全稳定和意识形态工作，积极建设平安校园

（一）开展研究生心理健康工作

2021级研究生复试期间，共为928人次进行心理健康测查（明尼苏达多项人格测验），对筛查出异常的考生及时干预、引导，持续跟进状况。研究生会联合阳光心灵社推出心理健康专栏，帮助研究生正确认识心理健康问题，及时预防。2021年10月，结合学校当前研究生心理健康状况实际情况，开展全日制研究生心理测评，实测1259人，需关注76人。建立重点关注人群台账，及时与二级学院沟通、跟进相关情况。

生资学院构建“研究生—辅导员—导师”的沟通机制，植科学院构建四位一体的心理危机反应机制，计信学院开展相关的院级和校级的心理辅导，开展谈心和调查，同时做好相关记录和总结。

（二）高度重视校园安稳，积极建设平安校园

充分利用讲座进行安全稳定教育，涉及金融安全防范、非法校园贷、非法集

资、网络诈骗、电信诈骗、保护个人隐私等。2021 年 9 月，开展 2021 级研究生新生的校园安全防范教育讲座，组织在校研究生安装“全民反诈”App，达到全员覆盖。加强少数民族学生思想动态工作，贯彻中央和北京市关于加强大学生思想政治教育的精神和部署，建立新疆籍少数民族研究生台账，及时掌握少数民族研究生的情况。

（三）加强绿色校园、无烟校园建设

在植树节、世界无烟日、世界环境日等节点，宣传环保知识、环保动态。结合研究生实际情况，以班级或学院为单位，开展环保实践教育活动，发挥研究生主观能动性。建立了班级、年级、学院三级联动的控烟监督员机制，定期组织控烟巡查，杜绝吸烟隐患、不良行为。将绿色校园创建工作与研究生评奖评优机制相结合、在新生入学教育中渗透环保教育，让研究生在入学第一课就树立环保意识，落实绿色校园创建责任。

北京农学院2021年研究生就业工作质量报告

研工部

在学校党委的高度重视下，研工部、二级学院、研究生导师共同努力，面临今年疫情形势对研究生就业的影响，克服了重重困难，完成了学校2021届研究生毕业生就业工作，达到了学校预期目标。

一、研究生就业基本情况

（一）毕业生基本情况

2021届研究生毕业生共有511人，分布在22个学科或类别（领域）。其中，学术学位硕士95人，专业学位硕士416人；男生182人，女生329人；北京生源223人，京外生源288人；本届毕业生有全日制449人，非全日制62人（见表1）。本届毕业生来自全国29个省、自治区、直辖市，涉及10个民族。其中，汉族475人，占总数92.95%，满族17人，回族6人，蒙古族4人，维吾尔族3人，彝族2人，苗族、哈萨克族、侗族、仡佬族各1人。

表1　2021届毕业研究生基本情况一览表

学院名称	学科/类别（领域）	人数（人）	生源地人数		女生数（人）
			北京生源（人）	京外生源（人）	
生资学院	生物工程	26	14	12	16
	资源利用与植物保护	27	18	9	18
	生物工程（非全日制）	3	1	2	—
	资源利用与植物保护（非全日制）	5	2	3	5
	小计	61	35	26	39

续表

学院名称	学科/类别（领域）	人数（人）	生源地人数		女生数（人）
			北京生源（人）	京外生源（人）	
植科学院	作物学	7	2	5	4
	园艺学	28	3	25	18
	农艺与种业	43	15	28	33
	农艺与种业（非全日制）	5	2	3	4
	小计	83	22	61	59
动科学院	兽医学	20	4	16	11
	畜牧	22	13	9	15
	兽医	33	17	16	20
	兽医（非全日制）	6	2	4	2
	小计	81	36	45	48
经管学院	农林经济管理	8	—	8	4
	农业管理	39	24	15	25
	国际商务	17	3	14	11
	农业管理（非全日制）	12	6	6	8
	农村与区域发展（非全日制）	1	1	—	—
	小计	77	34	43	48
园林学院	风景园林学	5	1	4	3
	林学	9	4	5	5
	林业	16	6	10	14
	风景园林	26	14	12	16
	风景园林（非全日制）	12	3	9	9
	小计	68	28	40	47
食品学院	食品科学与工程	18	6	12	14
	食品加工与安全	38	20	18	27
	食品加工与安全（非全日制）	6	3	3	2
	小计	62	29	33	43
计信学院	农业工程与信息技术	20	6	14	9
	农业工程与信息技术（非全日制）	1	—	1	1
	农业信息化（非全日制）	1	—	1	1
	小计	22	6	16	11

续表

学院名称	学科/类别（领域）	人数（人）	生源地人数		女生数（人）
			北京生源（人）	京外生源（人）	
文发学院	农村发展	28	15	13	18
	社会工作	19	13	6	10
	农村发展（非全日制）	10	5	5	6
	小计	57	33	24	34
全日制学术型硕士合计		95	20	75	59
全日制专业型硕士合计		354	178	176	232
全日制硕士合计		449	198	251	291
非全日制专业型硕士合计		62	25	37	38
总计		511	223	288	329

（二）毕业生就业率和签约率

学校研究生毕业生以农、工、管学科为主，经过不懈努力，截至2021年10月31日，学校研究生毕业生已就业人数为505人，实际就业率为98.83%，签约率为68.69%（见表2）。

表2　　2021届毕业研究生就业情况

学院名称	学科/类别（领域）	就业人数（人）	签约率（%）	就业率（%）
生资学院	生物工程	26	69.23	100.00
	资源利用与植物保护	27	74.07	100.00
	生物工程（非全日制）	3	100.00	100.00
	资源利用与植物保护（非全日制）	5	80.00	100.00
	小计	61	73.77	100.00
植科学院	作物学	7	85.71	100.00
	园艺学	28	67.86	100.00
	农艺与种业	43	65.12	100.00
	农艺与种业（非全日制）	5	0.00	100.00
	小计	83	63.86	100.00
动科学院	兽医学	20	95.00	100.00
	畜牧	22	100.00	100.00
	兽医	33	87.88	100.00
	兽医（非全日制）	6	100.00	100.00
	小计	81	93.83	100.00

续表

学院名称	学科/类别（领域）	就业人数（人）	签约率（%）	就业率（%）
经管学院	农林经济管理	8	75.00	100.00
	农业管理	39	53.85	92.31
	国际商务	17	58.82	100.00
	农业管理（非全日制）	12	8.33	100.00
	农村与区域发展（非全日制）	1	0.00	100.00
	小计	77	49.35	96.10
园林学院	风景园林学	5	80.00	100.00
	林学	9	44.44	100.00
	林业	16	62.50	100.00
	风景园林	26	57.69	100.00
	风景园林（非全日制）	12	83.33	100.00
	小计	68	63.24	100.00
食品学院	食品科学与工程	18	83.33	100.00
	食品加工与安全	38	65.79	92.11
	食品加工与安全（非全日制）	6	100.00	100.00
	小计	62	74.19	95.16
计信学院	农业工程与信息技术	20	70.00	100.00
	农业工程与信息技术（非全日制）	1	100.00	100.00
	农业信息化（非全日制）	1	100.00	100.00
	小计	22	72.73	100.00
文发学院	农村发展	28	60.71	100.00
	社会工作	19	73.68	100.00
	农村发展（非全日制）	10	30.00	100.00
	小计	57	59.65	100.00
全日制学术型硕士合计		95	76.84	100.00
全日制专业型硕士合计		354	68.64	98.31
全日制硕士合计		449	70.38	98.66
非全日制专业型硕士合计		62	56.45	100.00
总计		511	68.69	98.83

注：签约率 =（签订协议 + 签订劳动合同 + 升学）÷毕业生总数

就业率 =（签订协议 + 签订劳动合同 + 升学 + 工作证明 + 创业或自由职业）÷毕业生总数

（三）毕业生就业流向

1. 按就业单位性质划分

由表 3 和图 1 可见，考取博士生、出国 34 人，占毕业生总数的 6.65%；
到高等教育和研究院所就业 31 人，占毕业生总数的 6.07%；
到机关事业单位就业 118 人，占毕业生总数的 23.09%；
到涉农企业单位就业 145 人，占毕业生总数的 28.38%；
到其他企业单位就业 177 人，占毕业生总数的 34.64%。

表 3　2021 届毕业研究生就业单位性质流向

单位性质	考取博士、出国留学	高等教育和研究院所	机关事业单位	涉农企业单位	其他企业单位	未就业	合计
人数（人）	34	31	118	145	177	6	511
比例（%）	6.65	6.07	23.09	28.38	34.64	1.17	100.00

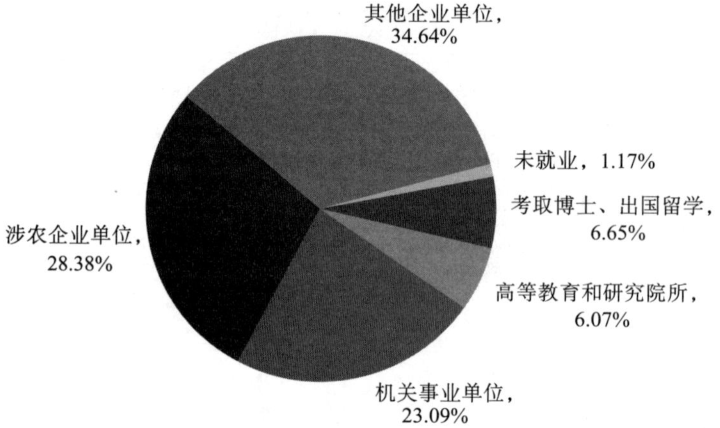

图 1　2021 届毕业研究生就业单位性质流向

2. 按就业形式划分

由表 4 和图 2 可见，按就业形式来看，34 人继续深造，占毕业生总数 6.65%；163 人签订了就业协议，占毕业生总数 31.90%；154 人签订劳动合同，占毕业生总数 30.14%；100 人出具用人单位证明，占毕业生总数 19.57%；54 人选择自由职业，占毕业生总数 10.57%。

表 4　2021 届毕业研究生就业形式流向

就业形式	升学	签三方	签合同	工作证明	自由职业	未就业	合计
人数（人）	34	163	154	100	54	6	511
比例（%）	6.65	31.90	30.14	19.57	10.57	1.17	100.00

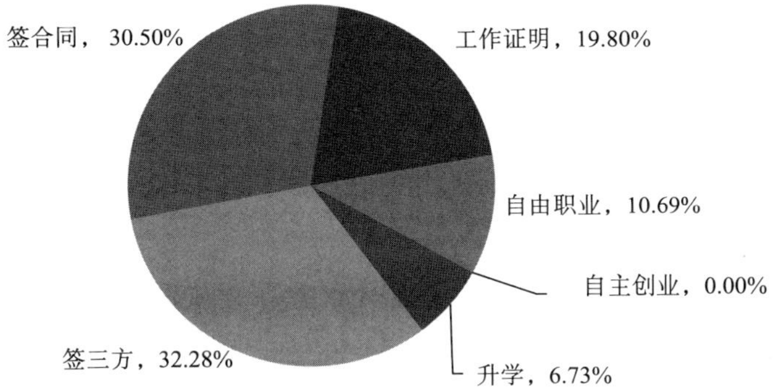

图 2　2021 届毕业研究生就业形式流向

3. 按专业匹配程度划分

由表 5 和图 3 可见，除去考取博士、出国留学的 34 人外，学校 2021 届毕业研究生有 471 人已经就业。按照所学专业与就业单位所属行业性质匹配度统计情况，2021 年学校毕业研究生专业与就业对口人数共计 340 人，专业与就业不对口人数共计 131 人，专业与就业匹配比例为 72. 19%。

表 5　　2021 届毕业研究生各学院专业与就业匹配程度

学院	就业人数（人）	专业对口（人）	专业不对口（人）	匹配比例（%）
生资	57	28	29	49. 12
植科	73	59	14	80. 82
动科	74	63	11	85. 14
经管	69	26	43	37. 68
园林	65	60	5	92. 31
食品	57	40	17	70. 18
计信	20	19	1	95. 00
文发	56	45	11	80. 36
合计	471	340	131	72. 19

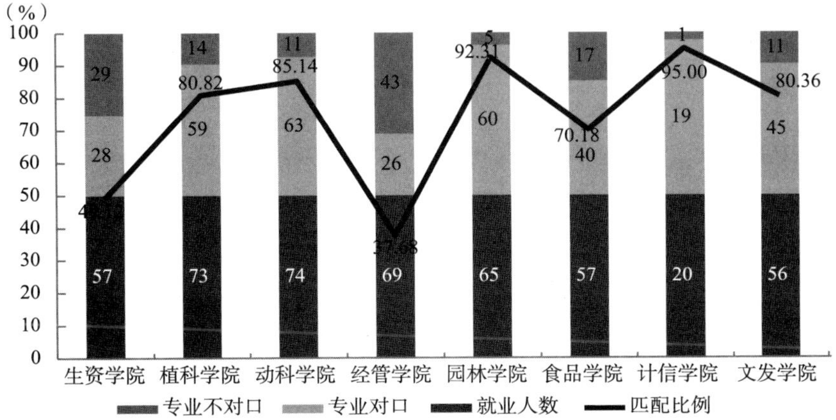

图 3　2021 届毕业研究生各学院专业与就业匹配程度

二、研究生近五年就业情况分析

（一）毕业生就业率、签约率分析

表 6 和图 4 数据显示，近五年研究生毕业人数呈现逐年上升的趋势，今年毕业生人数创历年新高；学校研究生毕业生中女生、京外生源占比较大，在京签约压力较大。在此种情况下，2021 年学校毕业研究生就业率依然保持在 96% 以上，签约率比 2020 年同期有了一定增长。但受新冠肺炎疫情影响，当前就业形势日趋严峻，用人单位招聘难度加大，延缓了高质量就业进程，但学校和学院克服了重重困难，2021 年，毕业研究生的签约率比去年有一定幅度上升，但与新冠肺炎疫情发生前的几年签约情况对比还是有一定差距，说明疫情确实对就业质量产生一定影响，毕业生“先就业再择业”的现象明显，其就业观更加务实。

表 6　2017—2021 届毕业研究生就业率、签约率对比

项目	2017 届	2018 届	2019 届	2020 届	2021 届
毕业生人数（人）	261	290	330	472	511
就业率（%）	100.00	98.62	98.48	97.25	98.83
签约率（%）	95.02	91.38	88.48	60.17	68.89

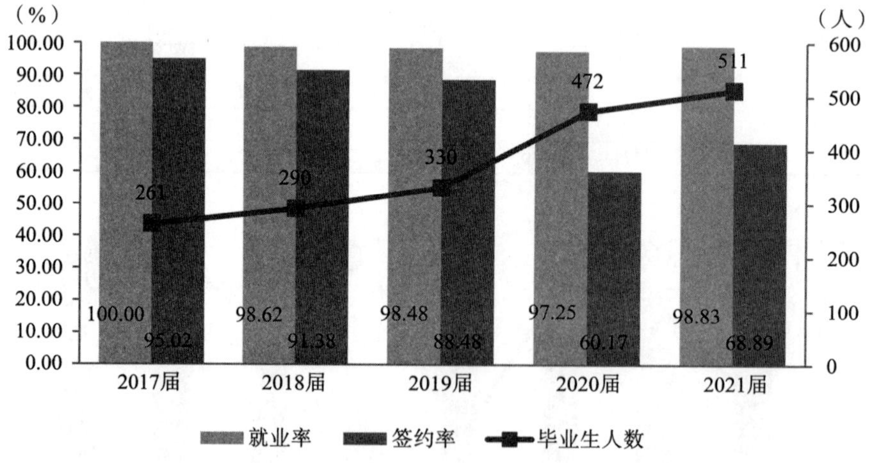

图 4　2017—2021 届毕业研究生就业率、签约率对比

（二）毕业生考博情况分析

由表 7 和图 5 可见，2021 年有 34 名研究生考取了博士，其中学术学位硕士

毕业生考博 18 人；专业学位硕士毕业生考博 16 人，其中全日制专业学位硕士毕业生 15 人，非全日制专业学位硕士毕业生 1 人。受疫情影响，专业学位硕士毕业生考博人数逐年增加，这也成为毕业生实现就业的选项之一。

表 7　2017—2021 届毕业研究生考博情况对比

项目	2017 年	2018 年	2019 年	2020 年	2021 年
学硕考博人数（人）	12	17	10	17	18
学硕总人数（人）	85	89	81	97	95
比例（%）	14. 12	19. 10	12. 35	17. 53	18. 95
全日制专硕考博人数（人）	9	4	4	11	15
全日制专硕总人数（人）	176	201	247	375	354
比例（%）	5. 11	1. 99	1. 62	2. 93	4. 24

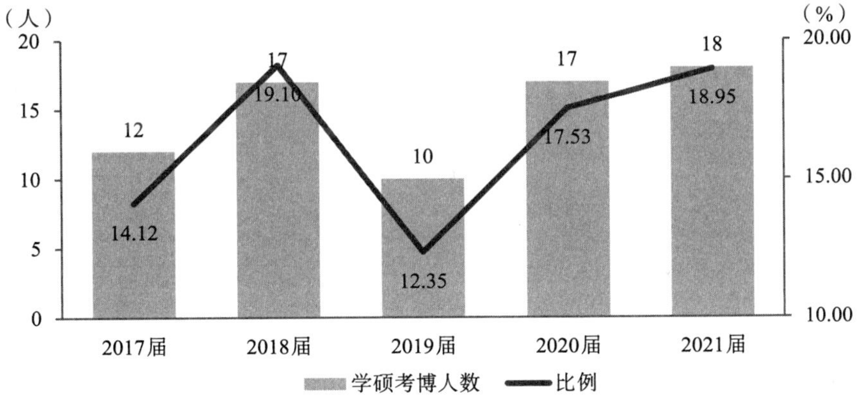

图 5　2017—2021 届毕业研究生考博情况对比

（三）毕业生就业单位性质分析

根据北京市有关就业政策，结合学校服务社会的定位和人才培养的目标，我们从五个方面来考察研究生毕业生的就业质量，一是继续深造（考取博士、出国留学）的人数；二是到高等教育院校和研究院所工作的人数；三是到机关单位、事业单位工作的人数；四是到涉农企业单位工作的人数；五是到其他企业单位工作的人数。具体见表 8。

表 8　2021 届毕业研究生就业单位性质流向

单位性质	考取博士、出国留学	高等教育院校和研究院所	机关、事业单位	涉农企业单位	其他企业单位	合计
人数（人）	34	31	118	145	145	505
比例（%）	6. 65	6. 07	23. 09	28. 38	34. 64	98. 83

表 9 和图 6 显示，2021 年继续深造（考取博士、出国留学）的人数比例比 2020 年有所提升；到高等教育院校和研究院所工作的人数比例比 2020 年略有下降；到机关事业单位工作的人数比例比略低于 2020 年；到涉农企业单位工作的人数比去年有所上升；到其他企业单位工作的人数比 2020 年有所上升。虽然机关单位、事业单位进一步加大岗位供给力度，但受新冠肺炎疫情影响，总体的岗位供给有所减少，研究生的就业心态发生转变，考虑“先就业再择业”的毕业生增多，到非农企业单位就业的比例增大，高于往年同类单位占比。

表 9　2017—2021 届毕业研究生就业流向对比

项目 / 年份	考取博士、出国留学（%）	高等教育院校和研究院所（%）	机关、事业单位（%）	涉农企业单位（%）	其他企业单位（%）
2017	8. 05	11. 49	17. 63	31. 03	31. 80
2018	7. 24	8. 97	16. 90	32. 76	32. 75
2019	4. 24	13. 64	19. 39	31. 21	30. 00
2020	5. 93	7. 63	26. 69	25. 43	31. 57
2021	6. 65	6. 07	23. 09	28. 38	34. 64

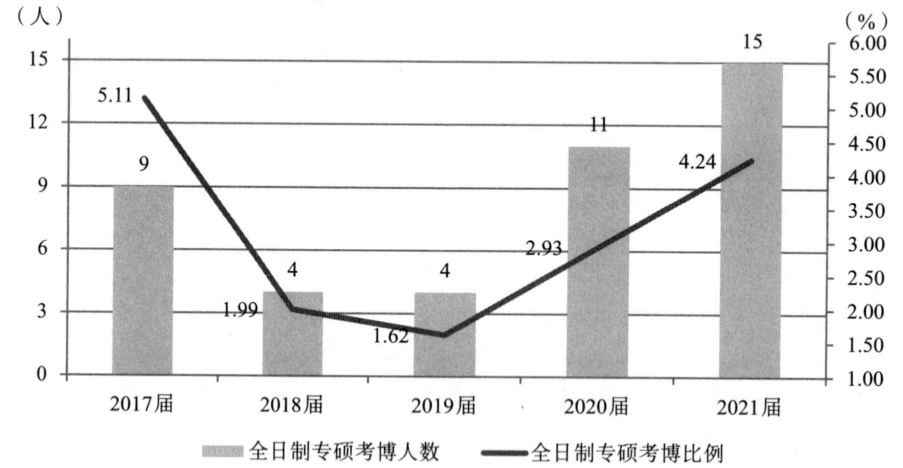

图 6　2017—2021 届毕业研究生就业流向对比

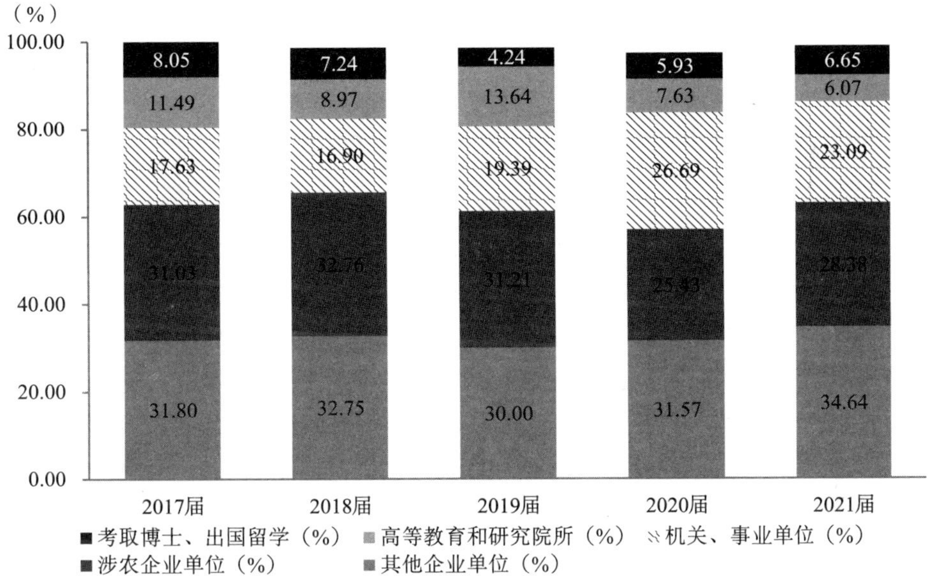

图 7　2017—2021 届毕业研究生就业流向对比

按照往年的就业单位流向性质统计，在前三个领域就业的毕业生比例为 35.81%，与 2020 年前三个领域就业的人数对比下降了 4.44%。毕业生到涉农企业单位、其他企业单位就业的比 2020 年均有所上升。

（四）就业统计时点调整对比分析

随着教育部、北京市最新的就业创业政策相继出台，学校在推进研究生毕业生就业创业工作也会相应调整。根据就业统计时点调整，通过对 2021 届研究生毕业生 8 月 31 日前后的就业时间进行对比，研究生毕业生在 8 月 31 日前的整体就业率为 94.32%；8 月 31 日至 10 月 31 日完成就业的毕业生人数占总毕业生数的 4.51%。具体见表 10。

表 10　　2021 届毕业研究生 8 月 31 日前后完成就业情况表

学院	总人数（人）	8 月 31 日前		8 月 31 日—10 月 31 日		最终就业率（%）
		就业人数（人）	就业率（%）	就业人数（人）	就业率（%）	
生资学院	61	57	93.44	4	6.56	100.00
植科学院	83	83	100.00	0	0.00	100.00
动科学院	81	81	100.00	0	0.00	100.00
经管学院	77	62	80.52	12	15.58	96.10
园林学院	68	68	100.00	0	0.00	100.00

续表

学院	总人数（人）	8月31日前		8月31日—10月31日		最终
		就业人数（人）	就业率（%）	就业人数（人）	就业率（%）	就业率（%）
食品学院	62	53	85.48	6	9.68	95.16
计信学院	22	21	95.45	1	4.55	100.00
文发学院	57	57	100.00	0	0.00	100.00
合计	511	482	94.32	23	4.51	98.83

图8显示，2021年8月31日前，学校的所有学院的研究生毕业生就业率均超过70%，均达到教育部“9月1日前就业率不少于70%”的要求。就业率为100%的学院有4个，有2个二级学院的就业率超过90%。2021年，各学院的就业情况明显好于2020年，主要原因是学校推动各学院及早开展就业工作，各学院组织领导、导师、辅导员全员参与就业，加强了对毕业生的就业指导，提前做好对毕业生的就业政策宣传，指导毕业生采用多种方式就业，认真做好毕业年级研究生就业相关手续办理。

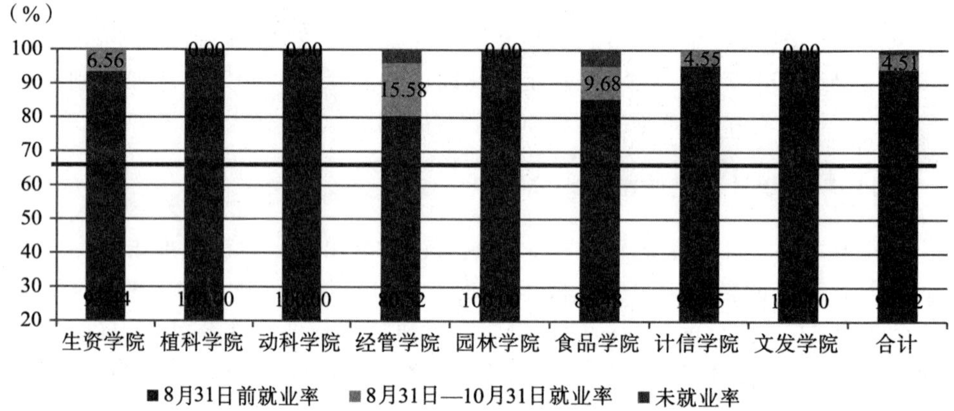

图8　2021届毕业研究生8月31日前后就业情况对比

三、主要经验做法

（一）领导高度重视，校院联动开展就业引导

自2020年新冠肺炎疫情暴发以来，各地就业形势日趋严峻，按照北京市就业创业工作部署，校领导对研究生就业工作达到了更高的重视程度，学校主要领导和主管领导多次到基层调研，施校院协同联动给予毕业生就业指导。各二级学

院党政负责人亲力亲为、全员上阵，把研究生就业工作作为一项重要工作做早、做细、做实，研工部定期开展研究生就业进展通报，稳步推进各学院就业工作。在“尚农大讲堂”中邀请校友、企业人力资源部门等进行经验介绍、就业政策及形势解读、就业技能与技巧相关教育与培训。

（二）提前谋划，积极推进就业工作

为做好今年毕业派遣工作，研工部提前布置应届毕业生的就业启动工作，发放毕业生的就业相关材料，及早发布毕业生手续办理的通知和流程，让毕业生及早了解就业手续的办理程序；同时就业手续简化优化，实现线上办理各项手续，寒暑假均安排专人负责接待毕业生，满足毕业生的就业办理需求，最大程度地方便毕业生，做到就业工作不断线。做好疫情防控期间的就业指导、信息发布等工作，主动与用人单位联系，开展云指导、云招聘等线上活动。

（三）强化线上指导，切实提升就业服务质量

充分利用网络资源，发掘各种就业信息。开辟、建立包括就业信息专栏、公共邮箱、校内网、微信公众号等网络平台在内的多渠道发布信息途径，根据毕业生生源情况，加大对京外各地地方就业信息的推送力度，为毕业生扩大就业需求选择面。通过新媒体平台，2021 年研工部共计推送就业信息 1200 条，及时将招聘信息传达到每一位毕业生，做到信息畅通无阻、互通有无。

（四）拓展就业渠道，努力保障就业精准对接

为克服疫情的影响，学校和各二级学院积极主动与用人单位联系，充分借助和发挥校友、教职工、合作单位等资源优势，加大招聘信息收集力度，深入挖掘用人单位招聘需求，在学校关部门和学院相关工作人员的协助下，开展研究生就业“一对一”指导与服务，针对毕业生进行就业意向摸底，实施合理的分类指导，通过分析每位学生的实际情况，细化指导方案，结合本人的就业意向开展辅导工作。定时反馈未就业毕业生情况，对重点人群逐个分析未就业原因，利用学院资源及时帮扶，点对点解决，积极引导研究生顺利、高质量的就业，效果明显。

（五）关注特殊群体，开展“一对一”专项帮扶行动

针对脱贫攻坚地区建档立卡、家庭经济困难、学业就业心理需疏导的重点群体，建立专门台账，开展专项帮扶。对于 22 名经济困难、申请助学贷款的毕业生，加强与学院、导师沟通联系，逐一落实一次性求职补贴申请情况。同时，加大对未就业毕业生就业推荐力度和求职能力指导力度，持续跟踪，“一对一”帮扶，分析存在困难，精准施策，落实一个销账一个，必要时为其推荐保底单位，确保顺利就业。

四、研究生就业工作存在的问题

通过分析2021年研究生就业情况，目前在研究生的就业工作存在以下两个方面的问题，需要着力解决。

一是国际、国内形势，国内经济下行压力、非首都功能疏解等现实情况，对研究生就业工作产生不利影响，降低了毕业生的就业质量。

二是研究生到基层工作的积极性不高，研究生考取选调生、乡村助理、“三支一扶”等专项基层人数偏低，影响了毕业生高质量就业。

五、2022年就业工作要点

研工部将继续认真学习教育部、北京市有关就业政策文件，进一步落实好、解决好毕业研究生的就业工作，提高毕业生就业质量。重点从以下几个方面开展工作。

一是进一步加强研究生就业素养的培养，提高研究生创业与就业能力。

二是继续完善全程就业服务理念，构建就业指导长效机制，根据学生情况做好分类指导。

三是进一步加强对毕业研究生就业观念引导，积极动员、组织毕业研究生深入基层工作。

四是进一步加强就业政策宣传，为毕业生择业定位打好基础。

五是研工部与二级学院继续保持畅通联系，进一步加强导师对研究生就业工作的广泛参与和指导，拓展研究生在专业相关领域内就业的渠道。